管理的真谛

任俊正 著

中国商业出版社

图书在版编目（CIP）数据

管理的真谛 / 任俊正著. -- 北京：中国商业出版社，2024.6
ISBN 978-7-5208-2806-2

Ⅰ.①管… Ⅱ.①任… Ⅲ.①企业管理 Ⅳ.①F272

中国国家版本馆 CIP 数据核字 (2023) 第 246827 号

责任编辑：吴 倩

中国商业出版社出版发行
（www.zgsycb.com　100053　北京广安门内报国寺 1 号）
总编室：010-63180647　编辑室：010-83128926
发行部：010-83120835/8286
新华书店经销
北京七彩京通数码快印有限公司印刷
*
710 毫米×1000 毫米　16 开　18.75 印张　277 千字
2024 年 6 月第 1 版　2024 年 6 月第 1 次印刷
定价：78.00 元
****
（如有印装质量问题可更换）

什么是管理

客观地说,什么是管理,直到今天,我还不是很清楚。但是,不管你喜欢还是不喜欢,管理却是无处不在、无时不在的,任何人都难以躲避。那么,究竟什么是管理呢?事实上,理论上的管理、组织中的管理、企业里的管理,与现实中的管理,都是不一样的。它们各有各的理念及追求,并在相互矛盾的底层逻辑或相互对立的现实做法中,演绎出多姿多彩的管理世界。

理论上的管理,主要是聚焦在管理的科学性这个问题上,十分强调管理的客观性、实证性和可重复性。由此产生了管理的目标——效果与效率,管理所需的环境和条件——财务资源、人力资源、物质资源、信息资源,以及管理的四大基本职能和活动——计划、组织、领导和控制等这些基本概念、基本理论和基本范式。然而,实践中的管理,却更多地体现为管理的艺术性,常常因人而异、因事而变、因时而化,并不存在一致的公认性,很多被奉为经典的最佳管理实践,也常常坚持不到一百年。

组织中的管理,主要是聚焦在管理的有效性这个问题上,重点强调要首先实现组织最优。就像俗话说的那样,大河有水小河满,只有组织欣欣向荣了,个体才能获得成功。但是,组织的实践并非如此。实践中的管理更像是组织中各层人员实现个人最优的工具和阶梯,处处充满了对人的命令和对事的控制。大量的组织实践表明，组织可以不是最优的，但个人肯定是要最优的。组织中只会有故弄玄虚的"人精"们的风光，却很难有埋头干活的"老实人"的活路。

企业里的管理，主要是聚焦在管理的经营性这个问题上，着重强调企业要在对外经营上下功夫，而不要仅仅在内部管理上瞎折腾，管理要为经营服务而不能超越经营。但问题的关键是，企业又该如何做好经营呢？是继续画使命、描文化、搞考核，还是继续改流程、磕销售、抓生产、弄研发呢？抑或是，继续"等周期""等潮起""等风来"，还是沉下心来，坚定地做那些"必须要做"的事呢？大量的企业实践表明，创造价值未必是有价值的，交易才会产生价值。因此，企业外部要交易，企业内部也要交易；资源要交易，工作要交易，人员也要交易。交易才是企业外部和内部生存的丛林法则。

坦率地说，大部分的人对管理是非常失望的，就像现时的网络流行语所点评的那样，"这个世界就是一个草台班子"。那么，究竟什么才是真正的管理呢？本书的作者任俊正博士，通过30年的观察、实践和专研，著成了《管理的真谛》这本书。我们相信，所有读者，包括管理专业的人士或非管理专业的人士，都可以从本书中，领略到管理世界的奇妙和微妙、感受到管理实践的专业之美，有所知、有所思、有所悟、有所得。

王波
自由咨询顾问

目 录
CONTENTS

第 1 篇　企业的主旨

1. 小企业，大老板 / 3
2. 传统管理模式的约束及优化 / 9
3. 红海公司的痛苦转型 / 15
4. 艰难的老企业改革 / 21
5. 企业都有"三好三坏" / 26
6. 两家企业，两种命运 / 31
7. 股东之间的信任危机是不得不考虑的问题 / 35
8. 企业到底是谁的 / 42
9. 不要背叛自己的企业 / 48
10. 企业成长中的三大瓶颈和三个烦恼 / 53

第 2 篇 组织的逻辑

1. 企业战略到底"战略"什么 / 67

2. 莫把相关当因果 / 74

3. 不符合组织规律的管理都是白费力气 / 81

4. 商业模式价值链还是短些好 / 88

5. 管理不能沦为自娱自乐的表演 / 94

6. 不会沟通是企业管理中的难题 / 102

7. 团队精神也有困惑 / 115

8. 绩效考核为什么总是扭曲 / 121

9. 企业成长中需处理好三大平衡 / 135
   ——激情与理性、经验与制度、治理与发展

10. 如果细节决定成败,那什么决定细节 / 139

第3篇 人性的微妙

1. 昂贵的自洽逻辑 / 147

2. 事出反常，心中有妖 / 153

3. 人情化管理是对管理的误读 / 159

4. 管理者需要隐藏自己的个性吗 / 166

5. 不是每个人都会做上司 / 174

6. 人人都有自己的需求 / 180

7. 人与人的利益算法不一样 / 187

8. 说话不容易，听话更不容易 / 195

9. 改变人很难，但还得改变 / 201

10. 认知局限是一口井 / 212

第 4 篇 管理的价值

1. 管理好是效益好的什么条件 / 219

2. 管理能做什么，不能做什么 / 226

3. 管理要从自己做起 / 233

4. 管理不能浮躁，不能虚假 / 240

5. 提升执行力关键是管理者要负起责任 / 247

6. 职业素（塑）什么质 / 255

7. 有钱也招不到"鬼推磨" / 261

8. 数字经济下管理会有什么变化 / 268

9. 中高层管理者要重视战略思维 / 276

10. 中文的丰富与管理的艺术隐藏管理逻辑漏洞 / 280

第 1 篇

企业的主旨

1. 小企业，大老板

阅读思考

1. 为何资产过亿的老板，依然忙得像蚂蚁？
2. 是不是公司成立的开始就注定了结局？

管理随笔

北京是一个有意思的地方。在这里，就算在资源行业暴涨时，也很少会有类似曾经的煤炭、有色金属、金矿以及后来的数字货币等一夜暴富的故事；就算在房地产行业如日中天时，坊间也很少会流传如当年一些地方炒房团老板们的传说。可北京的确有那么一大批非常有钱的人。这些人很多都经营着一家或几家不大不小的公司，在京郊某个地方拥有几套别墅，有几辆甚至十几辆高级私家车，对外还投资着一个或几个项目。他们的公司往往并不是在CBD，而是在北京某个偏僻写字楼，甚至只是一间或几间小房子，房子还是租来的，一点也不富丽堂皇，一点也不气宇轩昂，有些甚至门口的墙上连公司名牌都不会挂。这与地方上的一些企业形成鲜明的对比。

如果你以为他们是刻意低调，那也不完全对。低调的成分是有的，但未必完全是刻意。如果你走进他们的办公室，与他们进行业务洽谈，会发现他们一样气势磅礴，甚至更加高调。很多人的办公室都挂着一幅偌大的中国地图，地图上已经有一些小红旗，谈到未来的计划，他们会非常沉稳地将红旗插遍全国的计划娓娓道来。从他们的表情中，你会看到舍我其谁的霸气。

他们不是你所想象的皮包公司。

那种沉稳不是装出来的，而是他们确实有雄厚的财力做底气。他们中许多人的资产，甚至并不比那些整天在媒体上混脸熟的企业家少，而且还可能更多。

经济形势好的时候，他们赚钱自不必说。经济形势不好的时候，他们也会喊经营压力大、难受，但他们的根基不是一般风浪能够轻易动摇的。

他们确实赚了很多钱，但公司总是小不点。

十年了，公司里还是那么几杆枪、几个人。

这正是他们困惑的地方。

也许在普通人眼里，只要能赚钱就行，何必要强要大，争那个有意思吗？

这样说确实没有错，他们嘴上也常常这样说，可是也只是嘴上说说而已。就算在那个让全球人民苦闷的3年里，他们在内心深处也没有选择过衣食无忧的"退休"生活。他们就像是不甘平庸却总是成绩平平的学生，从来未敢松懈，却总也没什么大的突破。

他们是拥有小企业的大老板，一个看似讽刺却又真实存在的群体。

这个群体的组成变迁也很有意思，早年是一拨人，到后来又是一拨人。早年的时候，譬如在2010年前后，这个群体的大部分人是传统行业的经营者，如做工程的，办化工厂的，做小机械的，或者号称做高科技的，等等。这些传统行业的经营者，起初多是凭借着北京特有的地理优越性，以及对改革动向的先知先觉能力，或者某种人际关系资源，把握了一个机会，从而开创了自己的事业。他们可能是20世纪90年代初期响应邓小平南方谈话，从某个部委、政府某个部门甚至区县的某个机构中出来的，或者是从央企、事业单位中出来的，也就是在外人眼里，他们大多数是带着资源下海的。在外人的逻辑中，有了资源，便会创富。而事实上，个中滋味只有他们自己知道。他们认为自己是在认真地创业，认真地经营企业。可折腾了一辈子，也似乎未达成当初走出体制时心中的目标。这些人现在多已在退休年龄上下。

到近几年，譬如到了2022年前后，这些人中的大部分变成了IT行业、网络营销行业、数字经济行业的经营者，如做软件开发的，做电商的，做云服务器的，做大数据的，等等。这种变化是时代的变化，但有些东西没有变。这些非传统行业的经营者，多多少少都跟数字经济有关，他们起初多是凭借技术上的某个优势，以及对全球技术的先知先觉能力，或者某种资本关系资源，把握了一个机会，从而开创了自己的事业。他们既亲身感受到了21世纪初中国加入WTO后的日新月异，也耳濡目染了不断涌现的互联网"创业造富"神话。他们可能是从搜狐、新浪、网易中出来的，也可能是从百度、阿里、腾讯以及华为、联想等企业中出来的，有很牛的国内外名校学历。在外人眼里，他们大多是带着技术、产业资源、风投关系走进市场的。在外人的逻辑中，有了大厂的背景，又有技术，又懂产业，便会创富。而事实上，个中滋味也只有他们自己知道。华丽外表的背后，企业的真实情况，步履维艰的状态，也只能自己知道。

这个群体变迁是明显的，如从传统行业向数字行业的变迁；不变也是明显的，那就都还是"小企业、大老板"的状态。请注意，我们现在所谈的还是在激烈竞争中算是成功的那拨人，还未涉及那些被竞争淘汰或者已经没落破产的企业家。这就带给我们一个问题，企业是否也存在着宿命，也就是它生下来就注定做不强做不大？

他们很困惑。他们也想建立一个靠机制而不是靠人治的企业。靠机制，钱可以少赚点，但可以长期发展，不更好吗？但是往往实现不了。为此，他们许多人去学习，花高价去上一些挂着MBA或EMBA名头的真真假假的培训班。学完之后，交了些朋友，眼界也开阔了不少，但企业还是人治，而没有真正依靠机制发展。他们也高薪聘请过职业经理人，可是"高薪聘请的职业经理人使不上劲""没过几天就想着跳槽"。这的确是一件让人苦恼的事情。

在很长一段时间里，我接触着大量这样的老板，听他们诉说着不同内容但相同逻辑的故事，然后听他们一遍遍地问我为什么。因为我是管理学博士，所以他们认为应该有理论上的答案。但我常常不知道如何回答。我当然不会简单地告诉他们理论上是否有答案，理论上三言两语的解释往往会让人更加糊涂。更多的时候，我会提出一些共同探讨的问题，譬如，你的企业存在的价值是什么？当然对于这个略显抬杠的问题，我一般会换个方式来讨论，比如问，你的企业为什么会支撑到今天？或者再土一点，你的企业赚钱的真正秘招是什么？诸如此类。如果对方没有兴趣讨论，我多半也就不会往下去探究为什么企业长不大了；如果有兴趣，那在双方探讨的过程中，答案往往就会慢慢浮出水面。

我得到的答案简直是五花八门，但大多数都反映了这样一个悖论：老板们想让企业成为自己的印钞机，却没有按制造印钞机的规律去打造这个印钞机，而且这类企业一开始就不是按印钞机的模式运行的。用正规一点的话说，他们也期望构造一种机制，这种机制能够整合社会中的人、财、物等资源，从而创造出价值。然而自始至终，他们真正用在打造机制方面的精力却不多，或者用了精力却没用对地方。他们的企业还只是做生意，还称不上严格意义上的企业，抽象地说，只是一个人在倒买倒卖而已。这些企业之所以能够产生并发展，在很大程度上依靠的是关系或机会。他们的企业往往诞生于某个批文、某种资源或某个关系，甚至直接是某个订单。企业诞生的最初决定了以后的发展路径。承认也罢，不承认也罢，北京有很多机会，也有很多关系，而且可能是含金量非常高的。这些关系或机会通过老板个人转化为了财富，使他们赚取了第一桶金。可随后，他们还是惯性地依赖这种模式，那就会慢慢走不通了。

而且，这种过分关注外部的模式一旦形成了，企业基因就很难改变。企业就是在关系或机会不断衍生新的关系或机会中成长的。很多类似企业一开始沿用的这种轨迹，以后会一直延续着。这些关系或机会都属于老板个人，老板很难将其转移给下属。北京创业的环境确实太好了，麻雀变凤凰的故事在我们身边并不少见，员工变老板的例子也比比皆是。不是你敢与不敢将这些关系或机会转移给员工的问题，也不是员工忠诚不忠诚的问题，事实是，在这样的模式下，谁敢放走关系或资源，将其转给员工，就等于帮助别人创业，而且是与自己竞争。况且，关系或资源这东西，是长时间积累出来的，不是想转就能转的。因此，老板们只得自己去干。所以你会发现，在北京有很多身价不低的人，仍然比蚂蚁还忙。

或许这就是这类企业的发展规律，诞生的最初决定了最终的结局。要改变命运，唯有转型。这种类型企业的出路可能只有一条，那就是痛苦的转型。转什么型、何时转、如何去转，又是一个非常复杂的话题，但转型却是必需的。要想改变，就不得不在创造机制方面下很多功夫，甚至重新调整营利模式。很多时候，对内部事务投入的时间和精力可能比对外部投入要大得多，而效果却甚至不如后者。当然如果不想改变，也可以过目前的生活，只是会忙点、累点而已。

管理重思

企业成长论要研究的话题就是企业成长的规律。那些长寿企业的长寿秘诀是什么？对于企业寿命的研究，中外都有很多，人们总试图总结长寿企业的长寿密码，并且潜意识或显意识中有这样的逻辑：掌握了这些长寿密码，企业就会长寿。这种逻辑类似一个人去百岁老人身上寻找长寿秘诀，以为按那些长寿秘诀生活，人就可以长寿。去之前，他设想可能得到如"不抽烟、不喝酒、早睡、早起"等答案，结果百岁老人既抽烟又喝酒、晚睡、晚起。这显然是饭后茶余的笑料，人们常常会在调侃中反驳："基因不一样，长寿是学不来的。"

企业是一个人为生命体，其包含两层含义。一是企业是一个生命体。任何生命都有其产生、发展、壮大、灭亡的过程，这个过程在一定程度上是由生命体本身的特点决定的，基因只是决定这一过程长短的关键因素。二是企业的生命体可以经过人为干预得以延续。企业与一般生命体不同之处在于，一般生命体生就生了、死就死了，譬如人的寿命有长有短，就算人为干预（如医疗、锻炼等）得再好，也总有个限度，一百多年已经了不得了，而企业却可能通过人为干预得以延续，如在一个行业出现衰亡时转到另一个行业继续经营，一个项目结束转到另一个项目继续经营，理论上甚至可以无限长。这也就是我们常听到的"项目有期限，企业无期限"。

这当然是乐观的看法。过于乐观或过于悲观都不是企业管理者应有的态度。我们倾向于采取有限理性的态度看待企业，既相信企业的发展规律，也相信人为干预。或者换个说法，我们相信基因决定了企业寿命的长短，也相信管理能够或多或少改变企业的基因。基因在企业成立时就已经确定，而管理却在企业存续期间无时不在。命好或基因好，人为干预或在管理方面下的功夫就会小些，尤其是在前期可能感觉不到需要什么人为干预或管理，譬如所在行业恰好遇上了好的形势，怎么做都顺，这时不怎么用力都会做得很好。命不好或基因不好，在管理方面下的功夫就会大些，尤其是在后期可能再怎么人为干预都会回天乏力，譬如创业时就是在小区旁边做一个没有什么特色的杂货店，要以此为起点发展成为行业知名的上市公司，就要找新的模式、找资金、找资源甚至要换新的行业等，中间要经历的波折肯定很大，但是成功的概率极小。

我们说有些企业注定做不大做不强，是因为这些企业要改变原有的基因模式需要人为干预的程度非常高。只有足够大的人为干预才能改变原来的基因模式，否则改变只能是妄想。如果看不到自己企业的基因缺陷，那么一切改变都无从谈起，而看清自己的基因本身就是难事。即使看到了，但若要改变，需要的人为干预程度超过企业家自身的潜能，改变只能是望洋兴叹，这也是很多企业家常常感叹"我要再年轻十年，我肯定要这样做"的原因。另外，如果改变所需的人为干预的成本远大于基因改变的收益，那么企业就很难有动力去做真正的改变，这也是很多企业家常常感叹："从头重新做一个企业都比改革这个老企业容易"的原因。知易行难，知行合一更难。人人如此，企业亦如此。正因为这个原因，世间有了形形色色的人，世间也有了形形色色的企业。

2. 传统管理模式的约束及优化

阅读思考

1. 大家都在谈企业体制，那么到底什么是企业体制？
2. 为什么工作流程越来越长？

管理随笔

这是若干年前的一个故事，每每想起都觉得有点儿意思。

那天，与Y公司S总聊天。

这是一个垄断行业里主辅分离后辅业改革形成的国有企业。虽然改制了，但事实上仍然依赖着主业，与主业的人与事有着千丝万缕的联系。凭借主业丰厚的垄断利润，这家企业似乎正幸福快乐地生存着。

可是，他们真的高枕无忧吗？并非如此。他们也有苦衷。虽然是垄断行业，但这里却真的非常忙碌。在这家中型公司的办公楼走廊，总可以看到行色匆匆的员工，甚至下班后很晚了，办公楼里依然灯火通明。每个人似乎都很累，像是在一个无法控制的涡流中旋转着。

每家企业都像一架机器，每个部门都像是机器中的一个部件，每个人都像是一个零件。每个部件承担特定的功能，每个零件都有自己的作用。有些机器是笨重的，像我们早年印象中苏联的机器，操作起来很笨拙，生产出来的东西很粗犷。而有些机器却是灵巧的，像我们改革初期印象中来自日美的东西，体格小巧，操作灵便，生产出来的东西很精致。

了解机械的人都知道，机器笨重与灵巧的关键区别在于设计，而设计的关键就是对机制的构思。有些机器设计时，抓不到重点，绕来绕去，不但生产成本高，机器生产出来后也让人用着别扭。有些机器却设计得非常巧妙，让人用着舒服且成本不见得增加。不同的机制，决定了机器之间的不同。

　　这家企业就像是那种笨重的机器。公司有很多领导，每个领导分管一两个部门，或干脆不分管具体的部门，就当专职领导。每个部门有正、副职，部分部门还可能有经理助理之类，甚至还有享受部门待遇的"高职低配"的人。每个人都有岗位，似乎都有权力、有职责，但很多人却说不清自己到底是干什么的，甚至会调侃一句"领导让干什么就干什么"。譬如企业里的综合办，70多人的企业，综合办中竟有13个人。这13个人是干什么的？不知道，不过每个人都很忙。

　　这就是这架机器的特点。在垄断行业的改革迟迟未能彻底深入的今天，这种行业特点必然会产生这样的机器。你既没法毫无来由地批评机器里面的零件——因为每个人都是无辜的，每个人都是好人，也没法真正地对零件表示理解——因为从结果上看，他们做的事常常散发出那种垄断机器常有的低效气息。

　　现在S总需要我给他一些建议。S总的确想干一番事业。在他看来，这家小小的企业不应是他职业的终点。然而，要真干成一番事业，着实不易。

　　提建议对于我来说，确实有些困难。即便不去扯体制之类的大事，眼前所面临问题的症结也是非常明显的——人太多了，五个人干一个人的活，必然人浮于事。人多了，每件事的环节就多了。尤其是给多个领导特意留的环节，也就更多了。每个环节上的人都用心，但是劲儿不在一处使，结果领导累，员工也累。不过，由于企业的特殊性，这里几乎不可能有人员流动，所以只能在现状基础上去解决问题。这就像明知机器本身有问题，却只能小修小补。我只得硬着头皮上。

注意三个矛盾

　　经过一番调查后，我进一步了解了这家公司的情况。在与S总进行沟通时，我谈了该企业的一些管理问题，如组织设置不合理、岗位职责不清、人力资源管理缺位等，都是些常规的或者结构性的描述。末了，我说，作为企业领导，如果真想改变，应该注意三个矛盾。

（1）业务战略与运营系统之间的矛盾

企业的战略总归是要用来实现的。然而，没有运营系统的支撑，战略只能是秘书为领导写的讲话稿，到了年终或年初，领导在台上讲一讲，大家高兴一下罢了，但如何实现却不得而知。譬如，这个企业希望在三年之内成为业界一流，那么业界一流是什么样的概念？具体的业务分解到具体的市场上，到底应该完成多少？在具体的市场上，又需要用什么样的具体行动来实现？没有人知道。日子还是一天一天地过着，战略只是个神话，听起来很美而已。企业战略目标的实现，需要各个系统来支持，如人力资源系统、技术系统、营销系统、生产系统，等等。围绕战略需要具体的分解，也需要对运营系统的各个方面进行有效的制度建设，促进公司按制度运行。然而，这个企业什么都没有，有的只是领导的讲话，以及下面各个部门围绕各自计划展开的具体工作。

（2）管理控制与流程优化之间的矛盾

企业需要进行管理提升，Y公司也知道这点，所以他们进行过各种努力，但结果却是流程越做越复杂。譬如，物业主管向物业经理申请换块地毯，物业经理又向业务管理部申请，再到综合管理部，再到老总审批，再到业务部采购，再到物流运到物业公司，再到物业主管去换……差不多要用一个月时间。企业对流程的理解，或对管理的理解，就是要各负其责，要照顾到各方面的权力。结果管理控制了，完全可以做到国有资产不流失，但控制过度了，实际上效率就低了。如何在管理控制与流程优化之间找到平衡点，是中小企业常有的困惑。省略了流程，管理控制力就不强了；管理控制力强了，流程效率就低了。关键就是要平衡好管理控制与流程优化之间的矛盾。

（3）员工传统职业观与现代职业观的矛盾

员工似乎都有职业化意识，也都希望表现出职业化。譬如许多员工经常讲，大公司如何如何，我们也应该如何如何等。他们也知道上班就应该高效率，也希望高效率，但是却不知如何得到高效率。很多员工一些基本的技能，如沟通能力、计划能力、时间管理等方面，都非常欠缺。于是，在一群职业化水平低的员工渴望职业化的过程中，自然会对别人的行为多几分挑剔，对自己的行为多几分包容。错误总是别人的，成绩总是自己的，都是因为别人没有做好才造成自己没有做好。其实，他们并不是真的有意推诿，更多的时候，他们坚定地认为自己没错。如果没有职业化意识，按传统的职业观，可能大家都还可以用最朴素的做人道理来做事，但有了职业化意识之后，他们就懂得如何挑别人的错了。如果职业技能与职业化意识不能同步，一切反而会更坏。

中小企业普遍存在这样的问题。不同公司的病根可能不一样，如民营企业，出现这样问题的病根可能在"一股独大"；一般国有企业，病根可能在于"缺乏治理与制衡"。而在Y公司，这些问题与垄断体制之间存在着根本的因果联系。

解决三个矛盾的建议

体制不可能动，工作还得做，我简单地给S总提了几个建议。

（1）重新界定组织功能

明晰岗位职责，完善人力资源管理体系，强调结果导向，加强考核，甚至模拟末位淘汰。必要时可逐步建立起企业从战略到行动的完善运营系统，用机制解决问题。所谓模拟末位淘汰，并不是真淘汰，而是给出红黄绿灯式的警示。对于这样的公司，这招有时真灵。

（2）优化流程

对企业常用的管理流程进行优化，删除不增值的环节，补上一些缺失的环节。岗位责任只是静态的，企业更多的要通过一系列流程将一组人组织在一起工作，所以界定流程责任有时更为关键。对于这样的公司，简化流程更关键。

（3）加强员工职业技能的培训，教会员工正确地做事

培训，对这样的国有企业尤为重要。垄断行业，不通过培训改善技能和

意识，很容易让一群养尊处优的人发牢骚，以过日子的方式工作，以工作的方式过日子，那样更麻烦。

对于这架笨重的机器，大家也可以看出，我给出的建议并没有真正大修机器硬件，充其量只是在软件系统上做了些调整。S总认真地听着记着，然后握手告别，此后再没有联系。我多少有些失落。后来很久以后，收到该公司一个朋友的短信："公司实行模拟末位淘汰制，上面很赏识，老板已升职了。"能往前走就好，我又欣慰了。

管理重思

以有限理性的态度看待企业的发展规律，事实上是一种更务实的管理。这件事不仅对高层管理者重要，对基层管理者同样重要。它将决定你能做什么，不能做什么。你做了你不能做的事情，意味着你不但会害了企业，更会害了自己。

垄断行业的企业自然有垄断行业的发展规律，也决定了垄断行业管理者的行为。以全球铁矿石资源行业为例，全球铁矿石资源主要掌握在三大巨头的手上，包括巴西淡水河谷公司、澳大利亚必和必拓公司、英国力拓集团，而全球需要铁矿石的钢厂千千万万。僧多粥少，掌握粥的人就有话语权。铁矿石行业三大巨头在铁矿石交易中的地位更是强势得不得了。从理论上来说，只要铁矿石资源不枯竭，这些企业的生命就会无限长。背靠着这些资源，在这三大巨头里面工作的员工不就可以躺着数钱吗？

肯定不会是这样。

这些企业的内部管理情况，我们不清楚，也不便发表评论。可是观察国内一些企业的情况，会发现这些企业普遍制度多，有些企业从中华人民共和国成立起各种各样的制度可以堆成一座小山；会多，按老百姓抱怨的话来说就是："不是在开会，就是在去开会的路上。"这很好理解，因为这些企业市场竞争地位太强了，待遇肯定会好，必然会有一群又一群的人要涌向这些公司谋取职位，即使编制再紧张，也会有人想办法挤进来，自己进来后，还希望下一代也能进来。经过几十年甚至几代人的时间，公司必然会出现盘根错节的关系，如某某行业的二代、三代等。由于人多，为了管理这些人，必然就要设置更多层级，也必然会出现大量的制度规定。有了层级，就有了级别之间的差异，为了体现级别之间的差异，就必然会出现"官大一级压死人"的现象。一切都源于垄断行业没有市场压力，要做好内部管理，只能做低效的内部"瞎折腾"。可是不在内部"瞎折腾"不行吗？

答案是：不行。

按照新制度经济学家科斯的交易成本理论，企业的规模不可能随意扩张，当一个企业的内部交易成本与市场交易成本恰好相等时，就达到了企业的边界。先举例说明两类交易成本的概念。以企业用人为例，一般来说，有两种用人方式，可以招进来签劳动合同，叫内部化（或一体化）；也可以不招人，每次做事时都临时找人、谈价，签一次性服务合同，叫市场化。内部化，你就得管他，如任务安排等具体工作，也包括防止他变卖公司资源、贪污等监督工作，这些"管"的成本就是内部交易成本。市场化，你不用管他，但你每次都得花成本去找，如搜寻、甄别、签合同等，那些"找"的成本就是市场交易成本。当一个企业招的人越来越多，达到一定程度时，"管"的交易成本就会越来越大，但还是小于市场交易成本。正因为内部交易成本小于市场交易成本，差额部分就是企业生存的价值。当"管"的交易成本等于"找"的交易成本时，企业存在的价值为零，这时企业的规模就达到了边界。无论是垄断行业还是传统行业，也无论是大企业还是小企业，只要内部交易成本大于市场交易成本，企业就会负增长。这也是我们常说的市场化改革倒逼管理提升。

垄断行业没有外部压力或外部压力不大，市场化倒逼效应小，这时如果不内部"瞎折腾"，不断地警示、告示，内部交易成本将会无限制增大，必然会出现私人贩卖垄断行业的资源、大额贪腐等现象，所以要不断在管理上折腾。

这是由垄断行业的企业性质决定的。

有限理性的态度是基于企业现实的决策，而任何抱怨都是因为未看清企业的发展规律。用体制来诉说约束与矛盾，无论是市场体制还是垄断体制，其实意义并不大。任何一个企业，无论是民营企业、外资企业还是国有企业，若处在垄断行业，最终都必然会遇到类似的问题。

3. 红海公司的痛苦转型

阅读思考

1. 传统行业中的传统企业，转型路在何方？
2. 成本升上去后，如何降下来？

管理随笔

A 公司是一家非常传统的企业，做着非常传统的业务。用流行的《蓝海战略》一书中的说法，这是一家处于"红海"中的公司。它的业务虽然不是纯劳动力或手工作坊的那种，但也没有什么高科技含量。

但 A 公司却在"红海"之中活得很好，虽不能"大富大贵"，但也一直"衣食无忧"。而它能够生存和发展的原因之一就是成本低。为什么它的成本比别人低呢？不是靠技术，也不是靠设备，而是靠严格的生产管理。这一点是老板颇为自豪的。

随着企业的慢慢发展，老板也有了不少积蓄，因为做这项传统业务太累、太苦，所以他开始寻求转型。

这位老板还是有眼光的，在老业务正红火时，他就悄悄开始开发与老业务相关但利润更多、技术含量更高的新业务，有点像从红海走向蓝海的意思。他投入了巨大的力量进行研发，然而，由于某个不可抗拒的偶然因素，被公司寄予厚望的这项新业务只得暂缓发展。

新业务不能动了，可当老板回过头来关注老业务的时候，却发现老业务的优势也在减少。在公司全力开发新业务时，老板没有像以前一样紧盯老业务，更多的只是根据下属呈上来的报告了解企业发展状况。随着企业中专业化人才的增多，这些报告也越来越专业。

从报告上看，生产成本在大幅上升。据下属汇报，原因既有宏观的，如CPI上涨等，也有微观的，如技术设备老化、管理提升过慢等，但总体来看生产成本上升似乎是正常、可控的。本来看这些报告时，老板并没在意，可现在老业务优势减少而新业务还没接上，公司处于难关，他开始担心了。

但老板依然很镇定。他的逻辑很简单，死抠老业务的成本，再把优势拉回来就是了。于是经过认真的思考，他召开了一次员工大会，言明公司现在处于危机中。可惜不是所有老板都有写出《华为的冬天》的任正非那样的感染力，这位老板的鼓动号召没有多大效果。

他讲危机，讲公司的愿景，开一场又一场的干部会、员工会，核心议题最后还是落到了成本上。我也曾应邀参加过这些会议，并观察过与会人员的反应。我清楚地发现，在员工眼里，老板的一言一行有点像演戏，很少有人相信老板的话。私下里，我偶尔会听到员工的议论。很多人认为，所谓的危机只是老板的口头禅而已，每年都在提，并不能真正让人相信。于是在老板"演戏"的时候，这些员工也在"演戏"。每一次谈危机，对于有些人来说就成了表现的机会，他们期待能借此实现升职加薪。就这样，一场场热闹的"戏剧"开场了。会上有慷慨陈词的，有故作沉思的，有写合理化建议书的，等等。其中不乏真知灼见者，但有相当多的人其实只是想表达一份热情或展示自己的智慧，并不真正关心所表达的内容。

在讨论成本时，非常有趣。有人提出不是成本优势降低了，而是招投标过程中不可把握的因素太多了。有人认为，是预算问题，因为他们核出的成本价就比对手的报价还要高十多个百分点；还有人干脆说是因为对手们成本更低，譬如某某公司竞标前做的工作够扎实、敢出血等，接着再举出若干个案例。有趣的是，只要把责任推到竞争对手不按规则出牌上，就很容易得到大家甚至老板的认同，随后大家就会纷纷控诉对手如何违法、自己如何合法。说到后来，成本降低一事也就是说说而已，没有得出任何实质性的结论。

话是这样说，可成本该降还得降，否则企业生存就会受到直接影响。市场不相信眼泪，市场经济也只相信市场的逻辑，不相信企业的逻辑。可真要降成本，也是有很大难度的。在老板直接领导时，中标价可以低点，可以在执行合同过程中，通过追加合同条款或收取服务费用等洽商的方式来增加收入。但这需要全心全意地投入其中才能做到。话说回来，老板可以全心投入，但无法通过制度保证员工也能全心投入。虽然理论上能做到，但现实中不行。

虽然讨论并没有什么进展，但老板还是带着员工按自己的方式慢慢推进着。他一次次地压着火，慢慢引导员工思想意识的转变。没办法，就业形势虽然严峻，但拍拍屁股就走人的员工还是大有人在。哪怕在这样艰难的情况下，员工工资也是只能涨不能降的。否则引起员工的强烈不满，企业会更加难做。

我一遍遍地告诉老板，要坚持。我坚定地告诉他，这一切都是企业成长中非常正常的现象，谁都得过这一关。如果谁告诉你，他的管理一开始就是井然有序的，那肯定是夸大了。甚至有些大集团管理上也是无序的，只能算一个个头大一点的孩子而已。

说是这样说，但总得找到解决的办法。有一天聊天的时候，我无意中问了一句：你有多久没有到基层工地去了？他想了想，说很久很久了，然后愕然地问我，这很重要吗？我说，你去吧，降低成本的办法就在那里。他去了。当看到工地上大把完好的新焊条被扔得到处都是时，忍不住发了一通脾气。后来他发现，不光是现场管理，库房管理、工程预算等很多方面都有问题。看到这些后，他非常兴奋又坚定地告诉我："成本一定可以再挤出十个点，绝对没有问题。"事实上，正如他说的，成本又降下去了。

其实，该企业所谓的低成本优势更多地来自老板自己。他对企业各个环节盯得紧了，成本自然就低了；盯得松了，成本就高起来了。中国很多企业都是这样。

之后有一天，他问我："难道就只有我盯着，企业才能正常运转？"我本来想说："身处红海，你想怎样？"但想想没有说，因为说起来话就长了。

> **管理重思**

　　垄断和竞争只是一种客观存在的现象。有垄断市场，就有竞争市场。垄断行业的企业心心念的是市场化趋势改革，而竞争行业的企业心心念的是获得垄断竞争地位。如若不能做到垄断，也至少雄霸一方；做不到雄霸一方，也希望至少在价格上有主导权。这样一来，红海市场上的每一个人都在心中念着一个叫蓝海的地方。

　　红海、蓝海这类名词被引入管理领域并广泛应用，源自由韩国学者金伟灿和法国学者勒妮·莫博涅共同提出的"蓝海战略"学说。简单而言，红海是竞争激烈的市场，蓝海是竞争相对不激烈的市场。自从2000年初期，"蓝海战略"学说被引入中国以后，广受中国企业欢迎。曾一度大大小小的企业老板言必称蓝海。处于激烈竞争的企业，都在积极寻找蓝海，似乎找到蓝海就可以万事大吉。

　　蓝海战略既适合新兴行业，也适合传统企业。它的基本思想是积极探索未知领域，打开一个新的产业空间。譬如，一家马戏团不做动物表演，而是招专业运动员，走出一种剧场演出的新模式等。在这样的一个新模式下，没有人与自己竞争。这种战略的基石是价值创新，而价值创新是最难的事。蓝海战略对启发我们的战略思维非常有好处，值得学习。

　　现实的问题是在中国的市场上，不但找那个所谓创新的蓝海难，而且好不容易有个创新，竞争对手马上就会无成本模仿"抄作业"。你刚想因创新获点利，却被后来者登了先。当然可以说我们的创新没有价值，但难以获得有价值的创新又是现实情况。就在这种情况下，社会上还一波一波地出现这个机会，那个机会，一会儿是元宇宙，一会儿是GPT，好像市场中"风口"真多。这时，我们该怎么办？

　　事实上，风口与我们没有直接关系，或者说根本没有什么关系。我们就是一个挖沟做市政的，一个埋头做码农的，一个种菜卖菜做农业的，外部别的行业的风口来了，除了说一说，侃一侃，以显得我们思维开阔，还能怎样？难道要把现在这一摊子全扔了，另起炉灶？不可能。

身处红海的企业就是这样的宿命，承认也罢，不承认也罢，同行就是在激烈竞争，为了争到一个标可以耍手段；客户就是强势，该给的款迟迟不给，生生地要把你拖死；供应商就是说一不二，不给现款不发货；与人合伙就是难，一言不合，合伙人拉几个人出去租个办公室就能单干；给员工发钱就是棘手，多了自己没利润，少了人就跳槽。

这个苦不是你独有的，而是你所在行业的共性，也就是大家的基因。大家既然选择了这样的行业，谁也不比谁强多少，到外面吹牛说自己有什么靠山有什么背景，也不外乎为自己壮胆；谁也不比谁弱多少，到外面处处哭穷如祥林嫂般诉说自己多么不容易，也不外乎为自己排压。

企业是可以人为干预的有机生命体，身处红海时要相信企业的宿命，也要相信人为干预的作用。

首先是承认处于红海之中。行业有起有伏，行业已经是红海，自己难以改变。转型不转型，你都得肉搏；红海需要肉搏，那就肉搏。红海需要忍受，那就忍受。换句话，身处红海之中首要的是竞争能力的提升。竞争无非是提高收入、降低成本。目光从外向内，才是正道。

其次是相信"有同行，没有同利"。行业没有高下之分，企业却有赚钱能力高低之分。同处一个行业，大家不一定是同样的利润率。在红海中能够屹立不倒的企业，都必然有自己的生存之道，甚至是独门绝技。这些生存之道听起来可能都不能登大雅之堂，譬如，一个市政工程公司老板盯着每个焊条的成本降低、标书上的每一个数字出处；那些独门绝技也可能更谈不上科技含量，譬如，一个饭店老板自己琢磨出来或模仿出来一个烤鱼配方、一个香锅配料。但这正是处于红海中的最真实的营利方式。对已经身处红海的企业而言，颠覆式的创新基本上与你无关，你能做的也只能是微创新。我们要有蓝海的意识，积极寻找能够建立自己竞争优势的某个小区域，但千万别指望"一招鲜，吃遍天"，那不是红海企业的命运。心存如此幻想的，都必然是行业的匆匆过客。

最后是拥抱变化但不乱折腾。处于红海之中，急而不乱才是最为合适的策略。这个行业即便被别的行业淘汰，如电商行业对传统商业的淘汰，也不是一夜之间完成的,而是有一个逐渐替代的过程。这一变化必然会反映在你的客户购买行为上,你的供应商促销策略上,你的同行为一分钱的利润撕破脸皮上,也会反映在争当网红媒体、争做短视频等群体行为中。风起于青萍之末,需要你细心并拥抱其中的变化。如果灾难突然掉到你的面前,多半是你曾经忽视了市场传来的太多信号;如果说一睁眼发现变天了,多半是因为你睡着了。这时,着急地调产品、调组织或者调方向,都是用急躁掩饰自己曾经的错误。面对新形势,你可坚守,也可撤退,但都得有序。在红海中,本来就是熬的,死的大都是乱折腾的。

4. 艰难的老企业改革

阅读思考

1. 老企业改革难，难在哪里？
2. 我们谈要成为一流企业时，谈的是什么？

管理随笔

这是一家说奇怪也不奇怪的公司。

它是一家国有企业改制时由分离出来的辅业组建的公司，在中国有很多这样的企业。它的正式员工不超过一百人，但业务涉及物业、电子工程、机械、会务（展），还有类似敬老院的公益服务业。员工身份多种多样，有正式工、劳务合同工、临时工等；工资标准更是五花八门，基本上按原来分离时的标准。譬如从摩托车厂分离出来的员工，现在工资较低，因为没改制时就低；从幼儿园分离出来的员工，现在工资较高，因为原来就高。更为奇怪的是，只有十多人的物业部门，还要成立什么物业子公司，理由是物业本身就是单独的一块业务，当然应该成立子公司。

我和同事作为咨询顾问来到这家企业。企业先是召开见面会，主要领导与我们见面，介绍了企业的实际情况以及对管理提升的期望；接着是中层的干部座谈会，主要探讨一些预先设定的话题，都是开放式的，譬如管理存在的主要问题等；再接着是全体员工大会，算是动员大会。可见，该企业对管理是非常重视的。

与中层的干部座谈会有点意思。老总在的时候，大家话不多，仅仅是非常拘谨地讲两句。老总告诉我，他们的中层就是话少，没想法。后来，老总有事离开了，会场气氛突然活跃起来，这可能是每个组织都会有的现象。中层干部从战略谈到组织，从领导力谈到执行力，从员工素质谈到国民素质，从国内甚至谈到国外，每个人都很健谈。

　　在座谈中，我们可以看到企业对提升管理的迫切心情。员工希望改变，中层希望改变，高层也需要改变。但是怎么改变？没有人知道，于是希望只是虚无的希望，你怪我，我怪你，多年来就在埋怨中过着日复一日的生活。

　　其间，谈到战略。他们认为公司现在是有战略的，譬如"成为业内一流的公司"。对于这个所谓的战略本身，很少有人去琢磨，譬如，什么是业内一流的公司？一流是一个什么样的概念？一流包括哪些方面的一流，是服务、产品、成本还是人力？没有人算过这笔账。不算账的公司不可能成为一流公司。有意思的是，人们在不算账的时候却在炮轰着账目。很多人口若悬河，大谈特谈现在战略存在的问题，但谈到新战略时，几乎没有人有想法，或者只有自相矛盾、自说自话的想法。其实，很多人谈的不是战略，而是期望，或者仅仅是牢骚。

　　人的巨大惯性可以吞噬一切欲望，最后人变得平庸，企业也一样。平凡没有什么，但平庸就不好了，平庸的人会无中生有，平庸的公司也会无中生事。

　　我问，你们怎样看待自己的公司？认为它是平凡的公司、平庸的公司还是伟大的公司？他们中没有一个人讲自己的公司是伟大的公司，但也不愿说自己的公司是平庸的公司，也不愿承认自己的公司是平凡的公司。他们认为，企业有这样那样的问题很正常。有人还说，那些号称很牛的公司，也未必真那么牛，花几个钱包装出来的而已，不然，它们的工资水平，怎么没有预想中的高呢？

　　听他们谈话的时候，我不断产生这样的想法。这家企业——如果能称得上企业的话，是国有企业改革过程中的典型产物，属于体制转轨时期很常见的类型。企业成立的理由，就是主辅分离，将一些与主业不相关的业务统统装进这个框中，成为公司。装进去之后，不能也不愿把这个框推向市场，就依然用体制的奶养活着。他们活得并不快乐，但仍那样活着。如果有命运，那这就是他们注定的生活。

我尽可能跳出与所有人的谈话所带来的片面性、偏执性，从眼前的现实着眼，全方位地对这个企业进行思考。这个企业的人素质不错，收入、住房、福利等也让当地人羡慕。但是这个企业没有真正的战略，组织无序，说是企业却又像是在按事业单位之类的方式运作。人事方面，上去（升职）的方式多种多样，一纸任命书，走个程序就搞定了；下去（降职）虽然难，但是靠边站，待遇保留、取消职务的事却时有发生。管理层是在当官，员工是在等机会或者混日子，很少有人在想工作，那些想着工作的人甚至要被嘲笑。这个公司有市场部，但没有市场压力，靠着改制前的主业似乎什么都有了。按照他们的逻辑，凭什么不靠主业呢？主业上市了，拿高工资，剥离了我们，我们能不靠他们吗？

可是不改革又是不可能的。改革是大势所趋，谁也逃不过。但改革又实实在在存在着很多困难。一是人员的观念转变有难度。大锅饭已经吃了许多年，想改不容易。据说公司想实施考勤制度，结果很多人反对，管考勤的人得罪不起人，后来就不了了之；再后来买了个打卡机，但不到一个月，打卡机就被人砸坏了。实施考勤制度都遇到这么大的阻力，可想而知推行其他改革有多难。二是管理基础太薄弱。企业里几乎没有像样的制度。有意思的是，公司虽然连统一的工资制度也没有，但奖金仍然是年年像模像样地按照所谓的制度发放。三是利益纠缠多。各方利益纠结在一起，牵一发而动全身。而不断博弈的结果，常常会使组织利益最小化。另外，他们对上市的主业总是心存不平，觉得被抛弃了，但又不敢明确表达出来，只能消极对抗。

这个企业就是改革几十年来企业变化的缩影。国有企业改革虽经历了若干阶段，但实际上都是将企业从计划体制推向市场体制中，从某个并不温暖的怀抱推向血雨腥风的竞争环境中，让它们适者生存、优胜劣汰，借助市场逼企业进化。然而，企业的进化毕竟不是自动的，它需要某种外因的条件诱发内因发挥作用——前提是内因能够被诱发。很多企业的内因难以被诱发，所以状况注定没太大改变。这个过程是艰难的，但也还得继续推动。诱发内因的外因可能是显性的，譬如，企业到了山穷水尽的地步，必须置之死地而后生时，某个人站出来一呼百应，然后改革就成了顺理成章的事。太多的中国企业走的是这样的道路，有成有败，未有定规。这个外因也可能是隐性的，譬如温水煮青蛙，大多数人浑然不知。对于隐性的外因，需要有某个先知先觉的人去发现，并能够发出震耳欲聋的声音以唤醒沉睡的心灵。这种人往往下场不好，但又必不可少。遗憾的是，能够发现外因的人不少，但能够发出足够响亮声音的人并不多。国有企业里有很多人才，他们可以长篇大论企业的发展问题，但是仅限于私下讨论，并不具备推动组织变革的能力。

我又一遍遍地想着这个企业的状况，我说不清老总请我们来的真实目的。他可能是个过客，需要在过客的位置上演好戏，喊两嗓子，让上面听到，然后高升；也可能是真沉下心来想带领这家企业大步发展，像是农人对待干旱土地上那奄奄一息的庄稼一样。他或许真有这样的真诚，但不知他是否有足够的勇气，也不知他是否有这样的慧根。

管理重思

这是一篇写于2006年前后的随笔，对现在很多企业仍然有参考意义。

（1）打破自身的惯性需要勇气。曾经的国有企业改制如此，事业单位改制如此，近些年各地大量成立的城投公司如此，一些看起来像机关或事业单位而实际上是外包服务商的公司更是如此。它们面临的问题都会与改制后的国有企业类似。在一定意义上，每个人都是温水中煮的青蛙，每个企业也是。既然初衷是通过市场化改革来增加活力，那么除了在市场竞争中打造竞争力，别无选择。不忘初衷，持续前行。

（2）每个企业都必然面临不同思潮的碰撞融合。你把这种碰撞融合理解成企业文化建设、沟通机制建设、制度建设等都无所谓，关键的问题是：企业就是由不同的人组成的。人是复杂的。你要把复杂的人糅合到一起必然是难题。至于你是采取无为而治或假装无为而治，还是按东方或西方的管理方法糅合，都得首先承认糅合是一个过程，至于是痛苦的过程，还是愉快的过程，也都是些形容词。

（3）管理的价值体现为有效融合。改制也罢，未改制也罢；国有企业也罢，民营企业也罢；小企业也罢，大企业也罢。只要是企业，都得糅合，而糅合是一个过程。这个过程是每个企业都要经历的，就像一个孩子从牙牙学语到春意萌动，再到四十不惑、五十知天命一样，都要经历一个不同思潮碰撞融合的过程，只是在不同阶段的表现不一样而已。但不论怎么表现，这些思潮碰撞融合都必然存在，不可能消失。然而，管理却可以让这些思潮碰撞融合更加融洽些。这就是管理的价值。

（4）一个抱怨企业的管理者，就像一个抱怨病人病得太重的医生一样，实际都不是真正的在其位谋其政，充其量只是一个挂着医生名号的医生，挂着管理者名号的管理者。

5. 企业都有"三好三坏"

阅读思考

1. 企业会自动自发地变好吗？
2. 如何理解顺势而为？

管理随笔

我总喜欢周末一个人坐在办公室里，无所事事又若有所思地看向窗外。我喜欢这样的景色：一片开阔地之外是鳞次栉比的高楼，断断续续地通向远方，像是老家的黄土高坡，似乎总望不到头。在办公室楼下不远处是一条繁忙的马路，隆隆的车声被玻璃隔开后只留下了若有若无的想象。每每这个时候，我都会无来由地想起一些往事。这些往事中，常常伴随着"企业都有三好三坏"的忠告。

在我很小的时候，父亲在乡镇企业办工作。我一直搞不清楚那是个什么性质的单位。当时，家里总是来来往往许多人，其中一些人会与父亲在一起或热切或淡然地谈论有关企业的事情。那时候是1980年前后。

他们谈论企业时，说得最多的一句话就是"企业都有三好三坏"，有时也会加上一句："怎么可能不断地好呢？"现在想来，他们的大意就是说企业的效益有好的时候也有坏的时候。好的时候能好多长，坏的时候能坏多久，很难说清。

你可以想象黄土高坡上几个农民带着厚重的鼻音说这番话的情形，你也可以翻过这节，以避免听我讲一些将生意与运气联系在一起的论点。尽管我当时并不懂那些话的含义，但我清楚地记得那种带着沉思味道的说话场景。

企业为什么有三好三坏呢？当时我也曾像模像样地思考，甚至稍大一些上中学时，还试图写一些解决的思路来破解这一问题。那时，我并不知道国内外有很多学者正在探讨企业成长的理论。

20世纪90年代中期，我大学毕业后进入一家大型国有企业工作。那个城市有着众多的工厂，其中能够列为"全国第一"的就有十多家，包括我所在的那家。当时正赶上国有企业脱困阶段，那个城市效益好的工厂没有几家。我所说的"效益好"，是指在保证基本工资的前提下，还能多多少少有点效益奖金。

我迷恋上了经济与管理，经常研读一本本或厚或薄的经济管理类读物。我所在的工厂效益非常差。上班闲时多，管得不算太严，我得以到处走动。我挨个探访我所在工厂的几十个分厂，走过不同的车间，后来也无所事事地到其他大型工厂去看，去找人聊。我总能够在其他工厂找到同一批分到厂里同样处于试用期的同学，从而有机会直接进入车间与工人师傅聊天。那些工人师傅是真正的师傅，我们这些试用期的大学生是真正的学徒。真实的关系，使我有机会听到更多。

在那种走马观花的走访中，我听到最多的一句话就是"效益嘛，自然有好有坏"。这句话与父亲的话如出一辙。说这话的老工人们，成堆地围在车间的某个角落，或坐在铸件上，或蹲在车床旁，以等待幸福的姿态等着车间主任宣布今天是否有活干。那种等待，就像是农民在干旱的庄稼地里等着下雨，虽然迫切但不绝望。他们承认现实，但就像相信"天有阴晴，地有旱涝"一样，他们心底深处还有希望。像"温水煮青蛙"一般，他们的日子一天天地痛苦或快乐地过去了。用现在的话说，那些工人明显缺乏"执行力"。他们往往听到今天不开工的指令后并不走，而会在一起侃一会儿，侃的内容多是企业如何改，或者回忆某个老领导在位时企业的风光。然后，很快就到了下班时刻，工厂大门打开，大家骑着自行车慢慢回家。

我常常凝视着上下班的人群。那时年轻，不能理解为什么人们还在准时进入到潮起潮落的人群中。他们按时进入车间，按时换上油腻的工作装和油黑的白色手套，然后用并不干净的抹布擦着机器，再到某个角落去聊"企业的三好三坏"，然后就是下班。偶尔，车间主任会召集大家开会，宣传一些诸如"减员增效""今天不努力，明天就下岗"的政策，这些宣传会给人们以更多的谈资。他们似乎有说不完的话，但就是不知道怎样才能有"执行力"。

当然，有活干的时候，主任、班组长会层层宣传，强调这批活如何如何重要，出现质量问题要如何如何扣工资，然后人们开始干活。有两个事情经常让我感到困惑，一个是这些老工人为什么能够如此认真？另一个是为什么管理学还要一再强调调动工人的积极性？他们的积极性已经够高的了。在那个时候，质量似乎一直是中国企业的通病，而根据主任及班组长的宣传，质量问题主要是工人干活不认真导致的，所以他们采取了重奖重罚的办法。重奖倒不一定能够兑现，重罚的确是动真格的。谁敢重罚，在那时就等同于有魄力。于是，便有干了活的工人师傅却拿不到钱的事情。遇到这种事，他们也只会自认倒霉，虽然常常在背后也会有很多牢骚。这种重奖重罚之类的管理活动长期进行，但却没有多大效果，企业效益也没有好转。当时，很少有人会将企业不好的原因与管理层的责任联系在一起。"企业都有三好三坏"，他们非常宽容地看待自己的企业，以及重奖重罚的管理手段。

管理层的日子似乎也不好过，他们也说"企业都有三好三坏"。一个万人大厂，各个处室、分厂、车间以及车间的每个人，企业的高、中、基层等，都存在着各自的利益。在复杂利益的博弈中，结局很难达到最佳。不过它却在若干年后带给我一个好处，让我比别人能更快地理解博弈论。就这样，他们在不断地博弈中慢慢由年轻大学生熬到中年干部，再到老干部，最后到离退休干部。"企业都有三好三坏，年轻人不能着急"，他们也常常对我说类似的话，我到现在都能记得他们说这话时那种居高临下的姿态。

当然，并不是所有人都认同"企业都有三好三坏"。记得当时有个年轻的副厂长，人很聪明，好像是南方某大学的MBA。在一次与大学生的座谈中，他说，"如果把这个企业推倒重来，也要比现在管理起来轻松"。他知道，在这些企业里，仅凭一两张通知或规定就想改善现状，那纯粹是做梦。但是对于喜欢做梦的人，在这些企业中总是能够被冠以"改革家"的名声。他对此有些痛恨。在我模糊的记忆中，当时似乎问过一句"企业是否都有三好三坏"，他好像愕然地看了我一眼，有些落寞。我隐约记得他当时说了一句："三好三坏？为什么别人三好三坏之后，企业一天天好起来了，而你没有？"但是细想，又觉得他不可能对我这个新来的大学生员工说这番话。总之，只记得他的态度是否定的。

我不断地走进一个个大型国有企业，去听去看，去凑热闹，再去琢磨"企业都有三好三坏"的言论。后来，我离开了那个地方。再后来，我还会断断续续听到一些故事。譬如，某家企业上市了，火了几年又不行了；某家企业现在效益特别好，行业好得不得了。这时，我会想起那句话——"企业都有三好三坏"，也会想起现在流行的一句话："潮涨的时候，猪都会飞；潮落的时候，才知道谁没穿内裤。"当管理者根本不知自己该做什么时，行业火了，企业似乎也就好了，"猪都会飞"；行业不好时，企业也就坏了，但坏的时候却"不一定知道谁没穿内裤"，"三好三坏"嘛！

管理重思

管理问题的答案似乎总会似是而非，既有科学性又有艺术性，既要尊重规律又要尊重人的能动性，这让很多人无所适从。譬如，说到企业是不是都有"三好三坏"，怎么样回答才是对的？

一定要0或1的答案，那么可以肯定地回答，企业确定有"三好三坏"。这个结论可以通过产业结构，尤其是需要很多固定资产（产能）投入的产业的结构分析得出。譬如，由于产能建设需要一定的时间，就需对市场需求提前预测，预测不准就会过剩，而即便预测非常精准，市场上不是我们一家，还有很多竞争对手，预测竞争对手是否也会投入产能、投入多少、何时投入、产品何时能上市、上市后是否打价格战等，几乎是不可能的事。最终的结果，行业自然会形成一哄而上、产能过剩的局面，"三好三坏"也就成为必然。

相信"三好三坏"是有限理性的态度。企业都是时代的产物，谁也无法脱离时代。因时而生，因时而死，这是企业的命数。对于几乎所有的企业来说，

"势"就决定了它的命运,顺势就活得舒服些,逆势就活得艰难些,所以"顺势而为"非常重要。

然而,顺势而为的重点在"顺"与"为"上,不在势上。势是外在的,很难被人改变。顺与为才是属于自己的。顺着大势而为,"三好三坏"的周期会被削弱或在一长段时间被削平,企业会越做越强,越做越大。顺着大势了,但不为也没有什么,至少可以获得时代的馈赠,"三好三坏"而已。逆势折腾就是瞎折腾,出力不讨好。这方面的例子不胜枚举。

管理改变不了"势",但管理却可以在"为"上做文章,尽可能让"逆为"少些、"顺为"多些,这才是理解管理的主旨的关键。

6. 两家企业，两种命运

阅读思考

1. 为什么改革后的国有企业效益不同？
2. 如何修炼、提升企业"内功"？

管理随笔

最近常会不由得想起多年前工作过的国有企业。这家曾经号称全国某行业最大的企业，十年来一直在困境中挣扎。来北京的朋友说起这家企业，用得最多的一句话是："还是那个样子，不行。"

我不知道该如何描述我的心情。对于初入职场的大学生来说，如果他的第一家雇主是国有企业，那么，无论他以后走多远，永远会把自己看作"厂里人"，无论他遗忘多少往事，也总会用"我们厂"来指代那家国有企业。至少，我所接触的20世纪90年代中前期毕业的大学生是这样。那天送走一个来京出差的老同学之后，我的心里常常会因为想起"我们厂"而有些难过。

这家企业曾经有着非常辉煌的历史。但到了20世纪90年代中后期，像相当多的国有企业一样，它陷入了"脱困"状态中，自此一直没有恢复元气。它的不幸也有着自己个性的原因。在20世纪90年代中期，它曾经试图转向汽车行业。这个转型暂且不论是否正确，但有一点却可以确信——它的转型不坚决，似乎总处于摇摆之中。员工中有传言说，因为高层意见不合。这种说法无从考证。但我参观公司的废品库时，确实看见过许多汽车发动机之类的试产废品，或者因保管不善而导致的正品变废品。有人说，管理不善是因为有些领导故意安排一些"差"的技术和生产人员做这些事。总之，在摇摆之中，机会就这样失去了。这种摇摆属于战略以及战略管理方面的工作，它欠缺的是有效的战略支撑体系。

另一家企业，和"我们厂"在同一城市，也是某个行业的老大。我有不少同学现在仍然在那里发展。这两家企业有着很多共同之处。譬如，都曾是行业老大，都曾经在20世纪90年代中后期遇到非常大的困难，都有点像政府，人事关系非常复杂。

可是，令我感到惊讶的是，现在这家企业变化非常大。从外在说，财务效益变好了；从内部管理上说，人员大大减少而效率反倒提升了。

这个"厂"变化的原因是什么呢？"不是厂，现在是有限公司。"同学先纠正了一下，"主要是改革之后不一样了。"有哪些不一样呢？同学介绍说，根子上有一点就是"厂里"人的主人翁意识增强了。当大家一致对外的时候，内部倒真正有了团结的可能。主人翁精神表现在，大家认识到是在为自己工作，对待不良生产行为，由过去的姑息变成现在的反对。与集团公司的关系，过去是行政式的，现在不能随便下命令了，就这样变好了。

同学不是搞管理的，但是他简单的逻辑却有点意思。我就问，"我们厂"不是也改革了，为什么还没有改变呢？他说不出来原因，但列举了一些现象，说这家企业开始卖地、往郊区搬，后来又搞房地产开发，他们的产品更新太慢、不能适应市场，等等。

两个企业，两种命运，为什么呢？改革之后，一家企业迅速发展，另一家还在原地徘徊。我想，改革的作用，仅仅是能为企业建立一个良好的治理机制，使企业能够成为自主经营、自负盈亏、自我发展的独立市场主体，但不一定能够保证这家企业一定具有自主经营、自负盈亏、自我发展的能力。提升这些能力，还需要自己的努力。对于"我们厂"来说，改革之前的很多薄弱方面，譬如战略支撑体系，改制之后并不会自动提高。改革了却没有及时把握机遇提升自我能力，就必然会出现"换汤不换药"的症状。而另一家企业，把握了改革的历史机遇，迅速提高了自我能力，取得了快速的发展。

这只是我的解释，而对于命运的解释，不同人会有不同的答案。

> 管理重思

不想对企业命运的不同再进行深入分析，因为再往下就会涉及太玄虚的东西。这里想重新回到一个本质的问题：企业的成长到底在成长什么？

问这个问题，就好像在问，一个人的成长到底在成长什么？这样的问题，本身不会有确定的答案，因为站在不同的立场、角度以及在不同的时空，得到的结论自然不同。站在投资人的角度，譬如你是一个小股民，企业的成长可能就是股价的增长，或者说是市值的增长。站在实控人的角度，譬如你是一个上市公司实控人，企业的成长就像是养娃，也像是养猪，所以才有了那句著名的话："企业可以当儿子养，也可以当成猪卖。"站在员工的角度，企业的成长可能就是规模变大，工资增加。没有一个答案，你可以说它是错的。

管理学在研究企业的成长时，往往也是从不同的角度。譬如，有人从核心竞争力增加的角度，把企业的成长看作不断夯实核心竞争力的过程；有人从竞争优势增加角度，把企业的成长看作护城河不断加固的过程；也有人从进化的角度，把企业的成长看作从低级到高级不断演化的过程；等等。这些角度的研究都没有毛病，也都有益处。但问题在于，一些看似复杂的术语，理解字面意思都很费劲，何况还要理解术语与术语之间的逻辑，以及逻辑背后的真实意图，并且要将其恰恰好应用于实践当中，就会难上加难。

倒不如复杂问题简单化，最简单的就是常识。从常识角度，盈利就活，亏损就死。你总不盈利，本钱亏完，不关门怎么办？从利润角度去理解，收入减去成本等于利润。收入涉及经营，你得给别人提供产品或服务，开了发票，拿了钱，这是收入。成本涉及管理，你得组织人、财、物，然后得花出去钱，这是成本。两者的差额就是利润。（请注意，除特殊说明，本书说的利润是真金白银，不是掩耳盗铃玩点虚增销售收入，再用存货、应收账款、在建工程去弥补的游戏。）企业的成长无非就是收入、成本、利润三个要素的组合过程。初创时，东西卖不出去，市场不认可，这时就叫市场瓶颈期。稍微大了一些，人多了，事杂了，人与人之间的交易成本变高了，事与事之间交易成本变高了，就有可能成本高企，赔钱赚吆喝，这时就叫成本瓶颈期。到了一定程度，钱（股东）与钱（股东）的事就来了，人（经理人）与钱（股东）之间的事也就来了，这时治理问题就来了，这时就叫治理瓶颈期。收入、成本、利润恰好对应市场瓶颈、管理瓶颈与治理瓶颈。

厘清这个关系当然重要了。譬如有些初创企业，仅仅老板自己全资或者绝对控股，那么公司实际上不存在治理问题，公司小也不存在大的管理问题，这时老板就是个大业务员，主要精力应该扑在市场上。然而，有些人就是不明白这个道理，在内部瞎折腾管理，折腾到公司完蛋也不知问题所在，还口口声声"管理一开始就要走在正道上，否则后患无穷"。这话当然对，因为这话我们也常讲，但他说得不对。任何事情都分层分类，在企业成长的大层面上，你得重点关注市场。这并不代表你不关注其他要素，关注其他要素并不代表其他要素就是重点。对大部分中小企业来讲，做市场是王道。同样地，有些企业已经很大了，市场当然重要、管理也重要，但在都重要的情况下，治理问题可能更为重要。这时，企业的重心就应该放在治理上。如果自己将主要精力扑向市场或管理，对股东之间，尤其是外来野蛮人的事不够关注，以致出现在从"根本"上失败的因素，譬如被野蛮人夺走控制权，这都是未能准确看清企业成长之道的缘故。

7. 股东之间的信任危机是不得不考虑的问题

阅读思考

1. 股东之间的信任危机是如何产生的？
2. 如何规避股东之间的信任危机？

管理随笔

多年前，有一段时间，某公司股东内讧事件引起了社会的广泛关注。在某公司准备上市之际，负责人与其前妻、前妻的弟弟之间爆发冲突，一时间又是查账又是起诉又是封门，经过媒体起哄之后，更添一番热闹。

对于当事人孰对孰错的争论，虽然现实，但我不甚关心。此类事件非常多，随时可以举出一些例子，只是这家公司的事件太大，闹出来了而已。我所关心的是，股东之间的信任危机是怎样产生的，又该如何规避？

股东之间信任危机的产生

说到资本合作，人们首先想到的可能是"用脚投票"。合不成了，就分。公司制出现以后，资本合作有了制度保障。从法理上看，只要是公司制，法律总是保护资本"用脚投票"的权利。但是，经历过资本合作恩怨的人都知道，最痛苦的往往不是分手，分手带来的损失只是资金数额而已，走向分手的过程才是最痛苦的。这有点像男女之间的恋爱与婚姻，爱与恨并不是一句话说掰就掰，更不是一纸文书撕与不撕，而是那个过程中带给人的剪不断、理还乱的情感折磨。用经济学的语言来说，就是每笔交易都是有成本的。因为有了交易成本，所以"用脚投票"说起来容易，但做起来却并不容易。"拔起双腿满脚泥"，分手的过程让你欲哭无泪，虽不至于生不如死，但大好的时间浪费在无谓的争吵上，失去的不仅仅是金钱，还有机会和运气。

我的一位博士同学一直在搞股东信任方面的研究。她是一个非常严谨的学者，为了搞清楚股东信任的问题，曾经正式访谈过很多知名企业家。她也曾经非正式访谈过那些有合作创业经历的人。这些人中有合作失败的，也有合作成功的，访谈人数加起来有好几百。她告诉我，几乎九成与她谈过话的人，都认为股东之间曾经出现过信任危机，在最困难的时期有过散伙的念头。很多人表示，业务上的困难往往都不算困难，总能找到办法克服，可是股东之间的信任问题却很难解决，而且有些问题真不是通过沟通就可以解决的。

股东的信任危机可能发生在企业初创阶段，也可能发生在企业成长阶段、成熟阶段甚至没落阶段。股东之间的关系，从不稳定到稳定往往是一个过程。这个过程可能很短，譬如两人或几人一见如故，信任与日俱增，热烈而持久。这种情况是理想的，但肯定极少。大多数股东之间信任的形成都有一个相对漫长的从不稳定到稳定的过程。而在这个过程中，必然会遇到一些坎儿，迈过了就稳定了，迈不过合作关系可能就黄了。这种坎儿，可能在创业初期出现，如第一桶金产生的时候，第一个战略选择出现的时候，第一个变革要发生的时候，等等；也可能一直不出现，隐蔽在企业业务快速发展中，隐藏在一致对外与竞争对手你死我活的拼杀中，隐藏在对收获充满期待的过程中。但是它必然会发生，譬如在企业即将上市成为公众公司之前、在企业大举扩张之前、在获得巨大荣誉之前等重大的时刻。如果股东信任确实存在问题，那么这些问题总有一天会爆发。这种爆发不会因企业业务好坏、规模大小而增减。

信任是一种心理状态。股东之间的信任由于牵扯到股东合作，涉及利益问题，因此情况复杂得多，也很难考量。不过我始终认为，股东之间信任的度，往往与股东个人的心理感受之间存在偏差，也就是你感觉到的信任未必是真的信任。譬如两个人由于有同学、同事或发小的关系，刚开始的时候，似乎彼此信任程度非常高，但那种信任只涉及情感方面，一旦涉及了其他，如战略思维等方面，彼此可能互不认同，信任程度同时会降低。最初的火热只是表象，真实情况是，如果股东信任由若干碗水组成的话，他们最初只体验到了其中一碗水的热度，而忽视了其他碗水的冰冷。换句话说，坎儿还在那里，只是你没有看到而已。但只要坎儿在那里，你迟早会遇到的。

股东之间信任的构成

在与博士同学探讨的过程中，我一直思考股东信任会有哪些方面。博士同学在进行深入的文献研究、科学的案例编码解码时，也与各行各业有过创业经验的朋友有意无意地讨论过。受博士同学的启发，我粗略地估计股东之间的信任至少包含着以下几个方面。可能不全，但是都很重要。

（1）价值观判断

同学、同事或发小等关系，省略了价值判断的时间成本，并经过若干年的接触，他们更容易相互认同。任何股东之间的合作，往往首先会对合作方进行判断，也就是按照各自的价值观，对合作方的"人"进行价值判断，即是否认可这个人。不认可人，可能与之做一两单的生意，但是很难在一起做股东。即便是现在利益导向的时代，合作时往往也是首先看人。价值观判断后，对合作方评价的高低，是股东信任的最基本部分。

（2）战略思维

我们常常见到这样的合作方：两个或几个人一拍即合、相逢恨晚，马上携手并进，投入火热的奋斗之中。股东合作中志同道合的"道"，很大程度上体现的就是战略思维。道不同，不相为谋。在现实生活中，虽说对于不同可以求同存异，但问题是，往往存异易、求同难。譬如一个股东认为公司应该扑向互联网，另一个股东认为应当杀向房地产，还有一个股东则认为坚守主业为正道。不同的战略思维会导致整合公司资源的组合方式不同，必然存在分歧。分歧如果再涉及个人利益，上升到情感冲突等方面，信任程度降低是必然的，甚至公司会黄掉。

战略理论认为，战略思维主要有两种，一种是外向思维，另一种是内向思维。外向思维强调捕捉机会，市面上流行的各种规划、定位之类的书籍，多是描述此种类型；内向思维强调有同行没同利，主张耐心把自己的事情做好，市面上的核心竞争力之类的书籍就奉行这种观点。两种思维都没有错，但如果股东之间战略思维不一致又不能求同存异，事情往往就复杂了。

（3）利益逻辑

每个人都有自己的利益逻辑。利益逻辑不是利益，虽然利益似乎更重要，但引起冲突的往往是计算利益的推理演算方式，而不是利益本身。"根本不是几万块钱的事，关键是他那种做法太不地道。"这句话经常有人说。说这话的人也未必是在撒谎。当年秋菊打官司时，要的就是一个说法。说法是什么？说法就是道理。当感觉对方没有道理的时候，就非常想要个说法。可问题在于，很多时候双方都认为自己有道理，因为其计算利益的方法不一样。对于利益，不同人有不同的逻辑，这种利益可以是物质上的，也可以是精神上的。譬如，一个公司赚了钱要分配，有人加入公司早，可后期基本跟不上公司的步伐，有人加入公司晚，股份明显少得多。这时候，利益逻辑问题就会产生。有人说，"有些股东，就最初投了那么一点钱，后来什么事也做不了，分配的时候还要那么坚持，太差劲，股权得调整"。他是从贡献角度讲的，其逻辑是，贡献多就多得，贡献少就少得。有人反驳，"同股同利是法律规定，股权不是说调整就可随便调整的"。他是从法理角度讲的，私有财产神圣不可侵犯，也有道理。如果再有人从情感逻辑出发，把自己当初创业时如何忍辱负重、关键时候如何力拔山兮讲出来，过河拆桥的判断也就会得出来。利益逻辑的不同，常常使股东的信任危机浮出水面。

（4）合作规则

在股东合作中，合作规则是承诺。这就像两个关系很好的人，我很信任你的为人，与你也志同道合，绝对相信你不会亏待我，但是大家这么合作着，总得有个规则吧？我能得到多少，总该有个预期吧？有了规则，相当于有了定心丸。一位有过多次创业经验的人说，规则还是要明确的。不明确，往往是因为不会明确，而不是不必明确。不会明确多是因为对公司制度中的股东合作规律缺乏深刻认识。他很遗憾地说，以前很多时候股东之间打架，大家重新研究当初制定的规则，发现那些规则要么是模糊的，要么有人故意模糊地理解。在合同意识越来越普及的今天，很多人都能够认识到清晰规则对信任的作用，但是未必懂得如何科学地制定规则。就规则层面来说，除了利益规则之外，股东行为管理规则也非常重要。股东管理与公司管理之间仅凭基本的治理制度安排是不行的，还需要对各种行为进行有效管理。譬如，哪些事该小股东插手，哪些事不该小股东插手，小股东如何行使自己的权利，等等。单靠简单的公司章程以及千篇一律的股东会议事制度等是无法解决问题的。这种规则还是早定的好。

再论预防股东信任危机的重要性

在与企业交流的过程中，我经常讲的一句话是：股东合作时，合的时候重点不是说赚了钱怎么办，而是要谈不合的时候该怎么办，该如何理性退出。结婚的时候就谈离婚，似乎有些不吉利，但又是最为需要的。因为股东合作首先是利益的合作，而不是情感的合作。如果没有一个理性的退出通道，大家又不好意思摆在桌面上谈退出，那必然就是先暗中较劲再明着较劲了。

股东信任问题，很多时候在股东合作那刻就决定了。如果企业有命运，那也在那一刻就决定了。现在的社会是合作的社会，单靠一家人自己打拼似乎已经不行了，何况一家人做股东也存在信任问题。不合作等死，合作意味着你不是大股东就是小股东。一股独大，往往不利于企业发展，但股权过于分散也不利于企业稳定，而一半对一半的股权结构，股东信任危机迟早会爆发。

股东信任危机，是直接影响公司生死存亡的危机，是企业不得不考虑的问题。

（管理重思）

股东内讧，企业必然遭殃。这应该被视为铁的定律。虽然治理、管理、经营可以视为三个既相互联系又彼此独立的内容，但是至少对大多数企业来说，这三个内容往往混在一起。从法理上说，股东之间的争议解决主要通过股东大会，或者再加上董事会、监事会，但从现实情况来看，股东内讧就会影响公司的正常运转。这就是现实，容不得回避。

然而，随着资本的自由移动，股东之间分分合合已经成为常态，如何尽可能减少给企业带来的伤害，已经成为摆在每个企业面前的现实问题。

唯一的解决之道就是给股东与管理之间架一道防火墙，让彼此之间不要有太大的影响。这已经是全球企业在实践中打打杀杀、争争吵吵后达成的共识。这个防火墙，从硬环境来说，就是严格按照公司治理进行的规则建设，包括股东会、董事会、监事会、经理层等治理机构的建设。公司治理已经成为非常成熟的学科，从法理上来说，都不是难事。但从软环境来说，股东是人，股权是资产，人为财死，鸟为食亡，争争吵吵是必然，人与人之间的信任关系就难了。信任环境尤为重要，否则防火墙就防不了火。可是，信任又是心理学范畴，似乎有些"空洞"，不如法律来得实在。不过，除了信任软环境建设，还能有什么别的方法呢？

建设股东信任软环境这件事，首要的是得有人负责。如果没有人负责，此事等于空谈。有人负责，不代表谁都能负责，与股东无关的人说话没有分量。能负起这个责任的，一般是两类人。一类是股东利益最大化主义者的代表，主要是大股东。在中国人的意识中，这些人就是"老板"，大股东天然地应该更"爱"公司，那么股东之间有矛盾，当然需要大股东出面摆平，因为公司就是大股东的，"爱"是天经地义的事，如同父母爱孩子。这是最为普遍的情况。在这种情况下，因为有人对股东信任软环境的事负责，剩下的就是技术层面的事情，如价值观、战略思维、利益逻辑、合作规则等。虽然这些技术层面的事情也难，但总有可能解决。另一类是公司利益最大化主义者的代表。这类人往往是董事会负责人，可以是大股东代表，也可以是二股东或职业经理人。在中国人的意识中，这些人就是"打工者"。这些人坚持的理念是公司利益最大化，要维护的是公司利益。一般来说，他们没有话语权，因为是打工者。只有在股权高度分散，也就是没有哪个股东有绝对话语权时，他们才有发言权。这种情形在美国比较常见，在我国也有，如万宝之争中的万科公司。这两类人分别代表着股东与公司的利益，虽然会有冲突与矛盾，但往往都还会考虑"公司"，可以称之为良性状态，即无论怎样起冲突，总有一方会对股东信任负责。

只有一种情况会把股东信任问题凸显出来，那就是自身"利益"赤裸裸地成为唯一诉求，"公司"被完全忽视。这时根本谈不上"股东价值最大化"。试问当大股东拿出控制权，操纵股价割一波又一波"韭菜"时，有没有想过"国之利器，不可示人"？既然拿"控制权"示人了，就不要抱怨有人盯着"控制权"，更不要抱怨野蛮人不讲"武德"。也根本谈不上"公司利益最大化"。试问职业经理人又是爬山又是玩游艇时，有没有想到你对"勤勉义务""企业家精神"的界定之所以能自说自话，是因为资本没有来制衡，而非不可以制衡。当已经没有人真正"爱"公司时，什么"公司到底是谁的"，以及"如何建立股东信任关系"，都是无稽之谈。

如果我们去看一些上市公司股权争夺的案例，常会发现创始人曾经引一些资本进来，结果引"狼"入室，最后要被扫地出门。这时，我们最好先不去评判谁对谁错。不了解实情，没有必要公开站队。不过，如果有兴致去翻阅事件的整个过程，你会发现，总有一些时刻，上市公司就像待宰的猪，大家都磨刀霍霍，企图大赚一笔，但没想到同伴挥刀砍向了自己。那时，谁还想过公司还是公司啊！

最后再重申一遍，股权价值最大化主义、公司价值最大化主义以及经常听到的客户价值最大化主义、社会价值最大化主义，无论什么主义，最后的落脚点都应是长期主义。站在长期主义的角度，这些主义都是为了达到公司可持续发展的目的。除此之外，谈这些主义没有任何意义。

谁负责股东信任问题？明确了责任人，再来谈信任问题。

公司无法选择股东，如同孩子无法选择父母，这也是企业的宿命。

8. 企业到底是谁的

阅读思考

1. 企业到底是谁的？
2. 控制权是由谁决定的？

管理随笔

这是一个老故事，当时是个热点事件。

黄光裕与陈晓之间关于控制权的争夺，其间每一点进展都引起了媒体浓厚的兴趣。黄光裕入狱后，国美在陈晓带领下进行了一系列变革。据说国美的发展战略从黄光裕时代的以攻城略地占地盘为主，转变成了关停并转集中精做。简单地理解，原来在黄光裕时代，国美是以快开店、多开店为主导的，到了陈晓时代，国美是以关掉不赚钱的店、做精能赚钱的店为主导的。一个开店，一个关店，这就有了矛盾。据说陈晓的战略引起了黄光裕的强烈不满，又据说更令黄光裕感到不满或不安的是，国美引进贝恩资本之后，可转债随时有可能威胁黄光裕对国美的控制权。虽然以上都是据说，但是黄光裕与陈晓之间的大战却是不争的事实，以至于最后受到全民关注，"股东投票"公决，有点古代欧洲两个男人决斗的意思。

两个人谁对谁错，一时很难断定。每个人都可凭自己的利益逻辑去推理演算，甚至纯粹从投资收益角度拿已知的数据去核算双方的利益。任何故事背后都隐藏着外人无法知道的真相。真相到底如何并不重要，重要的是，企业往往经不起这样的折腾。控制权之争，在很多时候，对企业都是致命的。国美之所以折腾完之后风光依旧，只能说与国美厚重的积淀有关。并不是所有企业都有这样的造化，这样的福气。

控制权争夺的实质

在我看来，控制权争夺其实是在争论一个问题："企业到底是谁的？"弄清楚这个问题之后，才好判断到底谁越位了。但是难就难在，不好说清企业到底是谁的。有人认为企业是股东的，股东财产神圣不可侵犯。黄光裕辛苦创建国美，天下人都知道国美是黄光裕的，陈晓则被看作打工者夺权。也有人认为企业不是股东的，而是公司法人的，法人财产权神圣不可侵犯，董事会地位不可撼动。别管你是大股东还是小股东，都无权侵犯公司。一定要问企业是谁的，那就是所有利益相关者的。陈晓可以被看作为保护公司利益而与大股东斗争的勇士。

在黄、陈之战被外界讨论得最热烈的时候，《经济观察报》用了"要帝制，还是要共和"来概念化这个事件。记者的概括能力真比学者强多了。一个人白手起家，打造了一个企业帝国，就成了国王，这个企业就是他的，这就是帝制。如果自己创建了企业，企业归全体利益相关者所有，自己只享受股东依法享有的权利，那可能就是记者所说的共和吧。不过，"帝制"和"共和"，多少给人以价值判断的先验感觉，好与坏、先进与落后，在问题设置时就预设了答案。题目还是不够中立。事实上，谁能说股东控制就比非股东控制更好或更坏呢？黄光裕就认为，陈晓的经营策略让企业落后了，而陈晓却认为自己的经营策略让企业更好了。

估计在中国企业老板群体里做个调查，支持黄光裕的可能要多。因为那些已经创业成功或正在创业或正想创业的人会坚定地认为，自己辛辛苦苦地将生意做起来，企业当然是自己的。最好的方式就是，自己退休后，第二代能够顺利接班。这有错吗？当然没有错。可是现实中，却往往不是这么一回事，因为还有人会不断思考"企业到底是谁的"这个问题。譬如，第二代顺利接班了，先不谈融资稀释股权的事，就说假如第二代经营能力有限，或者说第二代经营能力与企业的发展不合拍，职业经理人对公司的贡献远远大过第二代，你给不给股权？若不给，将意味着有一些人会自己拉一帮人出去单干；你给股权，那好吧，有了开头，慢慢地就会有后来的故事。随着股权的释放，总有一天会面临控制权的问题。

在一般人的理解中，控制权是由股权决定的。事实上，很多时候，控制权说到底是由对公司价值最大的人决定的。极端一点说，控股只是从法律意义上来说的，如果对公司没有价值，内部人控制只是迟早的事情。并不是所有的第二代都有刘禅的运气，能遇到鞠躬尽瘁的诸葛亮。控制权旁落之后，股权的意义也自然会打折，甚至会不得不转让股权。在现代社会，当企业是一个资本组合的产物时，不同资本在一起进行博弈，又与经理人进行博弈，没有价值的人迟早会被淘汰。市场竞争的规律，同样适合于股东之间、股东与经理人之间。这是个亘古不变的道理。

如何看待控制权之争

如何看待控制权之争？我的观点是，就当它是一个常态吧。我们只能正视它，不能回避它。从理论上来说这似乎很简单，股东、董事会、监事会以及经理层各自在法律框架下活动就行，但是到现实中，问题就复杂了。站在不同立场，人们会对这个问题有不同的答案。不过有一点可以肯定，随着中国企业的不断发展，控制权之争只是个开始，后面还会有更为复杂的争夺战上演。尤其是在合作成为潮流、职业经理人队伍越来越大时，仅靠道德是无法约束经理人和股东的，只要有利益，只要有机会，终有人会铤而走险。大股东侵占公司利益，职业经理人向股东摊牌或实际控制公司，将不会是偶然发生的事件。

管理学最讲究的是权变。没有一成不变的道理。对于控制权之争，你可以灵活选择策略。不管是选"帝制"还是选"共和"，任何一种选择都意味着放弃，有得必有失。选择"帝制"，你可能必须得放弃用股权来玩以小搏大的游戏。近些年来，很多企业在一轮又一轮股权融资中迅速做大，打造了一个又一个庞大的商业帝国。当然，你也不必承担以小搏大的风险，多少企业家玩过火了，控制权旁落不说，企业也生死未卜。选择"共和"，在吸纳更多人才与资本的同时，你可能必须放弃江山万年的奢望，甚至还要承担作为创始人被资本赶出"家门"的风险。尤其是上市成为公众公司后，企业不是谁家后院，掌门人继承也不是你想指定谁就指定谁，甚至如果你不够幸运的话，很可能你在前面种树，后来发现摘桃子的事情与自己无关了。这些年，互联网公司融资融到最后，把自己融出去的事例也不少。乔布斯很令人推崇，他不也曾经被迫离开自己一手缔造的苹果吗？

　　坚持一条自己的道，走"帝制"或走"共和"都能踏实。你不能既想要帝制的威严，又想有共和的民主。我与一位企业老板聊到这点时，他非常警惕地说："这事的确非常严重。"他是个典型的创业者，也是典型的"帝制"坚持者。他从不掩饰自己的观点，甚至有次面对电视镜头，谈到他的融资策略时，也非常认真地说，我融资非常谨慎，因为我对股权看得非常重。最初注册公司的时候，他用的是他与弟弟两个人的身份证，弟弟只是象征性地占点股权，少得可怜。他甚至没有用他夫人以及儿子的。后来企业逐步发展壮大了，对那些随自己创业的伙伴们，他非常舍得发钱，奖金、红包什么都可以，就是不愿放股权。他一直坚守着这个道，虽然中间也遇到过创业伙伴拉一帮人出去单干的情况，但公司一直未伤元气，运转得也很好。"到了儿子手上以后怎么办，的确是个难题，走一步看一步吧。"他自己这样说。认准了选择的道，就要踏实地走下去。

　　说到这里，我想起了华为的任正非。记得一本书中曾这样记述任正非。在华为只有几百人时，他曾与柳传志讨论经营之道。几百人的华为，在深圳只是一家普通的科技公司而已，联想当时已如日中天。谈到股权激励时，任正非讲他并不在意股权多少，他在华为的股权可以只占百分之一。柳传志问，仅占有这么点股权，你控制不了公司怎么办？任正非说，控制不了公司，就说明我对公司没有价值了。对于非上市公司，有几个企业创始人，敢把股权降低到百分之一？能说这样的话，该有怎样的魄力啊！一个企业家能有这样的魄力去讲，也能有这样的魄力去做，他经营的企业注定会做大。当然这是任正非，这种魄力也不是每个人都有的。

企业到底是谁的？将会有越来越多的企业受到这样的考问。具体到个案上，控制权之争往往都是资本的较量，但从更长期的角度来说，你有什么样的选择就有什么样的结果。同样地，你有什么样的性格，就应做什么样的选择。如果有任正非的气魄，哪怕只占百分之一的股权，企业的控制权也在你手上。

管理重思

有些管理问题不能拿出来讨论，因为这些问题像刀，本来刀只是金属制品，但拿出来后，却可能成为别人手中的杀人的工具。

"企业到底是谁的？"就是这样的问题。如果你试图回答这个问题，股权争斗的双方会瞪大眼睛等着你宣布答案。无论你宣布怎样的答案，都必然会偏袒一方，你的答案就会成为这一方的手中的刀，而另一方会对你恨之入骨。

企业是谁的，一般都一目了然，老板是谁，就是谁的。如果这成为需要郑重思考的问题，主要有两种场景。（1）股东之间争夺控股权的场景。股东为了争夺控股权，非常文明的人都会有非常下作的手段。（2）资本与管理层争夺控制权的场景。譬如，某著名地产企业的职业经理人与资本市场野蛮人之间的战争。其他如子女争夺继承权之类的情况，暂不讨论。现代企业最显著的特征是所有权与控制权可以相分离，也就是财产所有权属于A，财产控制权可以属于A，也可以不属于A。譬如，我们买了上市公司一手股票，拥有上市公司的财产所有权的一部分，但我们不控制上市公司。

关于"企业到底是谁的"这个问题，不存在争议的有两种情况。

第一种情况是所有权与控制权绝对合二为一，如上市公司股权高度集中，大股东绝对控股，又经营着公司，自己是公司的实际控制人，就不存在"企业到底是谁的"的问题。这种情况的好处是稳定，不好之处是大股东可能随心所欲，但整体还好，毕竟他要为公司负责。

这里需要说明的是一般散户交易市场与控制权交易市场是两个市场。我们所谓的炒股，都是在二级交易市场。控制权一般不参与交易，如果要交易，就会在控制权交易市场。控制权交易市场的竞争者都是大资本，谋取的是控制权，用老百姓的话来说，就是买整个"公司"。虽然是两个市场，但都是股票市场，又存在着联系。譬如，上市公司大股东拿出小部分股票来二级交易市场，就可以轻易控制股价，拉高拉低股价就可以欺负"小鱼小虾"。可是，当上市公司大股东持股数量降低，降到一定程度时，会把自己推向控制权市场，引得一拨"鲨鱼"来抢食。来抢食的鲨鱼，可能是二股东、三股东或别的投资者，也可能是公司职业经理人，也可能里应外合。这种情况下，就会出现"公司到底是谁的"的争议。

第二种情况是所有权与控制权绝对分开，如一些上市公司股权高度分散，大股东只负责投资及收取分红，实际控制人是公司职业经理人。这种情况的好处是公司开放，容易做大，也相对稳定，不好之处是职业经理人会形成内部人控制。但整体还好，毕竟他要为公司负责。在这种情况下，也不存在"公司是谁的"的争议。

这里需要说明的是股权高度分散只是一个相对的概念，主要是没有一个股东可以绝对控制董事会或公司，公司只能由职业经理人来控制。如果有人收集到足够的股票，那么就有可能"夺"得公司。这种情况下，来"夺"公司的，可能是外部大资本，也可能是职业经理人。这时，就有人争议"企业到底是谁的"的问题了。

公司的资产属性是最重要的属性，但不是唯一的属性，仅拿其中的资产属性代表公司，肯定有以偏概全的嫌疑。用人来打比方，就像人的生理特征只是人众多特征之一，而人之所以为人，并不是因为人长有肉体。虽然灵魂与肉体谁更重要会引起争论，但如果你说爱一个人，是因为爱其肉体，那肯定是耍流氓。

如果不谈灵魂之类虚头巴脑的东西，那就非常容易说清"公司是谁的"的问题，而且不会有半点争议。

答案是：资本市场说了算。

在激烈的博弈中，谁赢了就属于谁。

公平竞争，老少皆宜，谁也别喊冤枉。

9. 不要背叛自己的企业

阅读思考

1. 为什么背叛自己的企业很可怕？
2. 不诚信会导致企业命运改变吗？

管理随笔

A企业曾经是行业的后起之秀，发展速度非常快。快速发展的原因之一，据说是老板特别会处理关系，"各种关系处理得都比较好"。与行业里的其他企业一样，A企业偶尔也陪陪标。陪标在这个行业或这个社会都是公开的秘密，尤其是在招标制度越来越普及的时候，仅仅搞定关键人物还不够，还得走阳光程序，阳光程序一般只有阳光，没有风险。可这次，在帮别人陪标的时候，A企业突然拆台，投的价格明显低于事先约定的价格，而且还做了一些别的工作，结果本来是陪标的，阳光程序之后，自己"阳光"了，反而中了标。这让同行感到非常不解，也让客户单位负责操作的人员一时被动。大家都很奇怪，A老板向来是中规中矩的"实在人"啊，怎么这次突然"变异"了呢？

聊起这件事的时候，有人开玩笑猜测说，可能A老板在决策的某个瞬间某根神经突然有了毛病。沿着这个话题，大家慢慢聊到了企业诚信方面。大家都认为，企业的经营诚信非常重要。潜规则是可怕的，对于行业的潜规则，我们可以不参与或尽可能少参与，但是绝对没必要以身试法，用企业的前途去轻易挑战它。办企业最关键的是活着，而不是像年少轻狂的书生那样理想主义。一旦在行业里留下不诚信的印象，那不论你以前显得多么高尚，都得付出代价。

再说A企业。中标之后，那个项目做得并不顺利，甲方配合得也不好，回款很是艰难，最终没赚多少甚至可能还赔了。这些都是次要的，关键是自那件事情之后，A企业诸事不顺，投标屡投不中，关键员工纷纷跳槽，经营明显走下坡路。当然A企业走下坡路的原因可能未必与那次投标有直接的关系，然而业内在议论这家企业的时候，都自然或不自然地将其命运的变化与那次投标连在了一起。大家都认为，那次不诚信事件是A企业命运变糟的拐点。

不诚信会导致企业命运转变？这的确有些意思。从长远来看，诚信的确能够促进企业的发展，但从短期来看，有那么邪乎吗？我不断思考着这个话题。最后我得出结论，不诚信是A企业走下坡路的原因可能没错，但是，如果说不诚信导致了A企业产生命运拐点的话，那么背叛行业可能并不是最严重的，最严重的是这家企业背叛了自己。

背叛别人并不可怕，可怕的是背叛自己。背叛自己是什么？背叛自己的文化，背叛自己的经营模式，背叛自己的风格。在企业法人世界里，每个企业都有独特的经营模式以及文化。在多样化的社会中，任何文化、模式、风格，只要能够生存，就有其存在的理由。关键是企业的文化风格要有相对的稳定性，如此才可能生存得更稳定。华为和中兴是两种风格，华为是狼文化，中兴是牛文化，都可以生存得很好。曾经流传着这样的故事，中兴的国外客户到机场了，结果让捷足先登的华为营销人员接走了，气得中兴大骂华为是"狼"。狼文化成就了华为。中兴的"牛"文化也得到了社会的认可。换个角度，如果某天华为突然不"狼"了，变成了牛，或者某天中兴突然像"狼"一样，它们的客户、供应商、同行会怎么应对？前文提到的A企业，陪标却自己中标，这种结果令同行感到惊讶，就像乖乖女突然放荡起来，让人觉得陌生。我们再换个角度，如果A企业自始至终都是抢标的风格，那出现这种事后大家会有怎样的反应呢？大家不会感到惊讶，也谈不上责难。麻烦就在于它突然改变了自己的风格，让人一时难以接受。

背叛自己引起的最大麻烦是给企业内部带来困惑。它背叛了自己的行事方式后，需要给员工一个交代，否则员工尤其是与客户打交道多的员工，会感到非常不安。他们要面对同行、客户、供应商，而那些同行、客户、供应商可能是自己曾经的同学、朋友甚至是同事，他们会感到羞愧，感到无法解释。而且，像这样出尔反尔，以后谁还会再相信老板的承诺、公司的政策呢？总之，变化带给内部的会是各种不适应。再举个反面例子。假定 B 企业过去从来都不陪标，而是拼命与别人竞争，那么如果有一次，老板突然说要陪标，下面的员工会是什么反应？营销经理可能气得拍桌子，认为让自己没法带队伍了；投标部制作标书时可能无从下手……所以很多时候，老板要做的事情就是给大家一个合理的解释，以打消企业内部的困惑。

企业要做到内部有序，必然要在内部倡导诚信。当内部的诚信理念与对外的行为发生矛盾时，这个企业的根就会动摇。动摇的根，需要企业领导花费很大的精力去夯实。动摇与夯实，或者说文化先变化再固化，就是理念改革的重要过程。当一个企业对外的行为变化太大，明显的不诚信，严重伤及企业的根时，这个企业的根就有可能会腐烂。根烂了，企业命运转折也就是必然了。

企业背叛自己的情况并不少见。我曾经接触过一位老板，在企业艰苦的时候，他一再号召市场开拓人员有事业心，不要以物质为主，要以精神为主，不能只看眼前，要着眼未来。后来企业渡过了难关，市场份额扩大了，计算营销提成的时候，他却非常聪明地发明了一个词，叫作市场自然增长率，也就是即使没有营销人员市场也可能会按惯性自然增长的幅度。他一反常态，把钱袋子看得特紧，结果一时间培养出若干个竞争对手，稍有能力的营销人员都跑出去单干了。

背叛自己的程度有轻有重。程度轻的时候，人们最多感到不舒服，但也能够容忍，企业会受点影响，但未必会被觉察；程度重的时候，冲破了人们容忍的底线，则不仅相关人员会爆发，企业也会受到重大影响，甚至出现命运的拐点。

所以我说，A 企业对其他企业的出尔反尔，对其他企业的明显不诚信，背叛的不仅仅是别人，更是自己。而背叛自己，很可能会落得众叛亲离的下场。

> 管理重思

这里我们试着思考两个抽象的问题，一是企业的灵魂，二是企业的欲望。

1. 有关企业灵魂的思考

有趣的人都有有趣的灵魂，有趣的企业也有有趣的灵魂。灵魂这种东西太玄妙，为了界定，人就有人设。同样地，企业也有自己的人设。人设本来是为了界定玄妙，结果有人为了故作玄妙，便先界定人设以假装玄妙。同样地，有些企业为了故作玄妙，也先界定了人设以假装玄妙。

企业的风格是企业灵魂的外显，而灵魂是企业的使命、愿景、价值观等底层的东西。这些底层的东西渗透到企业的制度、规定及各种规则之中，后来再外显为企业对外交易与互动等各种行为中。

灵魂被界定为人设之后，你就得为人设而活。你为了某种目的，精心构造了一种人设，你也得为你构造的这个人设而活。不论人设是自然形成的，还是后来设计而成的，你总得为人设而活。人要是一辈子装，你就不能说是装。一个企业要是一直装，你也不能说这个企业是炒作。人的人设突然变化，会让吃瓜群众措手不及。企业的人设突然变化，也会让自己的员工及外部伙伴愕然不已。

2. 有关企业欲望的思考

叔本华曾经说过，人生下来就是受苦的，这话曾被新东方公司的俞敏洪多次引用。叔本华的原话大致是："生命是一团欲望。欲望不能满足就会痛苦，满足了就会无聊。"人生，就像是钟摆，在痛苦和无聊之间摇摆。

企业像人，也会有烦恼。这话是说，如果把企业当作一个人，会发现它也会有烦恼。当然，你也可以理解为，企业没烦恼，烦恼的是企业中的人。不论怎么说，烦恼总是一件不那么愉悦的事情，而烦恼往往来自欲望。没有欲望，人就会无聊；没有欲望，企业也会无聊。

"难道企业也会有欲望？"你可能会说。

我们不说欲望的定义，那样太学究，只看现象。你开始是一个小企业，与你竞争的也都是小企业，竞争的标的也就是十万二十万。你带领着弟兄们打了一个又一个战役，有输有赢，慢慢队伍也带起来了，大家也有经验了，也有士气了。这时，突然来了一个百万量级的大订单，弟兄们憋着劲想拼一番。你拼不拼？拼完之后，你又赢了。你很高兴，带领弟兄们又拼了几个百万量级的大订单。这时，你发现与你竞争的不再是那些小企业，而是一些行业知名的企业，而你的供应商、你的工厂设备也都不得不升级。当然，你的人才也升级了，开始找猎头了。弟兄们又多了。你带领大家这样又走了一段时间。按部就班的日子，在大家开始感到无聊的时候，某天，你突然又遇到一个行业最大订单的机会，弟兄们摩拳擦掌，想要拼一番，你干还是不干？

拼不是简单的表决心，商业的拼首先拼的是你的商业组织能力。你能不能让客户放心地把那个大订单交给你，而不是交给行业内现有的企业？你能不能找到合适的供应商？你的生产能力能不能跟上、品控能不能跟上？你现有的人能不能支撑起这个大订单？最重要的是，你的现金流能不能跟得上？追加生产线，甚至买地、建厂、购设备、招人，这些都需要钱，而给供应商付款到客户回款又是一个漫长的过程。

如果你拼成了，人们说你的魄力大。

如果拼输了，人们说你是欲望胜过才华。

思虑再三，你决定不拼了。

不拼就不拼。一次可以，两次可以，三次可以。慢慢地，你痛苦地发现，在员工眼里，这就是一家平庸的公司，甚至有胆子大、敢说的，会当面拍桌子说你无能。不是你无能，而是他们无比兴奋地捕捉到一个大订单的机会，费了一番周折整合关系资源，到了临门一脚，你不干了，他们的业绩没了！你高薪聘请来的人才，就是要来干一番大事的。你不发展，谁愿跟你？慢慢地，整个企业从亢奋变得郁闷，烦恼自然来了。

与人一样，企业的烦恼也是成长的烦恼。只要成长，就会烦恼。如果没有烦恼了，这个企业也就不成长了，大致也就成了无聊的企业了。

10. 企业成长中的三大瓶颈和三个烦恼

阅读思考

1. 为什么小企业也会有大企业病？
2. 为什么管理不能追求所谓的"高水平"？
3. 如何解决扩张冲动与运作能力之间的矛盾？
4. 如何解决规模扩大与成本控制能力不足之间的矛盾？

管理随笔

1

近年来，尽管我国民营企业群体规模不断扩大，但它们的平均寿命并不长。一些经过物竞天择活下来的企业，从生存进化到发展再进化到成熟，依然不是一件自然而然的事情。其间会遇到一些瓶颈，即在不同阶段、不同条件下所存在的主要矛盾。只有人为地、有意识地推动企业突破这些瓶颈，不断增加和保持其适应能力，企业才有可能进化。否则，规模再大也只是个草创企业，时间再长也不会成为"百年老店"。

第一个瓶颈：嵌入反应导致的市场瓶颈

市场瓶颈是企业成长过程中所遇到的最常见瓶颈。所谓嵌入反应，是指企业在真正嵌入商业社会时，都要面临被认识、被认同、被接纳的过程。这一过程充满复杂性，包含的因素非常多，不是商学院教科书所能穷尽的。任何一个小小的被忽视的因素，都可能导致企业的努力付诸东流。

嵌入反应在创业阶段表现得最为明显。在这个时期，不论企业产品如何满足了市场的差异化需求，技术如何代表了创新潮流，创业团队的历史如何辉煌，由于商业世界运行的巨大惯性，新企业嵌入目标市场时都会遇到强大的排斥力。可是恰好在这个阶段，企业所面临的外部环境非常复杂。内部相对简单的创业企业，面对外部相对复杂的环境，规避外部风险的能力将会明显不足。任何一个小小的市场风险，都可能让企业面临生死存亡。

嵌入反应在企业成长的其他阶段表现得更为隐蔽，也更为复杂。在企业成长的任何阶段，只要存在向新业务、新领域、新地域等的扩张行为，也就必然会遭遇到嵌入反应所形成的市场瓶颈。事实上，任何扩张都相当于广义的创业。只是这种意义上的创业，不仅仅会遭遇到社会惯性所产生的排斥力，更会遭遇企业自身惯性所形成的排斥力，而且后者更为可怕。

人们常常会通过科学的分析选择嵌入目标，并可能会非常科学地预测投入产出，但是却大多缺乏对嵌入反应的直觉判断与理性分析。由于存在嵌入反应所形成的市场瓶颈，许多创业企业很难融入企业法人大世界中，成活概率大大降低。这也使许多再次创业的企业在原地徘徊，固守原有业务而不能迅速发展，使许多大型企业陷入盲目多元化的泥潭不能自拔。

第二个瓶颈：非契合管理导致的成本瓶颈

非契合管理所形成的成本瓶颈，主要是指由于内部管理水平与企业发展之间不匹配所产生的成本。就单个企业而言，适合企业实际的管理就是最好的管理。这种适合，不仅仅指管理模式与企业实际相吻合，还包括具体管理措施与实施时间、实施对象、实施情景之间的吻合，也包括具体管理措施与其他管理措施之间的吻合。

从我国民营企业的实践来看，非契合管理主要有两种表现形式。

一是整体管理滞后于企业的发展。这在企业成长期尤其常见。在企业规模不断扩大、生存期的痛苦似乎正逐步远去的时候，内部管理成本会不断增加。创业阶段忽视内部管理的后患，会在这一阶段逐步显现出来，表现出的主要特征就是创业激情消退，出现组织层级混乱、责任不清、流程复杂、命令链失效、相互推诿等现象。

二是局部管理水平参差不齐，缺乏整体协同。许多企业认识到了管理的重要性，但是对于管理的提升却不会进行系统思考。在进行单项管理改革的时候，盲目追求所谓的高水平而忽视其他管理方面的匹配性，造成局部管理冲突。譬如有些企业进行绩效考核改革，在管理基础还相当薄弱的时候，就盲目运用平衡计分卡作为战略绩效管理的工具，结果由于相关的管理工作跟不上，改革只能告败。这种局部管理冲突对企业产生的危害非常大，也非常隐蔽，因为局部管理的变革者或反对者都有支持或反对的理由，而整个企业由于相互冲突的非系统性的管理行动，致使运行效率迅速降低，成本迅速增长。

企业之所以存在，从经济学角度就是因其内部交易成本小于市场交易成本。这两个交易成本决定了企业的边界。在内部交易成本不断上升时，企业存在的价值实际上也在不断降低，换句话说，企业面临的风险也在不断增长。如果不能够突破由于非契合管理所形成的成本瓶颈，小企业出现大企业病是必然的，大企业某一天突然倒塌也不会是偶然事件。

第三个瓶颈：忽视法人治理建设导致的治理瓶颈

许多人认为，民营企业的产权是清晰的，并不会存在治理问题。实际上，这种理解是错误的。许多民营企业产权虽然清晰，但是没有建立起科学的法人治理结构，同样存在着阻碍公司发展的瓶颈。产权只是一个基础，为了建立起现代企业制度，还必须在此基础上进行相应的治理建设。

从我国民营企业实践来看，治理瓶颈最常见的表现形式就是创业伙伴"分裂"引起的企业地震。创业合作伙伴的每次分裂都会引发企业人、财、物、市场的大变动，这样一批又一批小企业诞生了。另外，占民营企业很大比例的家族企业的第二代能否顺利接班，也与企业治理体系建设的水平密切相关。

若企业拥有完善的治理体系，则在此治理体系中，权力的传递会依照企业的规则平稳进行，对企业的发展会更加有利；若治理体系不完善，权力的传递就会受到许多不可控因素的影响，如第二代的经营能力、第二代与元老派之间的关系等，企业未来发展就会存在很大的风险。譬如，南方许多家族企业权力交替后，接班的第二代兄弟姐妹分家造成企业人为分裂，或者第二代疏于经营造成企业发展困难等现象，无不与治理体系的不完善有着重要关系。

2

像任何一家成长中的民营企业一样，B企业也有很多成长的烦恼。

B企业是1992年邓小平南方谈话发表之后成立的。像所有那个时代的企业一样，它迎着改革的春风，迅速发展起来。B企业成立之初主要是给国有企业做一些外协活，也就是国有企业外包出去的配件之类。在1998年前后，B企业慢慢有了规模，打开了属于自己的市场。之后，B企业就不紧不慢地成长着。虽说身边不时有同时期的企业融资了、上市了、做大了，也不时有企业突然间就垮掉了，B企业还是不紧不慢地生存着。在外人看来，B企业一直都是风调雨顺、稳稳当当的，但笔者与董事长深聊时却发现，其实有很多困惑一直困扰着她。

烦恼之一：业务扩张冲动与运作能力之间的矛盾

随着企业规模的扩大，品牌市场认知度的提高，尤其是个人在当地的知名度提高后，业务扩张的冲动时不时会出现。可冲动之后，再回头看看日益严峻的市场形势，又不得不把冲动压回去。市场机会好像越来越多，但是真正落到自己手中的却并不多，传说中的订单井喷现象更是与自己无缘，甚至还有很多十拿九稳的订单也在流失。更可气的是，由于忙，很多订单丢失之后自己根本不知道，也没有人来告诉自己。

在企业尤其是中小企业中，这种情况或许平常。在公司规模小的时候，老板与业务员的角色常常重叠。老板就是业务员，降不降价、让不让利，老板会迅速拍板，决策是快捷的。但随着规模扩大及公司层级的增多，老板不可能事必躬亲，一些市场的决策权只能放下去，放到市场总监、经理及业务员手上。这样公司是越来越正规了，但决策效果却不由自己把控了。有时候，老板恨不得亲自披挂上阵，但往往又身不由己、无可奈何。

仅从市场角度来说，扩张冲动与运作能力之间的矛盾本质上是因为企业缺乏完整的市场管理机制支撑。扩张冲动往往受外界环境诱惑产生。随着老板个人越来越成功，外界的许多诱惑会送上门来。而运作能力是企业自身拥有的，是企业中战略、组织、岗位、人员、流程等各种管理要素匹配的结果。这种能力是实事求是的，你不付出努力去打造，它绝对不会自动自发地成长。运作能力不足以支撑扩张的冲动时，市场机会自然不可能转化为财富。

烦恼之二：规模扩大与成本控制能力不足之间的矛盾

订单量大了，原来生产能力跟不上，就再投资、上设备、增人员，就这样，生产规模慢慢上去了。看着自己企业的生产规模一天天扩大，一排排整齐的厂房，一个个井然有序的生产基地，一辆辆进进出出的车辆，也许企业家会时不时产生一些自豪感，尤其是有领导、同行、朋友来参观的时候。可是，B企业的董事长却忧心忡忡地对我说，每次热闹之后，自己都有一丝丝担忧，因为规模虽大了利润率却并没有随之增长，甚至有所降低。她总感到其中存在着什么问题。

一般来说，规模生产意味着成本降低。即产量大了，成本通常会降下来。但这个结论未必在任何条件下都正确。首先，规模不是越大越好。规模增加到某个最优点以后，若再增加，成本会不降反升。这就需要企业能够了解自己的成本。遗憾的是，很多企业并不清楚自己的成本到底是多少，最优规模是多少，最优规模对应的最低成本是多少，只是那么糊里糊涂地干着。其次，规模大了，并不意味着成本自然会降低。相反，如果管理跟不上、技术跟不上，成本还会大幅上升。所以，B企业老板发现订单机会似乎越来越多，人员规模也越来越大，但又隐约感到许多订单实际上并没有盈利。至于哪个订单没有盈利，往往又算不清账。

烦恼之三：人的问题

这是一个老生常谈的问题。企业就像是滚雪球一样，滚着滚着规模就大了。业务倒不一定扩张，但人员却不知不觉增加了。谁都知道人才重要，但是规模大一点后，发现人才跟不上企业的步伐，怎么办？这时人才管理能力就成了企业的瓶颈。新进员工与原来员工之间的冲突、高水平与低水平员工之间的冲突、勤奋员工与不思进取员工之间的冲突等，便会出现。这时有的管理者会选择将不合适的人坚决辞退，但是辞退之后，发现再招来的人还是这样。B企业就面临着这种情形。而且人都被开除了，谁来干活？B老板到最后才发现，多年来竟没有培养出自己的核心人才。

在与我聊天中，B老板的眼神深处藏有一丝焦虑。多年的磨炼让她学会了沉静，然而眼前的情形却让她深感棘手。我知道她很着急，但事情还得一样一样地解决。当务之急是深入基层，杀在一线。可之后，短期内又能怎样呢？这就是成长的烦恼。

管理重思

对企业成长中的具体问题就不讨论了，前面已有相关的讨论。行文至此，我们试着对企业的主旨进行整体的讨论。各位读者可能已经发现，我们谈企业的宿命时，实际上谈的是战略。是的，没错，谈的是战略。战略决定未来，而战略不是任性的选择，它是基于一定基础和条件的约束下对未来的选择。我们想讨论的是约束与选择的关系，就像下象棋一样，该跳马时，你不能拱卒；该拱卒时，你不能跳马。只要你想赢，有些规律就不得不遵守。

在本篇的各个随笔及随后的重思中，一直试图说明以下几条战略的常识。

1. 市场结构决定战略选择

有两个著名的理论。

一个是产业经济中著名的SCP分析范式。S代表市场结构（Structure）、C代表企业行为（Conduct）、P代表市场绩效（Performance），基本意思是市场结构决定企业行为，企业行为决定市场绩效。市场结构一般有完全垄断、寡头垄断、垄断竞争、完全竞争等四种类型；企业行为包括定价行为（如走高价高质、低价倾销等路子）、并购、联盟（如上下游一体化或勾结等）等行为；市场绩效可以指平均利润率、生产效率、资源配置效率等，也可以具体指收益率等。大致意思是，你所处的产业结构决定了行业企业的行为，进而决定了行业的利润率。

另一个是战略管理中著名的波特五力模型。五力模型沿用了产业经济学的分析范式，但有自己独特的创新。这个模型认为任何行业内的企业受到来自供应商讨价还价压力、客户讨价还价压力、潜在进入者威胁、替代品替代的威胁、行业内竞争者相互竞争的压力共五个压力的影响。五个压力共同作用决定了行业的竞争压力强度。行业的竞争压力强度越大，行业的利润率就越低。

由这些理论，我们可以看到企业发展过程中的必然性。

（1）处于红海中的小散市场结构，也就是企业数量巨大，产品同质性特别强，用户数量也巨大，对价格关注度更高，那么企业注定不可能像高科技企业那样快速发展或快速灭亡，只能走所谓的"熬"的战略，也就是尽可能在一定范围内构建自己的竞争优势，如产品在细分领域有特色、锁定某些长期客户、深耕某些行业或某些地区、与关键供应商联合降低成本等。

（2）一些以大客户为主的订单式销售企业，尤其是为机关单位提供信息化及数字化服务为主的企业，在与客户讨价还价中必然处于劣势，这种劣势将表现为应收账款大、回款周期长、从招标报价到验收到回款的过程不可控以及现金流时紧时松、员工时忙时闲等。为了克服这种劣势，这些企业必然希望采取独家合作协议等措施，也必然有企业采取关系型营销路线。这种表现实际上主要是由市场结构决定的，与内资外资无关，也与国内市场、国外市场无关。

（3）对客户和供应商两头强势的企业，如贵州茅台、曾经的家电大卖场、如今的大电商平台，必然会将优势转化为自由现金流，如不但应收账款很少或几乎没有，而且会预收客户账款、控制付款周期，等于无利息使用上下游的资金。这些企业为了强化此类优势，必然会不断加强上下游及相关产业即生态系统的打造，目的是确保自己在生态系统中的核心地位不变。

（4）技术（产品）迭代很难打败一个行业，技术（产品）替代会颠覆一个行业。打败民航的，不是民航新技术或新产品，而是高铁；打败城际巴士运输的，也不是巴士技术，而是高铁。替代品与现有产业争夺客户，往往采取新的思路与方法。早年家电大卖场颠覆了传统家电厂商在渠道中的核心地位，传统家电厂商不知不觉进入家电大卖场控制的生态系统中；后来电商平台颠覆了家电大卖场的核心地位，家电大卖场在不知不觉中被市场淡化。

（5）垄断行业必然要在管理上不断下功夫，以应对日益膨胀的官僚体系所带来的行政成本。

2. 市场演进决定战略选择

有两个著名的理论。

一是产品生命周期理论。该理论假定产业要经过导入期、增长期、成熟期、衰退期四个阶段，销售额随时间变化大致呈现出S形，先缓慢，再加速，再减速，最后负增长。企业的主营产品（或产业）所处的生命周期阶段决定了企业的战略选择。

二是战略群组理论属于研究竞争格局的理论，但用在市场演进中也很适用。该理论的基本思想是，所有的竞争者会分为若干个战略特征相似的群组，在一个群组与群组之间存在着移动障碍。大致意思是，行业内有很多竞争者，但不是所有的竞争者都与你竞争，譬如同为IT行业，一个中关村的软件开发小公司与微软之间事实上就不存在竞争关系，因为"档次"不够。战略群组就是研究"档次"的工具。

由这些理论，我们可以看到企业发展过程中的必然性。

（1）产业所处的生命周期阶段决定了战略选择。因为存在技术不确定性、成本递减程度大、用户需要培育等原因，新兴产业必然要采取更为灵活的竞争战略，其中一些也必然会以获得相关补贴为主要生存之道。这时，由于未来不确定性太强，股权不值钱，所以股权融资成为主流。

快速增长期，行业内用户增多，市场扩大，竞争对手增多，大家围绕质量在竞争，产品质量不断提升。为了扩大市场，必然扩大产能，获得投资就显得非常重要。谁能获得大额的股权或债权投资，谁就可能占领市场；谁靠自我积累，必然会错过发展的机遇期。

进入成熟期，市场开始饱和，竞争非常激烈，产品已经标准化，价格战已经成为标配。这时，一些前期获得较大市场份额的企业，必然会加大现金回笼力度，这里营销就显得非常重要，它们甚至会采取一些类似榨干消费者的套路。

进入衰退期，产能开始大量过剩，有些竞争对手会退出市场，为降低成本，产品质量常出问题。如果前期投入比较大，退出成本比较高，经营起来就非常难受，如何转型及退出就成了共同的问题。

（2）所处竞争格局的位置决定着战略选择。任何一个产业内必然会形成若干个战略群组。以马拉松比赛为例，跑着跑着总会形成若干个梯队，第一梯队冲奖牌，第二梯队冲成绩，第三梯队跑着玩。你处在第三梯队，想费力迈向第二梯队，你们之间差一千米。你开始一发力，你身边同梯队的人也跟着发力。第二梯队的人，看见第三梯队整体要往上赶了，也会跟着加速，最后你们还是差一公里。因此，定位是动态竞争环境下的结果，不是你想定位在什么位置就能定位在什么位置。

事实上，不同战略群组之间的生态系统存在着差距。低端产业链与之相匹配的是低端供应商，也有与之相匹配的客户，以及相关的广告商、渠道代理等合作方；高端产业链有高端供应商及与之匹配的合作方。一碗清水面在路边店卖一块钱，到了五星级酒店卖三十块钱。别站在生产者的立场抱怨，都是一碗清水面，五星级酒店做的未必就是比我好，凭什么卖那么贵？用老百姓的话说，你挤不进去那个"圈子"。圈子就是战略群组及其生态系统，圈子与圈子之间的差距就是所谓的移动障碍。

（3）对拐点的判断决定战略选择。无论是多么宏观的变化，如法规与管制、经济环境、社会文化潮流、技术趋势等方面的变化，最终都将通过影响产业结构、产业趋势、产业成功关键点来体现到竞争格局的变化上，而竞争格局的变化最主要的体现就是战略群组的变化。战略这门学科的"牛"，就在于它把错综复杂的环境分成了宏观、产业与竞争三个层面，三个层面对企业有直接的影响，但更多的是通过层层传递的方式，最终体现到市场的反应上，尤其是竞争格局的变化上。洞察力，不仅体现在对大势的坐而论道上，更体现在对竞争格局，尤其是战略群组变化的判断上。

战略群组相对稳定时，所谓的机会也都是微观层面的小机会，而战略群组发生变化时，就是我们常说的大洗牌，意味着一波大机会的到来。这种大洗牌的诱因可能是宏观形势的变化，也可能是产业政策的变化，但必然会体现在市场的变化中，对市场来说意味着"拐点"的到来。处在"拐点"之时，人未必能够感受得到，如同人坐地日行三万里未必感受得到地球在动一样，惯性会让人麻木。风起于青萍之末，能不能发现变化是人与人之间的差别。

在电商开始萌芽与崛起时，传统交易场所电脑城仍然红红火火，但敏锐的人会发现客户购买的行为已经悄悄发生着改变。这时，对行业竞争格局的判断就会发生分歧，有人仍然按照销售量、品牌、地理位置等对行业的竞争者进行分类分"档"，将行业的竞争分为中关村电脑城等综合平台、电脑配件一条街（区域集散地）等不同等级的梯队，然而有人可能非常简单粗暴地将电脑销售按线上线下、生态完整度（也就是电脑相关的，什么都卖）或者流量、资产轻重、有没有配送网络等因素将行业竞争者进行分类。两者找到的分类、分"档"的关键要素不同，分类结果自然不同。

对战略群组的判断，或者说对行业竞争格局的分类分"档"，在当时很难说谁对谁错，因为在激烈的市场竞争中，讨论这些认知上的问题多少有些"虚"，只能留待时间去检验。然而，对行业竞争格局的洞察，尤其是如何分类分"档"，又确实体现着一个人的战略智慧。

3. 创始人或一把手的初心决定战略选择

创始人或一把手的初心对企业的影响，就像父母对孩子成长的影响一样，它会影响孩子的使命、愿景、价值观等深层次的文化体系内容。人都有惯性，企业也一样。我们常常说"最初的开始决定了最终的结局"，说的是人们会按出发时设想，按惯性往前行走。如果创始人或一把手嘴上说的初心与真实的初心从开始就出现背离，企业的发展注定是平庸的。

创始人或一把手的初心体现在企业的战略导向选择上，如股东价值最大化、公司价值最大化、客户价值最大化、社会价值最大化等。不同的战略导向选择意味着不同的发展道路。

然而，战略导向怎么说并不重要，落实到行动中才最真实。

譬如，大家都喊客户价值最大化，但真敢像张瑞敏那样砸掉质量不合格冰箱的人却并不多，很多人实际上采取的糊弄方式，甚至有些人会抱怨客户"傻""刁""贪"。当公司创始人或一把手用实际行动诠释"卖家总比买家精"时，这个企业经营之后就很难"客户价值最大化"了。当不是"客户价值最大化"时，他就很难理解一些数字经济企业会千方百计地研究消费者从点击、浏览到添加购物车、实际购买的行为甚至背后的人性变化。他会以为那些都是为了掏消费者腰包的伎俩，但他会永远奇怪自己为什么总是学不会那些伎俩。按王阳明的说法，心即理，你所看到的世界只是你想看到的世界，你心中住着政商关系，满世界都是政商关系；你心中住着服务客户，满世界都是服务客户。你做事的心与你要做的事相分离，注定知多局限，行多艰难。

行文至此，本篇将要结束。如果真要用三两句话总结，那就是：人要做的事符不符合事的道，就是命由天定。人做事的心符不符合心之理，就是运由己生。管理就是让人做的事更符合道，让做事人的心更符合理，真谛是"人和事是一枚硬币的两面"。用中国哲学的话，就是"命由天定，事在人为"。用西方管理学的语言，就是企业只有符合政治、经济、文化、社会、产业、组织、人性等方面的"规律"，才能够持续发展。

• 第 2 篇 •

组织的逻辑

1. 企业战略到底"战略"什么

> **阅读思考**
>
> 1. 为什么说战略是组织逻辑的起点？
> 2. 战略应如何传递到中层和基层？

> **管理随笔**

世界上的事，最怕问个为什么。许多企业家和职业经理人言必称战略，可是当被问到，企业战略到底"战略"什么时，却常常答不上来。这个问题可以换个说法：你的战略是否真正落实到了中层、基层的具体行动之中了？战略之后与战略之前，他们的管理行动和日常工作是否发生了显著改变？若是，改变的逻辑又是什么？

在很多企业中，战略往往仅限于高层们的宣传教育。"战略"之后，人力资源管理者做的工作还是招招人、跑跑福利、发发工资、整整考核，营销人员还是如同过去一样拉客户，生产人员还是按照过去的方式进行生产……各种基于战略的、能力的人力资源管理理论，整合营销、关系营销的理论，柔性生产、即时生产理论等，也常常成为中层管理者口中的名词而已。战略就像扬起的鞭子，落下来却毫无力量。当战略无法传递到底层或终端时，战略的意义到底何在？

有段时间，我对"战略"一词出奇地警觉。很多时候，这种警觉带着一份欣赏或质疑的态度。电视节目中，有成功的商人大谈战略，我从中却听不到实施的逻辑；从书店里那些"卖作者"的战略书中，我却看到了其中隐藏的一帮枪手手握剪刀的身影。

我曾与很多成功或未成功的企业家们谈论，听他们讲自己的管理哲学、战略、蓝海、核心竞争力、竞争优势、长尾理论、关系营销……我佩服他们总能用最符合听众情感变动的文字组成自己的演说内容。然而很多时候，他们的战略报告只是美丽的文本文件，公司还是依靠惯性在前进着。

他们的中层干部往往也很健谈。讲工作职责时，他们总能够从战略角度谈起，时不时蹦出一些社会流行词。电视、报刊以及培训等给他们提供了流行词库。其实，我只想知道他们在做什么，不愿听词语组合的故事。与他们谈话时，我的思维常常游离，为表示尊重，我常常强迫自己收回思绪。

我常常会走进中层办公室，陪着他们工作一段时间，长的甚至有几个月。我发现很多时候，美丽的战略报告与他们清晨走进办公室到傍晚离开办公室并无太多关联，也就是与他们所做的事情没有太多关联。没出新战略的时候，他们拼命工作，出了新战略，他们还是这样拼命工作。他们一直是该怎么工作还是怎么工作，只是在给下属开会时，会用一些新的战略语言传达精神。有些人是言辞恳切地要求一番，有些人只是半懂不懂地照本宣科。战略对他们来说，只是语言上相关度很高而行动上相关度并不高的东西。

我曾在一家大型企业待过两年，发现有的时候这些中层的主要工作就是开会，"不是在开会，就是准备开会"。开完会之后，走进办公室，有些人并不知道自己要做什么，打开电脑，看看邮件，东晃晃，西晃晃。还有一些中层干部好像总是有很紧要的事情要做，忙碌一些诸如批改下属报上来的文章中的病句、错字，或者要做一张非常漂亮的PPT等事。有的人只思考不行动，有的人只行动不思考，还有的人既不思考也不行动。当然，也有的人在思考和行动，这些人不少升到高层了。

在这样那样的会议中，他们争吵、辩论、陈述、中途电话离开、边听边上网边发言、在笔记本上记着自己以后再也不看的文字……一个小小的问题常常会拖很长时间，一个无意的跑题或者一个人的发言会扭转会议动向，使某人本来准备接受表扬却受到了批评，等等。会议占据了很多中层大量的时间，而大部分会议是无结果或结果不明显的。

我跟着会议散场的人群，回到各自的办公室。这时，这些中层开始布置工作了。争吵在这里往往较少，这是一个有趣的现象。高层给中层开了长达一天的会议，中层常常十分钟或更少的时间就完成传达，或者根本没有传达。这时，我开始明白了，许多会议只是起到内部培训的作用，说说而已。许多时候的会议辩论，只是自我证明，与观点并无太多相关。我想起了一些用回归分析得出类似结论的论文。

一种令人熟悉的现象常常发生：老总把任务布置给了副总，在高层会议上，强调了此事的绝对重要性；副总又把这事原封不动地布置给了某中层，也强调了此事的绝对重要性；中层把这事布置给了一个员工，也强调了此事的绝对重要性。然后，就是一层一层汇报、挨批、再汇报、再挨批……有时，甚至一个非常有难度的工作竟然到了新进员工手里。这让我想起一个熟悉的案例：某地方政府把一项重要的规划研究交给了某大学，从某大学到了某学院，从某学院到了某教授，最后到了几个研究生手里。这几个研究生用了几个晚上从网上下载点东西整理后就交上去了。之后，就没他们什么事情了，剩下的环节是在全国各地开不同层次的研讨会讨论。

大多数企业，从战略到中层这一环节，是做得不够的。如果说战略有艺术成分，一把手可以海阔天空地谈"艺术构想"，那么总得有人把它变成"蓝图"，付诸实施。可操作的管理提升计划可不可以有呢？可不可以逐项落实呢？否则企业管理问题总是老生常谈，"年年谈、月月谈、日日谈"，但是总也无法改变。

因为战略是悬空的，没有支撑。悬空的原因很多，当然你可以说它本身就虚无缥缈，只能悬空。

这带给我们两个可思考的问题。

一是战略应该以什么样的方式体现。当战略无法描述时，又怎么能指望其能被执行呢？理论化的战略制定方式有很多种，经典教科书早就说得清楚明白。许多管理者也都有自己的一套管理思想，可是当被要求去解释战略的时候，却又让人不知其所云。要么类似于务虚的政治报告，要么类似于玄学的哲学论文，或者类似于艺术化的文学杂谈。管理者不能用管理语言去描述战略，又怎么能够指望下属离开会场后马上投入行动呢？所以，战略的描述非常重要，要务实、可行，不能云山雾罩，玄而又玄。再具体点，战略用什么方式能够可视化，即如何用组织能够沟通的语言进行阐述，用可衡量的要素去构成战略？务实一点说，别人从你的报告中怎样才能更多地找出具体行动的指南？

二是战略应该用什么方式传递到中层管理者身上，进而到达员工那里。我们发现，企业里的生产任务可以分解到每日的行动中，营销目标（也往往仅限于目标激励）也可以分解到每个人身上，可是很多管理工作却无法落实到管理者的每日行动之中。许多问题年年都提、月月要求改善，但年年归零、月月重复。宏观一点的建议和计划都可以列，如"提升人力资源管理能力""加强质量管理"，甚至"用制度管理人，而不是人管人"之类都可以说，但到具体落实时，如谁负责这事、关键节点、阶段成果之类，马上就会被找各种理由推掉。于是工作依然只停留在宏观层面。当战略没有按照一种逻辑落实到管理者肩上的时候，就只是一个口号。再具体点，战略如何能够转化为管理者的工作项目，即将战略落实为管理者一个个不断完成的具体行动，也就是将行动计划项目化？务实一点来说，你的战略怎么能够变成管理者的具体日常工作，就像生产任务一样有责任主体、有可检查的成果、有关键时间点？

当然如果你愿意还可以思考这些问题：都说战略决定组织，为什么组织有清晰的责任界定，部门职责和岗位说明书做得非常漂亮，但到具体做事的时候却还是一团糟？都说绩效考核基于战略而定，绩效管理非绩效考核，那么具体实施中，为什么要么是关系型的打打分，要么是一堆漂亮的指标却只能看看，考核效果与以往没有本质区别？这些问题，有兴趣的话可以慢慢探讨。

我们再回到原来的问题，战略到底"战略"什么？

管理重思

谈起战略，先谈组织。

想起鲁迅的一句话："其实地上本没有路，走的人多了，也便成了路。"世界上本来就没有"组织"这个词，说的人多了就有了这个词汇。这样的说法，似乎也不对，因为如果追根溯源，甚至可以找到"组织"这一词汇的渊源。可那又能怎样呢？因为看到一群人在一起工作，人们都称其是名为"公司"的组织，我们也这样称呼。接着，我们又听到了"战略""品牌""人力资源""生产"等各种与"组织"相关的名词。然后，接着阐述那些名词。我们有时讲得不亦乐乎，可是你说的，别人听到的，真的是一码事吗？未必！

不了解"组织"，说再多似乎只能乱上加乱。理解了组织，接着理解了组织的逻辑，才有可能理解组织管理的各种所谓的金科玉律。因为管理是权变的，会因时因地因人的变化而变化。不从根源上对其有个概念上的基本了解，任何金科玉律不但是无用，而且可能会得出相互矛盾的结论，从而起到负面作用。

组织是什么？生物学中有自己的定义，如细胞组织；金属学中也有自己的定义，如钢铁中的马氏体、莱氏体；管理学中更有自己的定义，而且为了显得更严谨，其中使用了一些更为复杂的词语，这里不再列示。用最为通俗的说法，站在管理学角度，组织就是一群人。只是这群人与火车站见到一群人有区别，区别主要有三个方面。

1. 目标

这群人要有共同的目标或目的。这群人聚在一起，不是为聚而聚，而是为了某种目标。为了赚钱，为了造福人类，为了造出火箭，为了开辟一个从来没有的新行业等，这都是目标。目标可能被清晰地表达出来，也可能不能被清晰地表达出来，或者表达得都对，但表达角度不同，如有人认为是为了造出火箭，有人认为造火箭不是目的、只是过程，造火箭的目的是造福人类。何为目的？何为过程？本身就又成了复杂的问题。不论怎么说，组织得有共同的目标。战略管理要管的东西，通俗但不严谨地说，就是要管这些目标。这样，如果再通俗点再不严谨点，组织共同的目标或目的就是战略。组织共同的目标或目的又可深可浅,深一点的,与使命、愿景、价值观等联系在一起,这又与企业文化紧密相连;浅一点,就是产值、利润等可见的东西。

2. 组合

这群人要先结合起来,然后慢慢融合,最好一群人能融合得像一个人。这就涉及三个方面的问题。

(1)结构。有那么一大群人跟着你,你要给他们分成若干个小组。你可以按人数来分组,如三个人一组、五个人一组;也可以按性别来分组,如男人一组,女人一组;也可以按所做的事情来分组,如下海捕鱼,可以拉网的一个组,收鱼的一个组,后勤保障的一个组,等等。不同的组合方式会形成不同的结果,所表现出来的形式,就是组织结构,如管理学中将企业组织结构常常分为直线式、职能式、事业部式、SBU 式等。

(2)规则。你得给他们定规则,哪些事能做,哪些事不能做。不以规矩,不能成方圆。这些规则可大可小。大的规则,人们称为原则;小的规则,人们称为细则。原则只划定了一个范围,如爱岗敬业,而细则却列明了非常具体的要求,如白天要不要开灯。规则可以复杂,也可以简单,但最起码的要求是不能自相矛盾,但不自相矛盾就成了非常难的问题。

(3)协同。要让一群人结合得非常紧密,像一个人一样,就得让他们能够优势互补、无缝对接。人是复杂的动物,要融合,谈何容易?拿铸造所用的黏土砂为例,黏土、砂与水等原料按一定工艺混在一起,就可以达到铸造所需黏土砂的要求。现在你有了原料比例,相当于有了组织结构;也有了科学的工艺,相当于有了组织规则。但仅有这些,未必就能做出一模一样的黏土砂,因为不同人的"手艺"不同。协同就是一项手艺活,有科学的道理,也有艺术的道理。

3. 价值,或者叫功能

这群人要能干出点儿事。这里强调的是能。"能"与"想"不一样,想干什么来什么事,是目标;能干出来什么事,就是功能。想造出电动汽车,是目标。能造出来的只是PPT，就是功能。功能，简单地说，就是能够实现某种价值。组织的功能可以体现为整合、凝聚、激励等方面，也可以体现为利益的实现、目标的实现，还可以体现为提供就业、社会责任等方面，但最基础还是能实现经济价值增值的功能。通俗一点说，赚钱是企业的基础价值体现。

再回到企业战略到底"战略"什么的问题，这个看似复杂的问题就相对简单了。通俗而不严谨地说，企业战略要"战略"的主要就是组织的"目标"，也就是你带领一伙人"要干什么"。你都没有"想清楚要干什么"，只热衷于用一些畅销词汇编织现场效果，那"战略"注定是悬空的。据说，某大型电商平台企业创业人曾痛批他们企业高管只会做PPT来糊弄人，就是说这些人本来就没有"想清楚要干什么"。相反，我们在现实中常看到一些企业家，不用会管理学的名词，却非常懂"战略"，关键还在于头脑清楚，总是能够"想清楚自己要干什么"。自己想清楚是前提，不然就谈不上让别人理解你的想法，更谈不上所谓的执行力的问题。

2. 莫把相关当因果

阅读思考

1. 企业中有哪些把"相关"当"因果"的管理现象?
2. 如何避免企业里的书呆子思维?

管理随笔

1

一位企业家在企业中推行"阳光五个力工程"文化活动,他最后进行了总结:经过企业文化工程的建设,连续五年企业销售收入达到年均50%的增长,利润实现了40%的增长,等等。这足以证明,企业文化工程活动是有效果的,是有成效的。

他用的基本方法,从形式上讲是统计学的回归分析,但未做严格的检验。找两个因素,收集多个(或时间)数值进行回归分析,X增长了,Y也增长了,故此得出两者有相关性,并可据此进行未来的推断。企业做了企业文化活动,企业销售收入也增长了,因此得出结论,企业文化是有效果的,未来要继续坚持。

一切似乎非常科学,但是我的一位同事听后,却讲了一个耐人寻味的笑话。

他说，我儿子出生时，我在家门口种了棵小树。儿子一天天长大，小树也一天天长高，将五年的数据收集起来进行统计分析，发现绝对正相关，即儿子连年长高，小树也连年长高。

他反问：我儿子长高了，小树也跟着长高了，那么我儿子长高与小树长高之间到底有什么关系？是因为我儿子长高了，小树就长高了？还是因为小树长高了，我儿子就长高了？或者二者有其他关系？或者没关系？

这个故事有点意思。

沿着这个逻辑，我们同样可以向那个号称文化工程起了作用的企业家请教：因为企业文化工程有作用了，企业效益就好了？还是因为企业效益好了，企业文化工程才起作用了？还是企业文化工程与企业效益各是各的，根本没有关系？还是虽然企业效益好了，但企业文化工程实际在起反作用，否则效益会更好？

一个道理是非常明显的：相关不等于因果，可能有相关关系，但不一定有因果关系。相关是两件事物从表象上是有相互关系的，但是否有因果关系却还需探究才行。但是我们的企业，包括一些学者，常常在犯将相关等同于因果这种错误。

企业效益好时，从营销到采购，从人力资源管理到企业文化管理，从生产效率的提升到战略思维的创新，似乎一好百好。做了管理工作，企业效益好了，因此得出结论，管理工作是有成效的。是这个逻辑吧？不然，为什么效益好的时候，各种颁奖大会上，从生产到营销，从人力资源管理到企业文化，都会在台上领奖？

论坛经济为一大批效益好的企业家提供了展台。我们可常常看到、听到许多人在台上滔滔不绝，讲自己的人力资源管理多牛、营销管理多牛、资本运作多牛、组织文化建设多牛。效益好了，一好百好。还是那个问题，小孩与小树，谁是因，谁是果？如果仔细探究，会发现很多人只是说说而已。他们所宣扬的内容很多时候不过是教科书内容一鳞半爪的翻版。所谓的经验，也不过是笔杆子们用时髦词语堆砌出来的故事而已。

还是拿人力资源与企业文化来分析。

曾经听到某名企的人力资源总监谈自己企业的经验，从人力资源平台的打造到核心竞争力的支撑，从引人机制到考核机制的构建，说得激情澎湃，听的人也非常兴奋。可我到底也没有明白，他的人力资源管理支撑战略的逻辑是什么；也没明白，这些好的理念怎么落实到部门的具体工作之中。还有一位人力资源总监，谈起来滔滔不绝，但我到他所在企业实际考察后发现，他说得再多，企业里的人力资源部门工作人员也只是三五个人，除了总监忙着到处开会之外，其他人也就是跑跑保险、发发工资、做做考勤，年底搞搞考核、算算奖金，与过去没有什么两样。我就奇怪他嘴里怎么总冒出来那么多"核心竞争力""长尾理论""蓝海战略"之类的词。

企业文化的热闹更让我迷惑不解了。企业文化这筐可装的东西就多了。我总有这样的疑问，这些美好的理念是怎么变成行动的？一个万人的大企业，据说企业文化搞得不错。可我却发现，这个与党委办公会合二为一的五个人组成的文化部门，很忙，可似乎没有将那些美好理念转变成可操作的、可检查的具体行动的计划；或者工作计划有，动不动就是"继续提高职工凝聚力"之类，但看不出具体行动来。价值中国网曾经采访过企业文化量化管理专家刘孝全先生——一个实事求是的企业文化工作者。我不知道，面对那些没有基本量化概念与逻辑的企业文化工作者，讲究事实、追求事实效果的刘先生将怎样沟通？我也不知道，那些说得天花乱坠的企业，有几家敢用刘先生的理论进行一番企业文化测评？

只要稍微用脑子想一想就会发现，小孩与小树压根没有什么本质关联。很多人因为有了小孩，硬往小树上扯，或者因为有了小树，硬往小孩上扯。更有可笑的，因为有小孩或小树，硬是要造一个小树或小孩，以求匹配，还声称是在总结经验。这种总结，是自欺欺人的总结，企业管理的很多短板让其给遮挡住了。

上面只是用人力资源和企业文化简单地说说，再想想，企业内部的其他方面何尝不是这样呢？战略部门未脱离文秘办的影子；或者成立了新产品开发部，营销成绩卓著，但是产品、渠道之类的管理并未有质的提升；生产部门引入了六西格玛的概念，也产生了一些黑带，但是车间连5S管理都还没搞好。这样的例子不胜枚举。效益好了，如果不冷静看待自己的短板，对企业发展的负面影响则是必然的。

企业有时聪明些，把这一切叫作包装。可一些学者却很执着，根本认定小树长高了就是因为儿子长高了。当学者固执的时间久了，有些企业也开始相信了。

最后弱弱地问一句：我在讽刺文化工程吗？

2

一位朋友A要考著名经济学家的研究生，与另一位朋友B在一起商量。B劝A不要考。B列出了要考取该研究生的条件：一是你必须足够聪明，二是你必须足够努力，三是你必须要有一定的机会。这种机会主要是你认识并得到经济学家赏识的可能，而要得到赏识你又必须要有被赏识的理由，或者你毕业于令人羡慕的学校，或者你有足够的学术经验证明。这样，在B看来，A根本没有希望，"你根本没有毕业于牛校，又没有超乎常人的努力，你根本不认识那位经济学家，你又没有发表过论文，你凭什么可以考上他的研究生？"整个逻辑显得特别严谨。但A考上了，B解释说那是你蒙的，何必骄傲？结果两个多年的朋友从此有了矛盾。

B的说法，用经济学思维来思考，就是在一定的前提假设下，经过推理获取结论；用管理学的思维来思考，就是找到CSF（关键成功因素），找标杆对差距。似乎一切天经地义，逻辑也非常严密，可为什么结果却不对呢？

当我们的前提假设本身有问题时，结果当然可能会错了；当我们的思维方式有问题时，问题就更加严重了；当我们根本没有形成自己思考问题的方式，更没有一定的信息输入时，那结果则更为可怕。运用比较研究的方法，可以得到一些成功的关键因素，但可能因为认识的局限性，我们获得的这些关键成功因素本身就忽视了其他因素，或者我们本身所构造的模型就有问题。这时，得出的结论自然不可靠。

在企业中，也常常有这样可怕的书呆子思维。

囿于传统

职业经理人运用既有的信息进行分析研究，得出一个行业不可进入，其有前提假设，有分析模型，每条信息也足够量化，运算逻辑也非常清晰，结论也是水到渠成。但是企业家却凭直觉判断可为。当尝试失败时，职业经理人会讲到，理论早已证明，你偏不听；当尝试成功时，另外一拨职业经理人会用另外的方式证明当初那帮职业经理人模型假设的错误，甚至会指出模型的错误在于它是基于传统信息基础的，而传统信息肯定会有偏差，或者假设没有问题，但推理过程存在明显瑕疵，等等。当然并不是所有的企业家和所有的职业经理人都这样，但是企业家和职业经理人的区别可能就在于前者有敏锐的直觉，而后者这方面要欠缺些。

以偏概全

这主要是企业的中、基层管理人员易犯的错误。人们总是习惯于将有利于自己的假设因素强化，而将对自己不利的假设因素弱化或视而不见，即选择性忽视。营销人员在谈到营销业绩的问题时，常常会说自己公司相对于竞争对手的弱势，如对方价格比自己低，对方广告投入大，对方产品推出快，等等。这些原因可能同时出现，也可能部分出现；如果部分出现了，他们就会强调其中对自己有利的因素。譬如，若我们的价格比对手低，那么就讲影响营销业绩的因素是对方广告投入太大了；若广告投入也有优势，可能会讲我们公司的价格高或推出新品慢；若三个因素都占优势，可能就会讲，那是我们的产品不符合市场需求，等等。在这样的思维中，总是未能将影响营销业绩的全部因素列出，更没有一个完善的模型。

过于僵化

这主要表现在一些行政管理人员身上。要推行一项管理变革，这些人员很快根据教科书上学来的理论进行模型的构建，并很快形成一系列标准的制度和方法。但是他们常常忽视这些制度和方法的前提假设，盲目照搬，结果是适得其反。之后，他们对失败的原因常常会归结为别的因素，如这些方法本身有问题，绩效考核不适合中国国情，平衡计分卡需要结合中国实际改造，等等；再如，是因为执行部门的人员的自觉性不够，或执行力不高，或整个组织历史惯性太大，等等。结论往往看似科学，却忽视自己本身的原因。

这三种思维方式都是可怕的书呆子思维。第一种囿于传统，本身思考问题的宽度可能还是够的，也有自己一套思考问题的方法，但是往往创新性不够。第二种以偏概全，主要是本身思维的宽度不够，思考问题的方法也不科学。第三种过于僵化，常常不仅缺乏整体思维，且未形成自己的思考方法，对知识也是一知半解。以上所说这些，还是基于诚信的前提，如果遇到胡搅蛮缠的人，那就是秀才遇到兵，不是上面所说的书呆子思维了。

管理重思

组织就是由人构成的为实现特定目的而按特定的规则建立起的相互联系的群体。这群人不同于一般的人，他们有共同的目标，要结合，要共同干事。一般的人群，未必有共同的目标，未必能结合，或者未必能干事。极端的情况，一般的人群被称为乌合之众。要把一群乌合之众变成一个叫组织的群体，就是管理要干的事情。

要将乌合之众变成组织，人们自然会想到一个问题，这个叫组织的东西有没有逻辑？如果有逻辑，那么厘清其中的逻辑，将乌合之众变成组织这件事就简单了。上下五千年，有多种思路，如《孙子兵法》就是一个角度。传说中，吴王为考验孙武的才能，让他将宫里的妃子训练成能打仗的队伍，就是要将一群乌合之众变成组织。孙武公布了训练纪律，开始妃子不以为意，违者立斩后大家老实了，结果他把一群乌合之众练成军队了。可以说，孙武掌握了组织的"秘密"。厘清组织的逻辑非常重要，但又非常有难度。优秀的管理者未必能说出其中的逻辑，但一定有其对组织的理解。即便他所理解的未必最准确，但只要在某个时空中，他的理解能够恰好适合实际，那么就一定会发挥作用。事实上，古今中外有多如汗牛充栋的著作试图寻找组织最本质的逻辑，但谁又敢保证找到的一定是最本质的呢？不过，努力去理解组织的逻辑也应该是管理者非常重要的工作。否则，管理就是瞎管理。

组织的逻辑至少要解决三个方面的问题。

一是价值逻辑，即组织投入与产出之间的逻辑。你想获得，就得投入。企业想获得的无非是利润最大化，或广义地来说是利益相关者的利益最大化。按波特的理论，企业价值链分为主价值链与辅助价值链，主价值链包括供应、生产、销售等，辅助价值链包括人力资源、行政支持等环节。按我们中国企业里的说法，主价值链可理解为前台，辅助价值链可理解为后台。理解组织投入与产出之间的逻辑，关键就在于形成自己对前、后台如何联系的逻辑，有了这种理解，后台在做支持服务的同时，就能做好运用政策对前台的"调控"工作。

二是行为逻辑，即组织行为的现象与其背后的本质之间的逻辑。任何行为都不会是无根无据的，必然有其背后的支撑。用组织行为学科的话说，组织行为只是冰山一角，冰山底部还有更丰富的内容。一个到办公室转一圈就能够了解企业状况的老总，实际上就可能把握到了这样的逻辑。譬如，当看到很多人在电脑前有那种网上聊天常见的微眯双眼、半含微笑的状态时，他会想到是不是员工工作量不饱和？当看到公司里个人网购的快件越来越多时，他会想到是不是员工占用上班时间进行了太多网购行为？进而推测，是不是管理者不能够创造性地理解公司战略意图，所以无法分配给员工更富挑战性的工作？是不是最近市场压力太小，公司士气懈怠了？等等。

三是演变逻辑，即组织当前、现在与未来之间的逻辑关系。当前是什么状态，未来不干预的情况下会如何变化？干预时会如何变化？这种逻辑关系有大有小。大的情况，如组织处在一定的外部环境中，外部环境发生变化，会诱发企业内部的变化。外部环境与企业组织的关系，常常属于战略环境分析的范畴，如探究环境会给我们带来什么机会后，考虑我们如何抓住这样的机会，抓住了会怎么样，等等。也有小的情况，如公司里出现老乡抱团的情况，不干预会怎么变化？干预又会怎么变化？这些都属于演变的逻辑。

3. 不符合组织规律的管理都是白费力气

阅读思考

1. 为何老板有战略而企业没有战略？
2. 为什么人力资本往往成了一种未落地的概念？

管理随笔

1

当"你的公司是否真有战略"这一问题摆在面前时，许多企业会感到愕然这个话题非常敏感。

事实上，几乎每个老板都有战略，但是企业却未必。

我曾经仔细观察并记录过一家企业董事长的战略构思。我在为她的企业服务的同时，也观察着她的战略思维。这一观察持续至今快有六年了。她很忙，公司里里外外的事情占据了很多时间。然而，她又很敬业，差不多时时刻刻思考着企业的相关问题。她把她的思考记到手机记事本里，然后在公司中层干部开会的时候拿来讲。她一遍又一遍地讲述着她对企业的思考，对企业未来的安排、谋划。每次讲的内容不一样，角度不一样，前后也常常不连贯。有时候，这些错综复杂的讲话内容听起来是相互矛盾的，但这些看似杂乱无章的内容，整合在一起却是一幅战略的画卷。她有自己的战略，可并不是所有人都能从她杂乱无章的讲话中透视出那幅图画，甚至她的中层干部都说不清她的战略，能够说清的人，也是瞎子摸象。

这是中国企业最为常见的问题。战略在老板的脑海中，可能非常清晰连续，也可能模糊离散。老板总会在不同场合讲解自己大脑中的战略，从不同层面，运用不同技巧，像阐述一篇小说构思，求解一道数学题。

大多数时候，老板的确有自己的战略，可是企业却没有。因为老板大脑中的战略只是老板的，根本没有转换到企业中去，有时虽然转换到企业中了，也是变形或者扭曲的。

那个老板曾经希望下面一家子公司开始战略转型，将产业链向供应商方面延伸。这种话讲了若干年，可是下面企业仍然没有动静。原因很多，但是不能忽视的一个原因是，老板有自己的战略，企业却没有。

那么，怎么才叫作企业有自己的战略呢？我想，用一个非常简单的可视化标准来检验，就是企业战略是不是清晰的并能以文本方式展示出来。战略必须是成体系的、完整的、有内在逻辑的，也就是清晰的。它可以没有写出来，但必须能够写出来，也就是可文本化，当然这个文本包括图表之类的表达方式。符合这两个标准，就是我所理解的可视化。战略需要企业能够看到，至少中高层能够看到，如果其只是在老板的脑海中，企业人员看不到，那就不能叫作企业有战略。

如果战略不能被看到，无法用文本方式固化，不成体系、不完整，只是零碎的，我们有什么理由相信整个企业能够偏差极小地理解战略呢？退一步来讲，即使老板可以零碎地、模糊地、渐进地表述自己所理解的战略，也得有人将这些构想逐步画到纸面上固化。我们期望战略能够转化为行动，可是当组织并没有清晰战略的时候，又怎么来转换为行动呢？

这样，我们就会理解，为什么那么多老板会抱怨笔杆子们跟不上他们的思维，或下属跟不上他们的战略思路。仔细想想，并不一定是别人跟不上他们，而是他们根本没有一个完整的战略思路，或者有完整的战略思路，但未能转化为清晰的、可文本化的组织战略。

2

我常常发现自己是"半桶水",对有些东西总是一知半解。譬如,每次听一些人力资本专家大谈人力资本之类的东西时,总会疑惑地看看周围,或仔细想想访问过的企业,发现自己真不知道人力资本到底是什么玩意儿,于是,很是惭愧于自己的落伍。再后来,听的讲话多了,看的文献多了,发现很多大谈人力资本的专家似乎也是"半桶水",概念之间逻辑漏洞百出,甚至有些专家根本就没有水,只是卖木桶的,今天卖桐木桶明天卖松木桶,流行什么桶就卖什么桶,卖完之后很爽,也赚钱了。

那么,人力资本是否只是一个概念而已?如果说完之后,人力资源工作还仅仅是招招人、管理考勤、发发工资、整整考核,或者这个概念仅仅是给某个小圈子的人发发股权、搞搞期权,那么人力资本就只是个概念而已。

我曾经假想,我说完这段话之后,某个人力资本专家的反应。

这个专家在一家上市公司做人力资源总监,属于公司高薪挖来的高级职业经理人。她的一番人力资源管理理论说得头头是道,颇得公司领导赏识。听了我上面的话,我估计她肯定会不屑地说我不懂人力资源理论,或者说只懂理论不懂实际,再或者说我不懂他们企业的实际、他们企业的文化。这样的打击逻辑很严密,你基本上难逃靶心。你不敢说自己懂人力资源理论,因为理论是无边无际的,如果你说你懂,那么显然不谦虚,不谦虚就不是好同志。即便你懂理论,那你懂实际吗?懂实际,又懂他们企业的实际吗?懂他们企业的文化吗?我之所以假设这些,倒未必是因为心理阴暗,而是我经常听很多人说"我们公司的实际就是这样",说完还常常若有所思地摇摇头。所谓的"实际"范围很大,可以大到市场上的一切商战,也可以小到老板的风格。譬如,老板就是爱晚上加班开会到深夜,第二天老板可以晚起,其他人却要按点打卡,等等。

有了这些假想之后,我就开始偷偷观察她的工作日程。不管人力资本在嘴上怎么说,总归要落实到实践操作中,落到她的日常工作当中吧。这就是我检验的逻辑。

我发现，她一周四十个小时的工作时间里，有近十个小时在开会，或高层经营会议，或某个部门的评审会，或别的什么会议；有四五个小时处理各种文件审批；有四五个小时与下属谈话，或与别的部门及人员沟通，沟通的主要内容无非是人事安排，或者感情；还有近十个小时与外部联系，如媒体、劳务公司之类。我这样估算她的时间还算宽裕，事实上在某些阶段，她根本就是一直在开会，套用网络上流行的话，她"不是在开会，就是在去开会的路上"。

再看看人力资源部门的工作，主要有三项：一是招聘，时不时发个广告，时不时面试，再面试，再安排领导面试，也忙得不可开交；二是发工资，算算考勤，做做工资报表，报批，发薪，这是一个一分钱差错也不能出的活儿；三是培训，定期或不定期邀请外部人来讲讲课，课程设置、发通知、布置会场、课堂维护、统计报表，等等，还真忙不过来。其他还有医保社保、变更劳动合同等，还真是很忙。

人力资源部的人天天很忙，经理要不断地协调这事那事，但好像都与人力资源总监无甚关系。这些工作，前任总监在时也是这样。新总监来了一年多，也没什么变化。大的事情，譬如围绕人力资本整出一套体系，或者对制度进行优化什么的，或者搞出个意想不到的创新活动啥的，也基本上没有。我就奇怪，怎么就人力资本了？

为这事，我有一次还怯生生地"装萌"问过一回。我感到她很张扬，装萌有利于我不露出大灰狼尾巴。我问：人力资本在企业里怎么落地？

本来以为她会从人事管理到人力资源管理再到人力资本管理的迈进给我扯一回，没想到她的回答很干脆："这个企业的基础很薄弱，人力资本只能先当作一个目标，博士您别较真，以后还要多向您请教呢。"说完她哈哈一笑，"改天请博士您吃饭。"

"噢！"

对话就这么结束了。

然后，我就又看着她忙活了，不停地开会，不停地对经营班子、员工、媒体大谈人力资本。后来，听说她还上电视了，担任过什么选秀节目的特邀嘉宾，据说镜头感不错。当然是单位做了赞助商。广告带来了很大的效应，公司招聘邮箱里一时爆满。她个人呢，也被更高级的猎头看中了，去玩更高层次的公司了。

其实，如果没有搞清楚人力资本的实施逻辑，还不如老老实实地搞人力资源管理，譬如千方百计地为单位提供数量充足、质量过硬、结构合理、价值观统一的人力资源队伍。不然，人力资本这东西，就是说说而已。

3

一个朋友与我讨论了下面的问题。

有两个企业 offer 摆在你面前，一个是民营企业，年薪 20 万，高管职位，以后上市时可有股权；另一个是国有企业，年薪 10 万，一般职位，没有股权。你会选择哪一家？

这个朋友是某民营企业的资深高管。说资深，是因为从公司创始第一天开始，他就在这里工作了，先后担任过研发、市场、内部管理等岗位的职务。

朋友说他的选择是国有企业，理由如下。

一是与国有企业相比，民营企业薪酬含金量太低。薪酬方面民营企业 20 万相当于国有企业的 15 万，甚至 10 万，而劳动强度则相当于国有企业的 1.5~2 倍。有意思的是，民营企业的薪酬一般都是往高里说，个人所得税是跑不了的；国有企业的薪酬看起来低，但可以因为薪酬低少交个人所得税。

二是民营企业的工作不稳定。今天在这里工作，明天可能就不在这里工作了，而国有企业相对稳定些。

三是民营企业的职位相对是假的，职位对应的权力也相对是假的，全是老板说了算。今天高兴了让你上，明天不高兴了让你下。高管的职位更是假的，你名为高管，有时实际上是老板的秘书、文员。而国有企业的职位相对是真的，职位所对应的权力也是真的。

四是民营企业老板的承诺，隐性附加条件太多。股权，除非你超牛，否则获得的风险也非常大，给与不给、能不能拿到手都是问题。没有老板不把股权看得像个宝似的。

朋友的回答给我的第一感觉是，他表面上风风光光在著名高科技企业做高管，这家企业一直号称要上市，而实际上他心里并不满意。将他的回答中可能带有的情绪放在一边，单从他的回答的内容来看，也的确令人深思。

民营企业要发展，除了呼吁宏观政策环境的改善外，诸多问题还需要自身去解决，其中如何经营人力资本更是需要深入思考的问题。人力资本之所以称为资本，就在于它能够像某些非人力的资本（如资产）一样为企业带来资本收益，也能够像非人力的资本一样分享资本收益。普通劳动力，最多只能算作人力资源，能为企业带来资本收益，却不能分享资本收益。民营企业里，资本的意志往往更容易渗透到企业管理之中，也更容易被放大。这时，如果老板与高管之间缺乏一个相应的既约束老板也约束高管层的激励约束机制，老板与高管的合作必然是无效的。高管只能是打工心态，即使拿了股权也是如此。这时企业老板更需转换思维，尤其是转换对资本的理解，否则，人力资本在民营企业只是一个梦想。

管理重思

"目标""组合""价值"都是通俗而不严谨的表达。为了更严谨地表达，学者们进行了无穷的探索，于是有了组织战略、组织结构、部门职能（以及岗位职责）以及计划、组织、领导、人事、控制等表达方式。回到本原上，事实上，这些看似深奥的东西都是为了表达这样一个场景：你带领一群人"要干什么"（目标）、能干什么（价值或功能）、怎么干（组合）这三个问题。

战略核心要解决的问题是"目标"，要回答的是这群人"要干什么"的问题。这个问题回答的目的不是要个答案，而是要让全体员工都能够认同、相信甚至迷信，认同就很难，相信更难，迷信更是难上加难。正因为难，才有战略管理的价值。否则，领导想清楚了，员工就自动自发地迷信了，领导也就没有什么价值了。

要让这群人理解"要干什么"的问题，就要更深刻地"想清楚要干什么"。

这时"目标"的含义就至少包括三个方面。（1）"终点"，如要成为世界领先的电动车企业等大目标，或要成为优秀员工等小目标。（2）逻辑，或者叫路径，也就是先做什么，再做什么，才能达到目标。如要成为领先的电动车企业，要先做什么，再做什么，才能达到目标。要成为优秀员工，也是一样的道理。（3）基础与条件，或者叫起点，也就是我们现在的实际情况是什么。这样一来，所谓目标的问题，概念就更宽泛了，变成要在哪里、去哪里、怎么去的问题，对应的战略管理学科的内容恰恰就是战略分析、战略制定、战略路径三个主要部分。

在宽泛的目标定义中，终点、路径与起点都成了"想清楚干什么"的内容，人们往往会将终点叫作目标，目标叫作终点。事实上，真正能够体现战略智慧的，往往是"路径"，即你用什么"思路""办法"来达成你的目标。有时被翻译成策略，原义中还有"耍花招"的含义，说的也是"路径"。当然，我们一般针对坏人时，不说他有战略智慧，一般说他"套路深"。举一个商业上"套路"的例子。某前首富从一无所有起步，然后用少量资产撬动两万亿负债，大量的金融机构、上下游企业甚至员工及员工的亲朋好友被卷入其中。从一无所有到少量资产、再从少量资产到撬动两万亿负债，他用的什么"思路""方法"或"花招"让大家上了圈套，到现在还是众说纷纭，未有定论，可见其"套路"有多深。在组织中，高层需要把"想清楚干什么"理解得更深一些，尤其是想透逻辑，否则仅仅喊几句口号，又有什么用呢？在领导想清楚后，企业有了战略，接下来的事情就是要将领导的战略转换为企业的战略。不可描述，就不可管理，而描述战略的最重要的事情，就是要描述清楚战略的逻辑。描述清楚之后，沟通、宣传贯彻才有可能，层层分解、落实责任也才有可能。

4. 商业模式价值链还是短些好

阅读思考

1. 什么是商业模式？
2. 为何商业模式价值链应短一些？

管理随笔

1

多年前，与当时互联网领域创业的朋友一起聊过天。他们都是精英，对事业充满热情，很有思路也很努力，但是许多人离所谓的成功还是很远。套用一句话，就是"成功都是相似的，没有成功却各有各的原因"。许多人似乎都有非常自信的商业模式，但是却常常搞不清为什么这些商业模式应用起来却不那么容易成功。

说成功似乎都是相似的，是因为当时互联网领域的成功似乎常常就那么有限的几招：拿到风险投资，几年之内上市，某个阶段卖给大平台或大公司等。千军万马过独木桥，上市的毕竟是少数。尽管这样，人们还是千方百计地证明自己的商业模式如何如何优秀，从数学逻辑上严格证明，从当时流行的某度、某浪、某宝等少量案例进行归纳式总结支持性证明或反驳式证明，甚至仅仅用激情去证明。从他们的故事中我发现一个共同点，就是商业模式价值链很长。从简单的网上客户群的界定到自己服务价值的界定，以及两者之间的连接，都要讲很长时间，而且常常每次讲的版本都不同。

那时，人们热衷于讨论价值，譬如经常问到，互联网公司的价值是什么？这个问题虽不好回答，但似乎每一个互联网从业人员，技术的、市场的、管理的、投资的，甚至迷恋互联网的人士都有自己独特的见解。这些见解许多时候听起来非常正确，也会引起一部分人的共鸣，可是当转化为商业模式的时候，却开始变得冗长而模糊。举一个当时经常见到，现在人们早不玩的例子。有创业人士自称其商业模式是：针对某个细分市场或者长尾受众群体进行服务设计—提高注意力价值—增加会员数量—扩大点击量—推广服务—获利。似乎逻辑非常正确，但是问题在于，注意力提升了，会员数量一定会增加吗？会员数量增加了，点击量一定增加吗？点击量增加了，就一定会增加收费的点击数吗？可能一定假设条件下，每一步都是正相关的，但很长的链条之后，相关性却不一定那么强了，因为你无法保证每一步中的假设条件都不变化，而且每一步假设都那么正确。其实任何一点变化，后面的结果放到实践中都会有很大不同。于是，人们常常发现，免费点击时流量非常大，收费后却无法盈利，就是因为人们常常忽视问题之间逻辑的适用条件。

时代在变，但有些东西不变。从互联网时代到数字经济时代，很多人讲故事的形式变化，但背后的逻辑链条长度没有变化，还是那样云里雾里。

当然，许多人会说数字经济有其自身的逻辑，科技公司的价值并不简单等同于财务价值。这一点我也同意。数字世界当然有其独特的逻辑，这个逻辑前提可能不同于西方经济学著名的心理假设。问题是，许多人讲自己的创业公司的故事时，不是遵不遵守传统商业逻辑的问题，而是遵守了传统商业逻辑早已摒弃的"技术主导逻辑"的问题。譬如，许多人动不动就谈自己所懂的新技术，哪个技术热谈哪个，而且最喜欢谈各种让外行人听不懂的技术。一般商业思维确实替代不了数字经济思维，但技术思维的故事绝对不是商业故事。商业逻辑中少了些自己的客户，显然是数字经济思维与传统商业思维都不能接受的。

现在的实际问题又在于，数字经济到底遵守什么逻辑，目前还没有普遍的共识，而且随着时间的推进，一些困惑达成了共识，另一些新的困惑又来了。譬如，早年间，人们搞不清为什么愿意花上真金白银为对方的QQ买件虚拟的衣服。后来，慢慢搞清楚了。可是现在，元宇宙之类的概念带来的困惑又来了。搞不清不要紧，因为不是理论研究，可是搞不清之前，凭直觉进行商业模式设计时还是让商业模式价值链短一些为好。要清晰地回答我提供什么有价值的服务给客户，我将获得什么样的回报的问题，回答时的环节越长，中间所含的技术语言越多，盈利模式失败的风险就越大。

最后注意一点，我这里所说的成功对应的是"没有成功"，而不是那种简单的"失败"。因为，没有成功的人也在积极探索，并不等于不能成功。其实再想想，商业模式价值链短一些，传统商业不也是如此要求吗？

2

与搞多元化战略研究的C博士在一起聊天。

他说，现在最认同的战略大师，是波特和明茨伯格。在人们的印象中，波特总是强调产业扩张，实际上根本不是。波特的研究主要处于竞争战略层面，很少涉足公司战略层面，而且他本人也是反对盲目多元化的。另外，明茨伯格的经理角色论和战略历程都是很有影响力的。

今天理发的时候，恰好遇到一个首席理发师。在他给我理发时，我不知不觉想起C博士谈到的明茨伯格。明茨伯格谈战略时，用到的比喻是手工艺人做陶器，"小心翼翼地随着环境变化而变化"。这一点与理发有一些相通之处。"因为专注，所以专业；因为专业，所以艺术。"这个首席理发师非常谦虚，也非常认真。他仔细地、小心地修剪着我的头发，还真像是做一件工艺品。

一个好的理发师和一个好的企业家，如果有共同点，那就是都能够非常专注于自己所从事的工作。

在我从事管理咨询的过程中，总能够遇到各式各样的企业家。有的非常专注，将企业当作自己的产品，就像理发师剪刀下的头发一样。他会非常认真地思考企业的前途、市场、生产、人员等各方面的问题。"现在想的都是三五年后的问题。"许多人常常这样说。有的则不是那么专注,"给我出一套文件,我说一句命令,下面都能自动自发地完成。"他们总是寄希望于一种方法或工具能够让自己从"烦事"中脱开身,集中精力"想大事"。这种想法,就像高考前,总有学生希望能有一两套模拟题让分数突然提上去一样。

做梦的企业家和做梦的学生一样多,以喜欢事物之外的名利的方式,拒绝直接接触事物的本质。

几年前,一位从事贸易发了财的同学来找我,希望我能够给他的新投资方向提点建议。他想从事绿色农业。这个概念真是非常好,凡沾上绿色的概念都那么有吸引力。他的初步计划是,在黄河滩地承包大片土地,一签几十年,然后在那里种植某种水果或经济作物。

我提建议之前,问了他一个问题:"你真喜欢从事农作物种植吗?"他说是的。我又问,假如生意不如意,你愿意在那个地方亲自种植吗?他说,现代管理是用别人的劳动来获取价值,不需要自己劳动。我再问,如果生意如意,你确实有时间,你愿意拿着剪刀去修修果枝吗?他说,时间都是有成本的,应该去做附加值更高的事情,譬如寻找投资机会,而不是去修剪树枝。

我只能沉默,然后报以反对式的微笑。一个从小到大连农村庄稼怎么长都没见过的人,一个只想从中获利而根本不热爱这一行的人,凭什么要比那些在这一行业中摸爬滚打了几十年的人强呢?我想不出来。

做企业就是做生意,自古至今做生意的道理都是一样的。生意之道,并不因为你用了战略、价值链、SWOT、品牌之类的名词,把一些学生娃唬住,就确保你的生意能做好。绿色农业也罢,生态农业也罢,它首先是农业,不喜欢这一行就想搞创新,成功的可能性甚微。

那个同学没有听我的。他真把钱投进去了,买了几车树苗,在黄河滩栽上了。结果,那个冬天黄河滩的风让他"死也不愿意回那个狼不吃的地方了"。天太冷,待在那里无聊,而树长起来,也不是一天两天的事情。从城里雇的所谓的"职业经理人",也受不了那地方,过完春节后就不去了。只好找了几个当地的农民管理者帮忙管理,"乱七八糟的"。最后,他找机会把农场卖给了当地的农民管理者，让管理者"MBO"（管理层收购）了。

我想，企业的经营管理还是应该把目光从外转到内，不要盲目追逐外在的奢华，那种凭机遇、凭关系一夜暴富的童话故事还是少想象为妙，更多的精力还是应放在倾心打造核心能力上，然后沿着核心一点点扩张。当羡慕别人的挥洒自如时，应多想想别人的专业。

管理重思

企业就是一台机器。像所有的机器一样，向这台机器输入人、财、物等可折合成钱的东西，这台机器就会产出像人、财、物等可折合成钱的东西。像任何机器一样，企业这台机器也由不同的零部件，按照一定的规则构成，按一定的节奏转动，按一定的方式与别的同类企业相连接。从商业的意义上，或者从更狭隘的"钱"的角度来看，企业就是一台钱生钱的机器。

创业就是要创造一台钱生钱的机器。你发现社会需要一台这样的机器，而且是刚需。你先设计，再去制造，再去试运转、调整，再试运转，再去调整，直到正常运转。正常运转了，你就是所谓的创业成功了。换句话说，你的商业模式得到了验证。

商业模式，简单地说，就是做生意的方式、赚钱的方式。

商业模式主要包含三个要素。

一是客户价值主张。简单地说，就是赚谁的钱？这个问题等同于，你要满足谁的什么样的需求，你拿什么来满足对方的需求，对方最终是否为此买单。这一类问题，再简单归类一下，实际就是需求端或市场端的问题。关于这一块有非常多的理论，也有一些非常新的概念，甚至将社会心理学等领域的知识都纳了进来，但最终要回答的都是"赚谁的钱？"

二是商业要素整合。简单地说，你拿什么去赚？你得拿产品或服务去赚，重点在于你如何才能拿出对方需要的产品或服务。这个问题就等同于，你要整合哪些资源，你如何把它们整合起来，你最终能否拿出对方需要的产品或服务。这一类问题，简单归类一下，实际上就是供给端或生产端的问题。如果说找到客户价值主张或准确找到市场需求，需要很强的洞察力，那么找到所需商业要素并高效整合起来，则需要非常强的商业组织能力。有洞察力，能产生若干个好的点子，但只有会整合的人，才能把点子转化为现实。

三是交易结构设计。简单地说，钱怎么能够赚到自己的口袋里。这一类问题，简单归类一下，实际上就是供给与需求匹配，或交易的问题。钱只有通过交易才能赚到，而交易需要有供方与需方。若干个交易就需要若干个供方与需方。你如何设计一个或若干个交易，从而达到赚钱的目的，就是交易结构设计。这是商业模式的内核，不会轻易示人。在房地产行业疯狂的时期，那些成功的企业家到处演讲，做出非常精美的PPT，大谈商业模式的构成要素，但对内核往往都避而不谈。有一天，某达地产的前首富赤裸裸地谈了，让社会一片哗然。他讲某达做生意就靠"空手套"，并讲了如何不出钱或少出钱开发房地产的。当他公布出来以后，人们才发现在房地产预售制度及相关政策下，他真的可以不出钱或少出钱，而且做得越大，越可能不出钱或少出钱。所谓的"空手套"，就是他的商业模式的内核。不过，任何一套模式都有其风险。等若干年后，这些地产商就为风险买了单。

商业模式设计，要回归到商业的本质上。如果要采用非常复杂的商业模式，除非你是要用这一套复杂的形式去掩盖你不想让别人知道的内核，否则你就需要对自己的思考逻辑进行重新审视。掩盖自己的内核也无可厚非，每个商人都会掩盖，前提是自己真有内核。没有内核而盲目进入了一个新领域，摆在面前的将是巨额的学费单。

5. 管理不能沦为自娱自乐的表演

阅读思考

1. 为什么空洞的宣教屡禁不止？
2. 如何避免企业堕入套话、空话陷阱？

管理随笔

1

我无法忍受我面前这个人的声音。

确切地说，这个人的声音充满磁性、权威，且张扬出与她年龄不匹配的青春色彩。她的声音似乎将我拉到一个遥远的、我从未到过的世界。核心竞争力、竞争优势、文化的动力、压力、拉力、变革……一些似乎新颖的词汇拥挤着堆砌成她的音乐。这些音乐给她以满足感，也给听众以听觉上的震撼。之所以说她的语言是词汇的堆砌，是因为我丝毫找不到其间的逻辑性。而把我拉过去的那个世界，则遥远得让我莫名其妙。

有时候，我常常疑惑用管理理论帮助企业提升水平的想法是不是只是自娱自乐的游戏，也搞不清管理理论与企业操盘之间，到底哪个才是不切实际的空谈。

不过我清楚地感知到了，每个企业是一个王国，都有一个国王、若干个王爷和臣子。每个企业都有其朝拜的秩序和礼仪，都有"穿鞋戴帽"的陈辩句式。每个企业王国都有其俗不可耐的音乐，而我的发言只是添加一些新鲜的元素而已。

在听这个人讲话的时候，不知道为什么我总是被一种紧迫的情绪所笼罩。我会想到这个公司的战略，想到各种运营系统，想到他们的人。那种感觉，就像正处于设计关键时刻的工程师，突然被拉到了文艺的台子上，而交货的工期却非常紧迫一样。坐在台下，听这些企业王国的王公大臣们高谈阔论时，我的思绪常常会飞得很远。我会想到明清，会想到唐朝，会思考那时的人们用什么样的流行词汇。有时，我甚至感到历史在眼前飞速地掠过，词汇在不断丰富，但构成这些词汇的逻辑在常识面前仍然混乱不堪。

那天晚上看到中央二台的一个节目。一群高考状元在主持及专家的指引下讨论一个问题："高考状元能否成为商界精英？"这个论题多么熟悉，以至于让我不由得生出了无数联想。我的历史知识很贫乏，使我无法找到更多实例去证实自己的联想。于是，我忽然想读历史，大量地阅读。

回到正题上。那个令我感到烦躁的声音，当时主要讲述着自己下半年甚至下个年度的工作计划。工作计划如此之完美，就如一首可能随时流行起来的音乐，但我却听不到半点真实的行动。"我们必须紧扣核心竞争力，以构建和谐社会为战略主题，不断强化我们的竞争优势……"在企业王国里，人们常常抱怨自己的文稿过于浅薄，希望能够"拔高"。拔高是可以的，但是最起码得符合逻辑和常识，最起码得对每个词的意思有个把握，而不能只用流行词汇堆砌出来。

那首"流行音乐"赢得全场轰动。人们顶礼膜拜，高声称颂。"非常正确，我们必须大力打造核心竞争力，只有打造出竞争优势又回避自身不足的公司，才能持续经营，基业长青。""给我们提供了很好的思想变革的指导，让我们从小做起，从核心扩张，不断强化独特的核心竞争力。"种种称颂的语言，仔细听听也只是时髦词汇重新组合的空话而已。我的思绪似乎又远离主题了。我想起了流行的清宫剧、唐宫剧，想起了各种朝代的称颂。但我很快又感到了矛盾，因为似乎那些电视剧表扬的人物都比较优秀。我又感到自己历史知识的贫乏了。

我仔细地听着，却听不出为了实现年度目标而采取的具体措施和方法，也听不出上半年没有完成任务的原因所在。就像一个小学生数学不及格时所做的检讨，满篇全是"为了全人类的解放事业，做又红又专的接班人"。我甚至不由自主地想到了哈默尔，想到了波特，想到了泰勒，我总试图将那些变化多端的词汇用一根理论的线串起来，但是总不能，因为在我的努力将要成功的时候，又会被不时冒出的新词打乱。

那场"具有战略转折意义"的会议结束之后，表演者非常满意，也非常陶醉，因为"该说的我都说了，该骂的我也骂了，该检查的我也检查了""一切就与我无关了"。称颂者则像完成了一场仪式一样，回到办公室，打开电脑看看新闻、批批文件、签签字，再就是找一两个碰到刀刃上的下级批一批。一切照旧。

我不知道，历史影响了多少人。

我是一个信奉自由经济思想的人，也一直认为企业管理的最高境界就是不受干涉。简单地说，如果你的管理要依靠外力的强迫才能够完成，那么你的管理就几乎达不到目的。这句话的表述看似有些矛盾，但真实地反映了现实。举个例子。某公司要求大家必须上公司内部的网络论坛，每人每天至少上3次，否则罚款30元。如果该公司这样做了，那么这个网络论坛就很难持久。原因很简单，某天，那些声称要惩罚别人的人自己会先失去耐心，想不起这件事了。深层的原因则是这种解决管理问题的方式是违反自由市场经济思想的。

我曾供职的企业中有一个大领导，他讲过这样的道理。他说，什么是好的管理？就是最简单的管理。中国什么法律最好？婚姻法。因为婚姻法最简单，关键就两点：一男一女，男22岁、女20岁以上。符合这两个条件，就可以结婚。婚姻法很简单，但运转得很好。相反，那些规定了很多条条款款的法律，却在不断地修改着、争论着，没完没了。为什么？因为只有干涉最少才是最合理的。

另外一个例子是我不到20岁时从《读者》上看来的，好像是哈耶克或其信奉者写的。说是一个图书馆建成后,要在前面的草地上修条路,但到底应该如何修,大家争论不休。后来采取一种方法,就是先不修路,种上草,等人们自然踩出了路,再沿着踩过的路线来修。为什么这样的选择最好呢?因为最人性化。而别的选择或多或少都有试图把自己的意见强加给别人的意思,只不过强加的程度强弱不同罢了。

我们目前上至大集团公司某些部门,下至企业里的小团队,在制定规则的时候,很多权威人士是凭自己感觉或好恶,然后强制执行。于是,出现了网上传说的各种"雷人"制度。譬如2013年年初那个"闯黄灯要罚款"的交通规则,引起社会一片哗然,最后不了了之。尽管规则制定者也算是殚精竭虑了,但是老百姓不认账,强制执行时,若不犯众怒则大家睁一眼闭一眼,一旦犯了众怒,就不得不改动。朝令夕改就这样产生了。

这当然又带来一个老话题——到底应该是精英治理还是群众治理?精英治理必然会导致用精英的意见代表众人意见;群众治理又必然会出现所谓的"真理总在少数人手里",而少数人的意见得不到重视的情况。换句话说,这就是企业要权威还是要自由的问题。其实在企业中,最应该警惕的不是自由带来的弊病,而是权威的滥用。因为企业本身就是层级制的,尤其是由于股东利益至上的思想占上风,人们对"上级领导"存在着天然的遵从,所以权威一般是不容易被打折扣的,而自由却往往容易被侵蚀。

企业中的权威是组织赋予的,它可能帮助管理者推动工作,也可能阻碍管理者开展工作。是推动还是阻碍,关键看应用权威的时候,是否能够体现人性的自由。两者应尽可能地统一而不是对立起来。尊重权威、尊重自由都不等于蔑视规则,相反,规则建立要体现权威与自由的平衡,尤其是人性自由的思想。没有规则,根本谈不上权威与自由。管理要尽可能遵守"规律",尤其是人性的基本规律。如果权威与自由对立起来了,管理就会越管越乱;如果权威完全替代了自由,也就是人们已经认定权威可以无所顾忌、为所欲为时,就会出现对权威的恐慌甚至厌恶。这也是在企业中,很多时候人们感到管理者在瞎指挥、帮倒忙的主要原因。

企业中自由的实质就是人性化。越接近人性规律的本质,越可能会自由,管理的成本越低，效率也就越高。然而，如何抵达规律的本质却又是一件痛苦的事，因为人性太复杂。但再复杂，都需要管理者能够深刻洞察，这是最为重要的能力之一。只有准确地认识了人性，才有可能使权威与自由达到平衡。有人做到了，也有人做不到，如此，才出现了管理上的高人与低人。

2

历史总是惊人的相似，管理问题也一样。

深夜，从蝌蚪般的英文文献中抬起头，窗外已灯火阑珊。晚饭时与某上市公司王姓总监的谈话仍不时想起。他是来参加某培训班的。对于培训的评价，他说："老师讲了一天。最后学员问老师，你今天讲课的题目用的是问句，可是答案呢？老师说不上来。他讲了一大堆要有国际视野之类的话。"王总监认为这些话显然是胡扯，他说三天来几个老师讲的内容观点竟然有明显的冲突，有些老师讲错了，有些老师说不到点子上。"讲平衡计分卡时，他完全讲错了，我都想站起来反驳……"他说这话时有些激动，也有些得意。

管理理论到底该如何贴近企业实际？

这个问题的闪出，让我想到了前两天一个在内地大型国有企业中做HR的亲戚的电话咨询。她的单位要提拔干部，要考试，她想竞聘，就问我一些问题。其中一个问题是，假如要回答"给单位管理上提一些建议"的时候，该如何说。我随口给她列了十个问题及十条建议，并说这样的问题肯定是企业中常存在的。她听完后似乎有些不满意，说这些问题不是老生常谈吗？

我愕然，为自己不能有新招感到羞愧。

当然是老生常谈了。领导年年讲嘛，听多了就成老生常谈了。不信，看看领导的年终报告，数一数有多少句子是复制粘贴过来的？很多新名词也只是当年流行的管理词汇查找替换的。不过你若用自己的语言把领导的意见讲出来，那肯定也会博得头彩，"讨圣上欢心"。

她听完很高兴。事后证明效果的确不错，领导觉得这孩子有头脑、有想法。后面的竞聘结果，自然也是我这个亲戚得偿所愿。

我经常想，企业是不可能轻易进化的。自然选择、优胜劣汰的方式，在我们这个市场经济还不发达的社会，似乎来得很慢。所以你可能会看到百年的老商店而非百年老店，也可以看到百年老生意人而非百年老企业家。管理不推进，年限再长的企业，也只是长不大的孩子。

那么应该怎么办？学习呗。从来不看书的领导也知道学习的作用。

可是，如何学习又是个难缠的问题。

一是自己学，搞学习型组织。确实有企业按管理大师彼得·圣吉的方式认真进行着学习型组织的构建，但大多数企业干脆就是一群从来不爱学习的人凑在一起热热闹闹地搞一场声势浩大的运动。很认真的企业倒是会买几本流行书，如此则促进了经管类图书的出版。

二是跟别人学，听老师讲。学新东西是一件困难的事，尤其是对那些上了年纪的人来说。可是，老师认真地讲了，企业里有些人却听不懂，听不懂就会觉得老师在"绕"，恨不得老师直截了当地给个答案完事。这样，不认真的老师，或者本来认真却因别人认为自己在绕，只得想新辙，开始胡扯的老师，便应运而生了。一批能说会道的管理培训老师出现了，他们将相声、小品引入培训中，场面热闹，宾主皆欢。可事后，一些认真的学生却又开始嘀咕，好像没听明白什么东西哟。上文中的王总监就是这样的学生。

没明白？是你没听懂，还是老师没教会？这个在中学时就经常遇到的问题，至今仍然横在很多企业培训中。形式和实质的问题永远会纠缠着人们。一样的东西，画虎不成反类犬。于是便有一批将虎画成犬的培训师出现了。糊涂对糊涂，糊涂呗，谁要你清醒着呢！

事实上学习型的企业最需要的不是学习的形式，而是学习型的老板。倒不是说要由这些老板亲自上课，而是这些老板要真正明白通过学习管理要解决的问题，以企业实际要解决的问题为导向。管理也罢，培训也罢，要真正知道自己要做什么。

可能有人会说，嗨，公司派我们到北京来听课，本来就是来旅游的。这样说的话谁也没辙了。可能王总监今天遇到的培训师就是把课堂当作学员旅游的码头了，不过偏又遇到王总监这样真正来学习的人。耍猴的遇上了算命的，就是麻烦。形式就形式呗，干吗要那实质？

形式与实质统一，又是老生常谈了。应该设计一个机制，让管理人员始终明白当前要解决的管理问题是什么，让管理者真正负起管理责任来。否则，仍然会在培训效果好不好、管理落不落地上反复讨论。当然这有一个前提，那就是不能叶公好龙。

管理重思

在组织行为的逻辑中，一个最重要的常识就是，组织不是乌合之众。组织应该有目标、结构、规则、协同以及能够高效地实现某种价值即功能，而乌合之众只是一盘散沙，没有目标、结构、规则、协同或不能高效地实现某种价值即功能。从乌合之众到组织，不可能自动自发地完成，需要在一种叫"管理"的工作的推动下完成。基于此，有关组织行为的逻辑，又有很多有趣的常识。

（1）冰山。你所看到的任何组织行为都是冰山的一角，在冰山下面还有更为庞杂的深层次内容。俗话说，当你发现一只蟑螂时，下水道里必然会有一群蟑螂在游泳。在你巡视车间时，发现一例次品冒充正品，背后出现漏洞的必然不只是品检，还会有物流、分销甚至生产管理等显性操作层面及制度管理方面的问题，还有员工士气、管理者的管理风格等隐性的文化方面的问题，进而你可以推测出有一种叫官僚主义、腐败风气的东西已经或正在形成。有些人会认为你在小题大做，而你应该知道看到的永远只是冰山一角。

（2）群体思维。一个人单独时未必会干坏事，一群人在一起时可能会干非常坏的事。同样地，一个人单独时未必会干好事，一群人在一起时可能会干非常好的事。在群体中，思维往往会变得更单一或更混乱，行为会更夸大或更缩小。群体是个体行为的放大器。我们用好群体放大器这个特点，组织会形成一种积极向上甚至勇往直前的风格。我们用不好，破坏组织的力量也会被成倍地放大。这是从如何管理的角度来讨论的，反过来，从群体的风格也可以倒推出来管理者的水平。当一个企业官僚主义成风，假大空成风，可以倒推出来，这个企业的领导可能就有官僚主义的爱好。他的一个小小的缺点，会在组织中以几何级数被放大。

（3）冲突。组织冲突是必然的。没有冲突，这个企业必然不会持久。冲突太多，这个企业也必然不会持久。关键是冲突也要有个度。企业像一台机器，不同部件讲究的是相互啮合。在齿轮啮合齿轮、轮齿碰轮齿的过程中，发生碰撞有点声响是正常的，譬如会计与出纳、品控与生产等一些不相容岗位，在设计时就要求他们之间起到相互牵制的作用。牵制就可能意味着冲突，这种冲突只要在度的范围内，都是属于良性的。

难点在于度的把握。以职能部门与业务部门，也就是常说的后台与前台之间的关系为例，后台给前台提供管理制度等支撑，前台按后台的要求去创造效益。后台如果过于"积极"，会对前台事无巨细；如果过于"懈怠"，会对前台官僚主义。这种度的把握就有一定难度。此外，还有从众、群体规范等群体行为规律。

6. 不会沟通是企业管理中的难题

阅读思考

1. 为什么制度执行难？
2. 如何建立与管理者的沟通平台？
3. 你认为组织沟通难的根源是什么？

管理随笔

1

企业制度之所以没有执行力，有多方面原因，我主要是从实操角度进行研究的。一个不容忽视的事实是，反复沟通非常重要。

领导首先要阅读制度

其实，许多企业都有很多制度，特别是国有企业，制度更为完备。那么其制度执行难的问题出在哪里？就在于沟通。沟通问题中最为关键也是最为麻烦的一点是，许多企业往往不是制度有什么问题，而是管理层根本不阅读制度。不阅读制度，还谈不上不按制度执行，只是制度形同虚设之类的问题。换句话说，领导从来没认真研究过自己的"三令五申"。这就使问题变得非常麻烦。沟通就要先让领导阅读制度，这一令人觉得可笑的简单逻辑，在企业中却是一个普遍被忽略的问题。

不阅读制度，表现在三个方面。一是在制度制定时不看，由笔杆子们整理写作。制度制定时的出发点非常美好——要打造一个制度化运行的公司，但是眼高手低，懒得拿起笔来撰写制度，甚至懒得打开电脑认真看一看笔杆子们写的文字。二是制度应用时不看。总觉得该说的话都说了，该骂的人也骂了，最后就与我无关了。在说和骂时，用的都是一些非管理语言。一般在台上讲话时，他们会这样说，"我们一定要将制度做实，要做成人人都遵守的根本性大法"，"有了制度不执行，只是员工素质低的表现"。在台下与我们交流时，他们会这样讲，"管理有科学性也有艺术性，人治要和法治结合起来"，"制度建设既要反映历史，又要有先进性，要体现时代特色"。每当听着这些根本未看过制度一眼的人说的话时，我都感到奇怪，怎么会有这样的"不看法律不学法律的法官"呢？三是制度完善后不看。制度应该是例外工作例行化、例行工作制度化的过程，这中间需要对灵活的细则不断修订，使之最终成为可称为相对稳定的"制度"的东西。可是事实上，许多人要么不管制度，要么朝令夕改，使之形同儿戏，更谈不上科学地完善制度。这样一来，制度就成了约束别人却与自己无关的东西。

回到沟通的问题。我认为沟通中最重要的还是要建立一个平台或机制，能达到一个初级标准，即让管理者先看管理制度，随后再谈如何将管理者、管理经验与智慧融合到制度之中。

建立与管理者的沟通平台

如何建立沟通平台呢？这也是一个令人困惑的问题。很多时候，我们缺的不是理念，而是捅破从理念到实际那一层窗户纸的行动。沟通平台如何建立，让一些讲理论的人讲起来，可能从沟通战略、沟通体制、沟通风格一直讲到沟通时的肢体语言，最后会把听的人全讲糊涂。

如何建设沟通平台，让管理者能够静下心读那些类似法律条文的枯燥制度文字，的确没有什么好招。我在企业里做制度管理咨询时，曾做过一些尝试。这里举一个小例子。

我在咨询开始之前，就提出一个基本要求，就是每个管理者都要认真地看一遍制度，提出真实的意见。意见用管理语言描述，不可使用哲学的、政治的、艺术的语言。怎样才算认真地看，或者说我怎么知道他们是否认真地看了？我让他们参与到整个制度管理咨询过程中，在过程中发表真实意见。意见主要有三个方面。一是在讨论制度框架和大纲构思时，提出具体的书面意见。你认为制度应该编写什么，怎么编写？我总结出了制度模型，要求所有人沿着模型一点点谈意见。对于那些不能提出具体意见的人，我拒绝下一阶段邀请他再加入讨论。二是在进行制度条款表达的讨论时，提出具体意见。表达最为重要。你认为制度是否体现你的意思？哪一条、哪一款没有体现？你认为应该如何改？对此，我运用了一系列工具，让每个人直接在表格上填空，而没有看过制度条文是填不出来的。三是在制度交叉讨论中提出意见。某制度是否与其他制度有交叉冲突？如果有，是哪一条，必须明确提出来。

这是一个最笨的办法，就像是教小学生做作业。

刚开始时，有人认为咨询顾问不了解企业。我的解决思路是，谁了解企业谁参与到制度编写中。当然，对于参与的人，我要考试并采取淘汰制，不合要求就退出。对于提出的意见，我更希望具体到哪个制度的哪个章节、哪个条款不合适，并落实到制度编写中。对于那种定性太多的意见，我会邀请提意见的人到制度编写论坛中来演讲，详细表达自己的观点，并接受企业内部编写人员的提问。从制度框架、大纲到条文的最终确定，我让所有自以为对企业最为了解的人参加讨论，并签字确认，签字后就要对结果负责。到最后，反对者提建议时必须具体到某一条、某一行。事实上，我发现一个有趣的现象，真正在制度建设上能够提出建设性意见的，不是那些在企业生活了几十年的人，反倒是那些工作了8年左右的人。工作年头少了不行，不了解企业；年头多了也不行，提不出什么东西。为什么呢？难道真是时间的灰尘尘封了激动的心跳？这可以当作一个专门的话题来探讨。

当然，这样的制度咨询或制度编写有很大的挑战性，意味着主持人必须对企业运作流程有整体把握。事实上，在制度编写的这三四个月里，许多人对自己企业的思考，比别人一生都多。

2

我在为企业讲课时，曾经用过一幅图，据说是在哈佛大学流行过的一幅画，用来说明历史对人们现在行为的影响。

为了达到碰撞效果，在看这幅图前，我在课堂上做了一番"误导"。

我说："接下来，我们来看一幅图，你要相信你眼睛所看到的，但是你的同伴看到的可能与你不一样，也可能是故意回答得与你不一样。你要做的工作，就是清晰地描绘出你眼中所见到的，并且在最短时间内说服你的同伴接受你的观点。"

在看完这幅图之后，我让看到老太婆和看到少女的学员分别举了手，并请自以为沟通水平较高的两名学员作为代表进行沟通。由于有前面的"误导"，两个学员争吵起来。一个人告诉另一个，那是老太婆，并列举了若干个关键点来证明；另一个却坚持说那是少女，也列举了若干个关键点。为了在最短的时间内说服对方，两个人的情绪甚至有点激动。

实际上，那幅图既是老太婆又是少女，从不同角度看会得出不同的结论。

讲课中引用那幅图，其实是想引申一个道理，即沟通不畅的原因，很多时候在于，对同一幅图，当一个人认为是老太婆时，另一个人却固执地认为是少女。

在工作和生活中，这种现象并不少见。由于思维方式的不同，基于同样的事物可能会有不同的结论，而在证实各自的结论时，沟通就可能会不畅。很多时候沟通不畅往往并不是因为个人之间本来就有什么恩怨，更多是因为双方的思维、价值观、行为方式不同。但当出现太多的沟通不畅时，组织当中就有可能形成个人恩怨。

如果能够冷静下来，换个角度来思考问题，结果可能会完全不一样。游戏中，人们容易转换思维，在别人的启发下，会发出"噢"的一声来表示"原来是这样"。可是在工作和生活中，我们可能会固执地坚持我们的观点。

我们常常犯这样的错误。我们固执地用自己的逻辑不断演绎推理，以证明自己的观点；我们总是强调自己部门的重要性、自己岗位的重要性、自己工作的重要性，总是用自己的逻辑讲述自己的故事。

可是在我们的逻辑中却常常没有别人，更为可怕的是，没有我们的客户。

我告诉学员们："在工作中，当你坚持是'老太婆'而对方坚持是'少女'时，可能就需要我们转换一下思维，站在对方的角度去思考一下。"

我们再来看一下组织沟通中常见的问题。

组织沟通，是指组织中不同角色之间的沟通。人在社会中要扮演不同的角色。不同角色之间的交错，使我们的人生更加丰富。譬如，由于是棋友，经常在一起切磋棋艺，恰好又是同事的时候，共事相对要容易一些；去找一个客户，恰好客户也和我们一样喜欢打桥牌，业务相对也好谈些。这也是我们常说的，一个人越能拓宽关系网，工作开展起来就越顺利。

可是事情往往有另一面。由于角色不一，本来简单的事情也可能变得复杂。譬如，两个人曾是麻友，一个人提拔了，成了另一个人的上司，原来的关系就有所变化了。当官的可能会认为，另一个怎么一点规矩都不懂？到了单位就应该注意双方身份。另一个可能会认为，对方一当官就变了。这实际上是两个人基于不同角色的认识不同，进而导致的沟通问题。

角色过于复杂是组织沟通中常见的问题。有些民营企业，老板本人是总经理，他的妻子是财务。别人来找财务办事，作为老板妻子的财务一句正常的批评或抱怨，都会造成更大的批评放大效应。为什么呢？因为别人首先看重的是她作为老板妻子的角色，而不是财务角色。角色越复杂，人们沟通起来越容易理解错位，沟通也就越困难。

在组织当中，所有人的角色应该只是组织所赋予的角色。组织任命你为总经理，你的角色就是总经理，而不是某个下属父亲的同学。只有基于这样的理解，整个组织沟通才能顺畅。有些家族企业将董事会开成了家庭聚会，在企业规模小的时候尚能应对，一旦企业规模大了，必然出问题。

3

近期我参加了好几个企业的会议。这些企业都是相对民主的公司，这些会议也都是相对民主的会议。可是，我发现开会的时候，与会者谈着谈着就不知谈到什么地方去了，有销售经理讲市场中故事的，也有人力资源抱怨招聘难的。总之，谈着谈着就把会议当成朋友聊天了。

与一位经理谈考核指标，会议安排的是一项一项地谈。先谈该指标客观数据，如销售收入，再谈本季度的工作计划完成情况，再谈下一季度的工作计划。这位经理一上来就说："老总，我把我的情况汇报一下。"说完之后，没想到他又说："这次这几个指标完成的整体情况还是不错的，还有一些问题，譬如上次山东那个客户，老总你也去过，马上要谈下来，可还是没有定下来。"老总急切地问："怎么回事？"话题就自然变了，以至于变到了山东人的酒量，有的能喝有的不能喝，等等，离题万里了。到最后，老总还是总结了一下，并提出了"明确"的要求："你们还是得抓紧，否则没有市场就完了。"就这样，本来要谈考核呢，最后歪到了别的事情上。

无独有偶，有次我还是到这个企业去，正好又碰上他们开会，这次谈的是市场问题。本来安排的是谈市场渠道的事情，可这位经理发言时，谈着谈着就由经销商激励的问题谈到了员工激励的问题上了。他不客气地指出："人力资源这方面做了大量工作，但是营销人员的激励还是要切合企业实际，关键是切合业务特点。"这样的发言，立即得到很多人的附和。

这种会议在公司小的时候还可以理解，反正就是那几个人、那么点事，谈着谈着成了头脑风暴会议也没有关系，不至于影响大局。但当公司规模逐步扩大的时候，还按这种方式开会，必然会形成一种语言上的"巧妙推诿"。本来问题出在甲身上，结果谈着谈着变成了对乙的批判会，这时会说的就比不会说的要有优势。这种巧妙推诿是隐性的，是不知不觉的，转折得没有痕迹，并且所有人似乎都不是有意的，结果却是该解决的事情没有解决。议而不决往往就是这个原因。

这位老总向我抱怨员工执行力差，苦笑着说："强调了好多次的事情，结果还是执行不了。"那位销售经理也跟着附和："我们的管理能力跟不上老总的思维，还得加把劲努力啊。"老总笑而不语，散发出很有优越感的气场。

我开玩笑地讲："用谈恋爱的口吻谈工作，当然不会有什么好的结果。"

工作就是工作，会议就是会议。我经常强调要用管理语言而不是艺术语言描述管理问题。管理语言讲求的是基于事实的量化管理。基于事实，就是要针对某一特定事件发表自己的看法，量化是要用量化的语言或类似量化的处理方式来反映问题。譬如，我今年完成的任务是多少，是否完成了指标，完成了多少，原因是什么，行动计划是什么样，等等。

人的语言表达，常常基于两种逻辑。第一种是事实逻辑，就像几何论证一样，因为所以，也就是人们常说的"一是一，二是二"，干干脆脆。理工科背景的人，常常会这样。持这种逻辑的人，往往思维缜密，但也会显得呆板，有时会出力不讨好。第二种是情感逻辑，也就是沿着人的情绪意识流，让你的情感沿着他的思维流动。譬如，知道你关心什么，所以在谈论事情的时候慢慢往你关心的方向上转，转着转着就转到另外一件事情上了。情侣在一起说情话，看似热火朝天，但说了些什么呢？事后可能未必能整理出来，但里面的确传达了情感。事实逻辑往往真实，情感逻辑往往感人。

公司的事情本来就是相互交织、一环套一环的，一件事本身可能就连着另一件事，很难说哪种逻辑好或坏，但作为管理者却要小心防范下属情感逻辑的泛滥。过分讲究事实逻辑的人，往往会令人讨厌。譬如，公司现在明明处于危机之中，老板为了激励士气，可能会来一番慷慨陈词。这时如果一哥儿们，摆事实、讲道理，硬是要给你证明公司的状况不是老板所说的那样，老板可能会气得把胡子吹掉。如果老板想趁机悄无声息地把话题变一下，他却还丁是丁、卯是卯地抓住不放，老板可能连开除他的心都有了。如果是一位讲求情感逻辑的人，看着老板脸上表情的变化，不露声色地把话题转向老板喜欢的方向，可能会让老板"龙颜大悦"。但是作为管理者，老板还得小心情感逻辑的泛滥。如果管理者的感性悄无声息地战胜理性，错误决策的种子会就此埋下。

再回到开会上。开会时，会议主持要防止气氛过于呆板、不够热烈，更要防止热烈过度，情感逻辑压倒事实逻辑。多尊重事实逻辑还是要好些。

开会时要把握三个基本要点。一是会议要有议题。不论是事实逻辑还是情感逻辑，都要以议题为中心，不能偏得太远，偏了就要拉回来。据我观察，六成喜欢跑题的人实际上是在巧妙逃避责任。二是会议要有结果。结果就是要尽可能基于事实的量化语言描述，做什么、谁来做、做到什么样的程度。结果可以是问题的答案，也可以是"暂时休庭，择日宣判"，但得有结果。三是会后得有检查。会后要有人跟踪，有人统计。这实际上是要求建立起一套会议报告体系。

4

企业中三种常见的沟通障碍。

文化不同导致沟通的内生障碍

许多时候，人们可能并不清楚文化到底如何定义，但是却可以清楚地感知彼此之间文化的不同。

相较"愿景、目标、价值观"之类，我更喜欢简单地用"世界观"这个词语来说明文化的不同。什么是世界观？"人们对世界的看法。"出发点不同，看的方法不同，看的结果自然就不同。

有些人的出发点是个人利益最大化，而有些人的出发点则是组织利益最大化，两种人在一起沟通时就会有很大的问题。在《铁齿铜牙纪晓岚》中有这样一个情节：和珅的儿子偏偏看上了纪晓岚的养女，而且单相思得死去活来。为了儿子，和珅不得不去求纪晓岚。和珅对纪晓岚讲，你我都是皇上的左膀右臂，如果咱们两个联姻，那不是权倾朝野，享不了的荣华富贵吗？纪晓岚的意思是，要什么荣华富贵，能为黎民谋福利，两袖清风自由自在多好啊！确切地说，这次谈话推心置腹，但却充满矛盾冲突。和珅根本理解不了纪晓岚，纪晓岚也根本理解不了和珅，最终不欢而散。究其原因，就是两个人的世界观不同。

世界观不同，同样的事情在不同人眼中的结果就不相同。譬如，马上要投标了，晚上不得不加班。一个人可能想，明明下班了，还让我免费加班，这家企业就是不规范；另一个人可能想，必须在今晚把该准备的都准备好，争取明天投标成功。结果，两个人在一起干活，一个人有一下没一下的，偶尔还发点牢骚；另一个人呢，还是乐观、努力地在做事。结果不用说，两个人做出的效果自然不一样。

由于世界观不同，不同职业与部门表现出来的文化也不同。一般说来，市场部门的员工要粗放些，而财务部门的员工要精细些，质检部门的员工则爱挑剔些……文化的不同导致个人与个人之间、部门与部门之间的沟通可能会有冲突。冲突是自然的，这就需要进行文化管理，使不同人之间、不同部门之间的文化既保持多样性又具有统一性。

命令传导机制欠缺导致的信息扭曲

组织沟通中最为常见的正式沟通就是上级与下级之间的沟通。

沟通的内容不外乎四个方面：工作任务的布置、工作过程的辅导、工作结果的检查和工作情况的反思。沟通的方式多种多样，最常见的是正式会议、书面文件、正式谈话等几种类型。

会议是企业里最为常见的沟通方式，可是很多企业不会开会。在中国，不会开会主要有以下几种表现方式。

一是会议成了"中国式恋爱"。本来讨论工作的事宜，开着开着就开成了含蓄或非含蓄表达情感的会议。一个人发言表明了自己的观点，其他人以不同的方式表达自己"同意""支持"的情感。所用的语言不够量化，甚至会议记录员也无法记录。开完会之后是否能够落实，根本不知道。一般来说，企业规模越大，会议的形式成分越多，实质内容就会越少。

二是会议成了"中国式结婚"。我曾经参加过一个大型集团的战略讨论会，与会代表均为企业高层。会议开了两三天，到最终要形成结果时，会议责成分管战略部的某副总来写。这位副总又责成未参加会议的战略发展部经理来写，而战略发展部经理又将任务分配给了一位战略专员，两三天会议的精神用了三分钟来传达。结果，这位战略专员写的东西竟然在会议上一致通过。

就像中国式结婚往往不是由结婚双方决定的一样，企业里很多会议的决议案往往不是由与会讨论者来形成的。如果笔杆子就能完成那些工作，还要开会做什么呢？

三是会议成了"中国式离婚"。中国式离婚常常会莫名其妙地吵架。譬如，明明是讨论某几个岗位加班费的问题，但可能扯着扯着就到了"和谐不和谐"的问题上了。这时，谁要是不小心用错了一个词，就可能导致整个会议主题的转化。有时，会议开了好几天，却不知道主题是什么。可能每个局部都是符合逻辑的，但是整体上却跑了题。

会议沟通尚且如此，其他的沟通方式效率更是不尽如人意了。文件传达时，政治语言多于管理语言，读与不读一个样；上下级之间的正式沟通，可能只出现在初次接触时，一旦熟悉了，要么就是除了批评训话从不沟通，要么就是根本分不清是朋友谈话还是工作探讨。

在主要沟通方式出现问题时，上下级之间的信息传递必然发生扭曲。布置工作任务时，内容不明确，传播方式又不规范，本身就为工作任务完不成留下了空间；辅导工作过程时，领导讲些传达情感的话，下属再来点真真假假的反应，辅导往往也就成了形式；汇报工作时，可以用量化的语言也可以用非量化的语言，可以强调结果也可以强调过程，强调自身利益规避风险的汇报方式又使最终考核与反馈形同虚设，或者与工作本身关联度不大而与人事关系关联度足够大。

有足够多的培训课程在讲如何进行沟通，但是企业还是未能形成有序化的组织沟通。如何使组织中的沟通真正形成正式信息的有效率的传导，真的是该思考的问题。

横向责任不清导致的正式沟通受阻

除了上下级之间的纵向沟通，同级之间的横向沟通也有自己的特色。部门与部门之间、岗位与岗位之间、分管领导与分管领导之间的沟通，主要存在的问题是"脑袋随着屁股转"，本位思想严重，主动沟通较少。

本位思想是非常正常的现象，自古以来就存在。然而，本位思想过于严重，却会带来非常不利的后果，不能产生协同效应。我们在企业中经常看到，营销部门强调市场的需求，对生产部门反应过慢表示不满；研发部门强调技术含量，对营销部门随口承诺客户表示不满；生产部门强调成本，对营销部门的价格变化表示不满；等等。同一部门里，也经常出现关于责任归属的争吵。各个部门及岗位只关心自己的利益，而忽视了整个组织利益的最大化。

在责任划分不清晰的情况下，就会出现相互推诿及扯皮的现象。在履行责任的时候，自己能不做的就不做，能推给别人的就推给别人。一旦出了问题，又会相互扯皮。

一种理想的状况是，责任划分非常清楚，并且各个部门之间又能够主动沟通，创造性地解决问题。然而，这种理想状况却难以达到。

为了解决横向沟通问题，企业文化建设时，更多的是希望建立起学习型组织，打破层级、部门、岗位之间的界限。这方面的探索非常好，也有很多企业取得了良好的效果，但是大部分企业却发现问题仍然存在。原因就在于，很多企业特别是一些中小企业并非组织僵化，反而是过于灵活或者根本没有形成组织。这些企业基本上还处于人治阶段，组织机构体系形同虚设，责任体系尚未建立，考核分配体系也是由个别人说了算。在这样的情况下，若未把握学习型组织的精华，则哪怕建立了学习型组织，也无法解决横向沟通的问题。

人力资源管理对此的探索思路非常明确，就是界定各个环节的责任，进行岗位分析，制作岗位说明书，并以此作为考核和薪酬的依据。这样的说法非常受企业欢迎。"责任写到纸上"貌似一切就清楚了，可是同样存在问题。大部分人力资源管理者及咨询顾问所做的岗位说明书，我认为可以叫"见光死"。这些岗位说明书在岗位职责一栏中，更多强调的是责任而非具体的工作细节，通常是几行字，读完之后就很少有人再读第二遍。但如果进行具体工作细节的描述，则做出的岗位说明书又会显得主次不分，过于烦琐。

横向沟通的问题远比纵向沟通要困难得多，解决的方法从理论上来说是多管齐下，从岗位及流程、企业文化等多个方面进行，但是理论上所谓的"多管"，若不能付诸实践，必然也只是说说而已。

全方位解决沟通问题存在难度，也没有什么灵丹妙药能包治百病。我认为，在企业建立起围绕战略措施所形成的目标分解及项目化工作计划体系，用实际可操作的沟通工具，将沟通聚焦到战略责任上，有助于解决该问题。其中，实际可操作的沟通工具，就是要将沟通过程规则化、沟通语言标准化、沟通行为规范化，最终达到沟通有序化。这样，借助这一有序的沟通体系，人力资源管理手段及企业文化等其他理论才有可能发挥作用。

管理重思

组织不同于乌合之众，其中原因之一就是组织有一定的结构。石墨与金刚石都是由碳元素组成的，两者之所以性能不同就是因为结构不同，石墨是六边形的层状结构，表现出来的性能是"很软"，如铅笔芯；金刚石是正四面体结构，表现出来的性能是很硬，如金刚钻头。同样地，组织也会因不同的结构表现出不同的"性能"，有的是虽然名叫组织，可是很"软"，怎么看都是乌合之众。

组织结构实际上并不是西方管理学才有的词。中国人常说的"排兵布阵"，是将人员按一定的规则进行排列组合，"排兵布阵"出来的那个"阵"，实际上就是一种"组织结构"。如果养兵练兵时按建制进行，如某军、某连、某团等，打仗时从不同建制中抽调出若干人归某一人指挥，按阵前、阵中、阵后的排列，那被抽调的人归双重领导，就类似于项目制的组织结构。

排兵布阵不是为了好看，而是为了能打胜仗。企业组织设计的目的不是为了好看，而是为了实现战略目标，实现战略目标就是为了打胜仗。这一句话应该是常识，但常常被人们所忽视。实践中，常常看到一个部门只有一个人或两个人，甚至有些部门设置了但实际上却没有人。出现这种现象可能受多种因素影响，但本质上忽视了"打胜仗"这个常识。

既然组织结构相当于排兵布阵的"阵"，那么总会有一些常见的"阵"。兵法总结了军队中常见的"阵"，管理学总结了公司中常见的"阵"。我们常说的组织结构类型，如直线制、职能制、直线职能制、项目制、事业部制、战略事业部制等，都是根据实践总结出来的组合形式。如同石墨是碳元素"层状"形式、金刚石是碳元素"正四面体"形式一样，人们试图找到"结构与性能"的规律。如一个人管理几个人的效率最高，叫最佳管理幅度，相应地就有最佳层级。找这种规律，还是为了更好地打仗。这个常识不能丢掉。

沿着打仗的常识，组织结构就又有些衍生出来的常识：战略决定组织，组织服从战略。意思是，你有什么样的战略，就决定了你有什么样的组织结构，你的组织结构得服从你的战略安排。你决定在全国做个火锅连锁店，走特许经营赚加盟费的路子，那么这种战略就决定了你得加大招商营销队伍的建设；你走的是控制供应商加集中配送赚供应端利润的路子，那么这种战略决定了你得加大信息系统或数字经营队伍的建设，至于这些队伍叫什么部门或事业部或中心并不是实质问题。实质问题是你得围绕着你的战略目标去布局。"战略决定组织，组织服从战略"翻译成大白话就是"打什么仗，布什么阵"，"阵"是由"仗"所决定的。

一个为战略服务的组织结构，至少应该表现出三个特点。

（1）分工合理。分工出来的是责任，也就是我们常说的岗位责任。高层有高层的责任，中层有中层的责任，基层有基层的责任。

（2）流程有效。流程是将岗位连接起来，使之共同完成某项工作。生产有流程，才能达到协同；管理也得有流程，才能有条不紊。

（3）上下统一。上下统一也可以说成命令链统一，也就是一级一级的指令可以有效地传递下去，不打折扣。

这三个特点构成三个维度，既相互独立又彼此联系。分工，是战略目标的层层的纵向分解；流程，是责任的横向连接；命令链是横向与纵向上的人的连接。

组织如果不是为战略服务的，那么就容易滋生很多问题，其中之一就是无序沟通。从沟通角度，我们会发现很多所谓的沟通的问题可能未必是沟通的问题，而是组织结构本身就不是自己口中的组织结构。譬如，有些企业命令链系统不是层级的，而是大家都围着领导转，是一种轮式结构。因为有了这个轮式结构，分工、流程都相应发生改变。这时，如果单纯就沟通问题来解决沟通问题，自然就是头痛医头、脚痛医脚了。

7. 团队精神也有困惑

阅读思考

1. 从个人角度讲，职场发展与团队合作如何统一？
2. 从团队角度讲，职场发展与团队合作如何统一？

管理随笔

1

职场上的事情往往说起来容易，做起来很难。譬如说团队精神，每个人都自称认同，但遇到挫折的时候，是归咎于自己缺乏团队精神还是缺乏职场技巧，往往一时难以抉择。

领导安排你和某同事一起撰写一个报告。你的同事能力非常有限，思路也不清楚，虽然认真，但就是写不出来。他很谦虚地征求你的意见，你在这方面很专业，也积累了有很多资料，你做出了草稿交给他，他变换了一下版式，然后成稿了。后来领导来了，你同事捷足先登向领导汇报，汇报时也没说哪些是你做的，哪些是他做的。结果领导很满意，就表扬了他。

一次这样，两次这样，时间长了还是这样，几乎活都是你干的，但总是由他提交上去。如果恰好遇到这哥们儿口才好，你口才又差，结果自然是你吃亏了。你可能会自我安慰说，"路遥知马力"，也可能会说，"组织不会让老实人吃亏"。但是人生苦短，路并不遥，马力也不是那么好显示出来的。倒是那位同事平步青云，升职、加薪，很快就不与你在一个层面上了，你再谈老实人不吃亏，不是自我安慰吗？假定这位同事还非常"谦虚"，称一切都不是有意的，你还能说什么？说多了，会显得你这个人小肚鸡肠，斤斤计较。

我们总指望领导有双火眼金睛，但结果常常是领导根本不瞅你们这点小事一眼，他们太忙了。

团队是一群人在共同工作，团队精神也是我们提倡的，我们也承认个人利益要服从团队利益。现在的问题是，你以团队为主了，得到回报的却是别人，怎么办？这是一个很有趣的问题，就是在团队利益最大化的前提下，如何获得个人利益最大化。

这个问题并没有标准答案。从组织角度来说，当然会一味地强调团队利益最大化。譬如，在裁员时常常强调要服从大局，可是个体如果真以大局为重退出了，会因此损失自身利益。从个体角度来说，当然希望个人利益最大化，我所在团队受到嘉奖，但我却被辞退了，那团队好坏，又与我有多大关联？

这是职场发展与团队合作如何统一的问题。就个人而言，唯有不断提高自己的职业化水平。理论一点讲，就是学会在团队利益最大化时，个人利益也能最大化，最起码不最小化；庸俗一点讲，虽然以团队利益为先，但是我付出的，就要由我得到回报，而不能是你。这才是职场技巧。事实上，这也符合市场化规律——付出与贡献相匹配。对一个公司来说也是这样。内部管理越符合市场规律，这个公司管理得也会越好，反之亦然。可问题又来了，对组织而言，如何做到符合市场规律呢？这个话题就太大了。

2

奥运会上谈得最多的是金牌，而金牌背后则是团队。奥运会后，领导会说成功是团队共同努力的结果。运动员获奖感言，也更多讲的是团队。没有团队，一切无从谈起。

团队不同于我们过去常说的工作群体。一群人在一起可构成一个群体，但并不一定是一个团队。企业里不同岗位形成班组，不同班组形成车间，进而形成不同层面上的工作群体，但不一定必然成为工作团队。

团队的精髓在于共同承诺。共同承诺又表现为共同的愿景、共同的目标和共同的价值观。

共同承诺在愿景、目标、价值观方面的表现

缺乏共同的愿景，团队不可能有共同的潜在动力。愿景是人们心中对某事的图画。同样的事情，有人看到的是金钱、洋房、豪车、美女，有人看到的是光宗耀祖，有人看到的是成就带来的美名；有些团队真正在关注顾客的需求，有些团队只关心顾客的钱包；有些团队谋求事业更大的发展，有些团队可能只想"赚点钱，玩玩"。这些都无可厚非，也无所谓对与错，但是得有共同的交集，而且交集越大越好。交集越大，团队稳定的时间就会越长。团队散的时候，往往都散在愿景没有形成交集的部分，而不是交集的部分。

缺乏共同的目标，团队就会四分五裂、各自为政。

缺乏共同的价值观，会发现"秀才遇到兵"，成员之间的碰撞很多，且都是鸡毛蒜皮的碰撞。价值观是一个潜在得不能再潜在的东西，隐藏得很深，一般很难清晰地表述，但常常会影响人们的交往。简单地说，价值观就是是非对错的标准，共同的价值观就是团队共同坚持的是非对错标准。团队之所以常常陷于琐事之争，很多是因为我们对琐事的是非对错标准不统一。

工作群体本质上更注重个人目标和责任，成员不愿为超出自己义务范围的结果负责，也不愿尝试因为多名成员共同工作而带来的增值效应。各个岗位立足本职岗位思考问题，并不必然具有共同的愿景、共同的目标、共同的价值观。这就是群体与团队的区别。

共同承诺在团队建设方面的表现

共同承诺又体现在团队以及团队成员的选择、团队管理等方面。

在新的市场环境下，团队建设越来越重要。企业里许多工作需要岗位与岗位之间、部门与部门之间、人与人之间甚至企业与企业之间的通力合作。

在以客户价值为导向的今天，企业里的每一项工作都是整个公司为客户提供的产品或服务过程中的一个环节。客户需求的差异化、个性化及易变性，要求团队成员之间能够理念统一、凝心聚力、及时应变。这时，对团队成员的选择与管理便显得尤其重要。

柳传志所讲的"建班子、带队伍、定战略"，实际也强调了对团队成员选择的重要性。选人比选事更重要。没有合适的人，再合适的事情都不会做成。

选择团队成员，我们最常听到的是"人品第一位"。

企业里人们常说的"人品"，实际上强调的是共同的愿景、共同的目标，尤其是共同的价值观。表面上人们谈论人品的时候，是孤立地谈论人的品德，实际上都是按照团队的标准来谈论的。

人品好的人特别多，但人品好的人不一定适合在一起组成团队。秀才的人品也好，兵的人品也好，但理还是讲不清。你想的是如何尽快把事情做完，他想的是凭什么要他来加班；你想的是按时给客户一个好的结果，他强调的是自己每天是否按时上班，认为按时上班了，就应该有奖金。你与他讨论的是事情，力图逐步厘清来龙去脉，目的是找到对的方法；他与你讨论的是"辩论"，目的在于证明你的错误，虽然你错了并不必然意味着他就对了，但他认为用势头压过你就意味着胜利。他就是这样理解组织内竞争的逻辑的，而并不奇怪的是，很多组织认同这种逻辑。你觉得与他谈论纯粹是浪费时间，他觉得你根本辩不过他。你想的是结果，他想的是过程；你想的是效率，他想的是"当了和尚撞了钟"。人品可能都好，也可能没有谁对谁错，但你会感到别扭。

团队建设更多属于柔性管理的范畴，很难用制度管理或公式化管理进行刚性规定。我们常常发现，同样的制度，在不同车间或班组应用效果却截然不同。一个班组团结互助、齐心协力，另一个班组却可能相互拆台、以自我为中心。应用效果不同的原因，你只能用心去感受、去分析。

一个团队选择合适的人非常重要，一个人选择合适的团队也非常重要。如果团队成员的愿景、目标、价值观是基本一致的，再大的团队困难都能克服。如果愿景、目标和价值观之间缺乏统一，而且统一的难度太大，那就看你的精力和能力了。如果缺乏精力和能力，重新选择不失为一个好的选择。

> 管理重思

　　团队建设的前提是团队中的角色。一个人的角色再多，在公司中的首要角色就是员工。如果连这一点都无法承认，那么一切所谓的团队建设都是技术上的。我们常说用心工作，其实用心工作就是承认自己在团队中的角色。从这个意义上讲，团队管理就是让团队成员回归到团队角色的管理。这一点又变得很难。因为人心难管。

　　沿着角色这个思路，再继续聊聊组织。现在很多人都在谈论组织及组织结构，可是忽视了一个非常重要的前提，组织是人构成的，而人是活的，如果人不能起到组织设计中应起的作用，那么谈组织的意义就必然大打折扣。这话听起来有些绕，还是拿石墨与金刚石为例，谈论两者性能与结构的前提是，两者都是由碳元素构成。碳元素是固定的或稳定的，可是在我们谈论组织时，谁又能保证构成组织的基本要素是固定或稳定的"人"呢？

　　组织的前提是角色。组织由一个个岗位构成，每个岗位上的人扮演相应的角色。碳元素必须是碳元素，才能谈起按什么样的结构成了金刚石，按什么样的结构成了石墨。如果碳元素不是碳元素，或者名为碳元素，实际上不是碳元素，谈结构又有什么意义？在谈论组织时，我们常常忽视的就是身为总经理却不是总经理、身为总监却不是总监这种常识性问题。碳元素都不是碳元素，谈什么都没有用。

　　角色的核心是责任。人在社会中可以有不同的角色。在组织中，你的角色首先是履行这个岗位责任的人，如保安，履行的是保卫安全的责任，然后才是其他意义上的人，如总经理的弟弟、部门经理的妹夫等角色。我们常谈职业化，从常识角度，职业化的概念非常简单，就是"干什么像什么，干什么是什么"，干的是人力资源总监的岗，那么就要像人力资源总监，就应该是人力资源总监。履行了这个岗位赋予的责任，就像了、是了。

　　人总会有多种角色，组织中也会有多种非正式组织。这样，干什么像什么这一常识在实际执行时却非常难。在一个正式组织中，必然会形成一些隐性或显性的非正式组织，如来自同一个学校形成的校友圈，来自同一地方形成的老乡圈，有共同掼蛋爱好的牌友圈等。人是活的，设计出来的组织结构是死的，最终结果是组织结构也会变成活的，譬如从组织设计角度，副总经理分管着部门经理，部门经理分管着某个员工，这个员工是董事长的近亲挚友，结果可能在某些企业中出现一些极端的情况，这个员工虽然只是普通员工，却俨然像董事长一样威严。

管理学不同于一般学科，就在于它承认现实的模糊性，从来不去抱怨，或者说它就要研究组织行为的模糊性，也就是研究乌合之众到组织的变化规律。其中针对角色混乱问题，它的解决之道是"管理责任上下嵌套"，即管理者要负起管理的责任。如果角色混乱的根源在高层，那高层自己解决。如果高层不愿意解决，股东可以用脚投票，这是公司治理层面的事情，即股东与经理人之间的激励约束问题。如果高层不是不愿意，而是没有能力，那么采取提高领导力或者换人等措施。如果不在高层，譬如在中层或基层，那么上一级有责任发现下一级的问题，如分管副总的管理责任之一就是发现下级角色混乱的问题，并采取提高中层的能力或换人等措施。如果分管副总不作为，总经理就有管理责任，以此类推。总之，用管理手段解决管理问题是管理者要提升的重要技能，也是管理学研究的重要内容。

8. 绩效考核为什么总是扭曲

阅读思考

1. 企业不同阶段的绩效考核需求有什么不同？
2. 绩效考核在企业中是如何被扭曲的？
3. 如何真正把握绩效考核的真谛？

管理随笔

1

近来对人力资源管理及咨询工作的思考总使我心烦，一种对传统人力资源管理学科的"恨其不争，哀其不幸"的感觉屡屡浮现。

在网上看到了一篇文章——《如何使绩效考核落地》，再"百度"了一下，"找到相关网页约 31,500 篇，用时 0.272 秒"，真让我惊奇。"落地"一词，成了许多公司常见的词语。

"落地"对应的词是"上架"。那么，为什么会只有上架而没有落地呢？查看了一下相关文章，归纳的原因不外乎是：绩效考核流于形式；沟通不够；过程关注与结果关注不平衡，未能把握考核本质；领导重视不够，制度不能强化执行……

我的问题来了：这些问题解决了，考核就一定会落地吗？我看未必。如果一个企业根本不需要考核，或者你的考核方式根本就不适合企业，谈什么落地与否呢？

并非所有企业都适合复杂的考核手段

并不是所有的企业都需要所谓的科学的考核方法。譬如，一个十多人的小企业，干好干坏，能干不能干，干得多干得少，老板一目了然，需要考核吗？我看没有必要。再譬如，一个没有任何绩效考核基础的企业，用平衡计分卡做考核就会死，这是肯定的。让我感到不可思议的是，竟然也有这样的小企业找咨询公司做考核，更不可思议的是，竟然也有大牌咨询公司接这样的单。这样的方案，我可以肯定百分之百是落不了地的。因为他们根本不需要所谓科学的方案，只需要简单的几张纸来做考核即可。

这时，简单就是科学。

可能有人会反对我，说这是企业走向科学管理的必由之路。我的回答是，企业走向科学管理的必由之路是引入管理手段，但不是引入不符合实际的管理手段。

我这里所说的没有必要考核，是指没有必要用那些"上架"的厚厚的考核制度，用直觉或经验来判断就行了。这样说虽然有点让理论人士不可接受，但据我的观察和经验，的确有很多企业只需要几张纸的考核即可。不必上架，也就无所谓落地，效果还很好。上了架，却落不了地，即使落下来，效果也未必好，何必呢？

企业在不同阶段有不同的考核需求

我认为企业有三个阶段，不同阶段对考核的需求也不一样。

一是市场瓶颈突破阶段，上面所说的就是这样的阶段。这时企业最重要的矛盾是市场问题。有了市场就有了一切，没有市场根本活不下去，而市场对他们来说还是奢侈品。如果这时用一些非常烦琐的考核方法，花很大代价"上了架"，那也肯定落不了地，而且没有必要。与其把精力花在内部管理上，还不如把重心放在外部市场上实在。

二是管理瓶颈突破阶段。这时，随着企业规模扩张，凭老板个人感觉是无法厘清管理问题的，需要用一些管理手段，考核即是一种。但选择什么样的考核方法，也要与企业考核基础相关。一个没有接触过考核的企业，盲目上一些看似非常科学的方法，注定落不了地。许多民营企业找职业经理人做出了非常"完美"的方案，但是企业根本没有这样的基础，最终也只能不了了之。突破管理瓶颈，需要逐步、分阶段引入考核方法，先从个人评价开始，再对个人绩效评价，再到组织绩效评价，最终达到组织绩效管理的境界。

三是突破治理瓶颈阶段。许多企业因为处理不好创业者之间的关系，到了一定规模就分家，根源可能就在于治理问题没解决好。当创业者将企业带到一定规模，必须交由职业经理人进行经营的时候，考核就需要科学设计。但是，必须注意这也是分层次、分阶段的。一个企业要突破治理瓶颈，高层考核方法上就要多考虑科学性，付出的成本必然要大。

如果不能根据企业所处的不同阶段选择不同的方法，不能在相同阶段里针对不同层次的人选用不同的方法，那绩效考核方案必然是没法落地的。许多企业考核不能落地，实际上是选择的方法不合适。

选择的方法适不适合企业，还有一个便利性的问题。一些国有企业盲目进行科学的考核，似乎考核越科学就越公平。结果，搞了一大堆表格，填完就是加权。这样烦琐的方法，谁会不烦呢？有人说科学的管理方法就是要体现不同因素的相对权重之类，这话没错，但是，如果选用的方法使简单问题变得更复杂了，只能说明你选择的方法没有应用好。好的管理方法一定是简单的。

说到这里，再问绩效考核为什么落不了地，回答就简单了。方案本身就不适合企业，再加上方案实施者缺乏项目化计划实施能力。如果再有其他原因，我认为就不属于管理范畴了。

2

现在越来越多的企业实行绩效考核，然而，大多数绩效考核，往往是"皇帝的新装"。人力资源部门感到自己的管理水平节节攀升，但对大多数员工特别是一线员工来说,也就是打打分而已;或者是"老瓶装新酒",以浩大的声势反对着传统的"德、勤、能、绩"的考核方式,换来的新一套还是年底时打打分,人缘好的、与领导走得近的,最后得分还是高。

是绩效考核工具本身的问题吗?起初是企业关心这个问题,后来事业单位甚至一些政府部门的人也与我探讨。我的答案是,工具肯定没问题。

"那么,为什么我们的绩效考核搞不好呢?"许多人问。一个中小企业的人力资源总监对绩效考核效果差的原因非常疑惑。当我试着与其探讨考核方案的问题时,我非常惊讶。因为员工一致反映量化指标数据收集难,所以她非常民主地去掉了量化的 KPI 指标,只留下了定性指标定量化的部分。他们是按照业绩、态度、能力这三个传统的维度设计考核指标的,结果去掉了业绩,只留下了态度和能力维度的指标。这样的扭曲,绩效考核能起到应有的作用吗?

绩效考核在企业中的扭曲表现

企业在对绩效考核认识不足的情况下,贸然推进必然发生扭曲,主要表现在以下几个方面。

(1)有绩效考核,却没有绩效管理

绩效考核只是手段,不是目的。从理论上来讲,绩效考核是绩效管理的一部分。它的根本目的就是通过有效的计划、组织、领导、控制等手段,来提高员工绩效,进而促进组织绩效改善。企业在实践过程中,常常忽视了管理的其他环节,如绩效计划、绩效沟通、绩效改善等内容。当忽视事物的本质时,我们就常常会在事物的表面打转。就如同上例中的人力资源总监,以为自己搞了绩效考核就完成任务了,也不管考核内容是否能达成考核的根本目的。这种对绩效考核认识上的扭曲,是最常见也是最可怕的。

(2)有绩效考核,却没有行动计划

一家工程企业在运作咨询公司给其做的绩效考核方案时,效果却并不理想。我仔细看了那个方案,指标体系是从工作业绩 KPI 和工作计划考核两个维度设计的。KPI 当然是最直接的方式,以可量化的业绩为主,如销售收入之类；工作计划考核主要从计划完成的及时性和有效性两方面进行的。从形式上看没有什么问题，但仔细追究下来，问题恰好出在了工作计划方面。企业里的计划都是笔杆子为老总们年终总结或庆典发言所写的优美文章而已，根本谈不上是计划。高层尚且如此，下面会有几个部门经理真正地每周、每月给本部门制订计划呢？即使制订了每周、每月的计划，又有几个人真正给自己制订每天的工作计划呢？大家直接拿绩效考核指标当成计划了。这的确有指标体系选用的问题，但本质上还是把绩效考核等同于工作计划了。绩效指标像打仗时所制定的作战目标，但具体的作战计划还是要另行制订的。这是考核方法在应用中被扭曲的示例。理论家完全可以非常容易地设计出逻辑严密的、完全量化的指标体系，但是若没有真实的行动计划支撑，最终效果只能为零。譬如，我们可以设计出"新市场销售收入完成率"这个指标，但是当我们并不知道如何寻找新市场时，这个指标最终必然会失效。到了年底，必然有人声称"规则要有灵活性"，也必然会有人声称要坚持"规则的严肃性"。于是吵了一年又一年，但却没有几个企业真正围绕着绩效指标，由各个部门共同参与制订出行动计划。

实际上，考核并不难，难就难在制订行动计划上。诸如"新市场销售收入完成率"之类的指标，任何企业都可轻松制订，但企业与企业之间的差别就在于，有的能找到办法实现它，而有的却不能。

（3）有绩效指标的科学设计，却没有根据实际艺术地调整

对有的企业来讲，预算管理就是一个难题，可企业在设计指标时却偏偏喜欢用一个"预算达成率"；有的企业，成本管理是一个难题，别说将成本分解到具体作业活动上，就连基本的成本分摊都要几个人搞上好长时间；还有的企业，计划管理是一个难题，市场部本来就是靠天吃饭，却偏偏用计划完成率来进行考核。当这些看起来很美的指标脱离了实际的时候，员工平时根本算不清自己的账，考核能起到激励作用吗？

不要期望绩效考核能够解决一切问题，它只是一个工具而已。许多公司做着做着就忘记了实际，把理想当成了现实。不止一个老板对我讲，给财务设计指标时，一定要把财务分析加进去之类。是的，你认为他们应该这样没错，

你可以将指标当作指挥棒，但是你不可以将自己的理想全寄托在考核指标上。事实上，你只能基于现实，一点点推进。

的确，许多部门的工作存在难以量化或量化数据收集难的问题，但是我想说的是，任何工作都必然能找到量化的办法。办法在哪里？就在内行眼里。在外行人眼里，干好干坏一个样，但在内行眼里却非常清楚。找到那些对我们来说非常容易的、基于事实的、量化的指标来考核，才是有效的。譬如，一个工程企业用"大客户一把手到访次数"来考察客户关系的紧密度，因为他们坚信，只要一把手来公司了，这个工程项目和后续项目必然差不了了。这个指标比一些时尚的指标好用得多。

（4）有绩效考核推进，但推进工作缺乏组织

曾经360度考核非常流行，现在还有企业在用，但许多企业却形式主义严重。

有人坚持以月度考核为主，也有人坚持以年度考核为佳。

对于考核的维度也有争论。有人主张只考核业绩，有人讲还需要增加态度和能力，有人讲态度和能力太虚，KPI就够了，还有人讲得有平衡计分卡。

其实，对于绩效考核的主体、客体、频度、维度、指标等方面，每个企业都有自己的实际情况，这些具体的推进工作，需要进行科学的规划和设计。

（5）绩效考核成了管理者巧妙推脱责任的工具

许多企业的管理者都希望有一套好的机制，尤其是考核机制，能让员工自动自发地工作，谁好谁坏一眼能够看清。所以，他们要量化、量化再量化。可能吗？绝对不可能。不然，要管理者干什么呢？

有些管理者认为，"该讲的我讲了，该说的我说了，该骂的我骂了"，下属再不做，就是执行力差，该开除的就要开除，该降职的就要降职。尤其是民营企业，似乎动不动就说下属的执行力差，实际上恰好是管理者不知如何履行管理责任。别再犯解放战争时期国民党的错误了：激励机制有，"每人几块大洋"；每种责任也明晰，"已经开过多次会了"；命令也已经下达，"给我上"……为什么还是不能胜利？再好的工具都不能取代管理责任。管理者是要负管理责任的，而在绩效考核中，管理责任的核心就是沟通、沟通

再沟通。指标非常科学地下达了，考核非常科学地进行了，薪酬非常科学地奖罚分明了，"我根本用不着讲太多"。这不是科学的考核，而是科学的官僚主义。如上面所讲，绩效考核的根本目的是绩效管理。从管理者角度来讲，绩效考核只是帮助管理者提高管理水平，而不是让其巧妙逃避管理责任的。

对企业绩效考核的几点建议

绩效考核的扭曲反映出企业对绩效考核的真谛把握不够，还需要多方面的努力。下面给出一些简单的建议。

首先，需要公司领导重视，将绩效考核与企业管理的各个方面结合起来，促进绩效考核向绩效管理过渡，将企业管理以绩效考核为工具，不断完善。

其次，人力资源部要不断摸索符合企业实际需求的绩效考核甚至绩效管理办法，在理论上进行提升，知其然更知其所以然。

再次，非人力资源部门应该积极发挥绩效考核和管理的作用，清楚定位自己在绩效考核和管理中的地位。事实上，非人力资源部门对绩效考核的误用是考核失效的主要原因之一，也是隐蔽的问题之一。

最后，将绩效考核与提高员工职业化水平和管理者管理水平结合起来，与企业文化变革结合起来。一个企业，若员工职业化水平低、管理者管理能力差、高层推动文化变革弱，则再好的考核都不可能引起绩效改善。

3

绩效文化强调三个方面

绩效文化主要强调效益观、考核观与分配观三个方面。

效益观，强调绩效文化是为企业效益服务的，是试金石。如果一个企业文化不能促进效益的提升，这种文化就是不健康的。实际上，效益也是战略价值体现方式之一。绩效文化更多倾向于文化要为效益服务。

考核观强调公平。通过科学的评价方式，通过对劳动者付出的多少、难易、好坏进行评价，以便对战略实施效果、企业生产经营管理活动及岗位工作进行评价。一个企业如果不能树立起考核意识，就不能说是好的绩效文化。

分配观强调差距。公平不等于平均，和谐不等于大锅饭。差距恰当地体现了劳动的价值，绩效文化才得以体现。

绩效文化体现三个方面

绩效文化体现在三个方面——目标、过程和结果。从目标方面来看，主要强调战略意识，促进个人目标与组织目标一致；从过程来看，主要强调差异意识，促进人尽其能；从结果来看，差异分配才是公平，没有差异是不公平的，促进按绩效分配。

绩效文化的测评

绩效文化强调考核观，而绩效文化也是需要考核的。就是说，一个企业的绩效文化必须能够被测量，才能算得上合格。如果从事绩效文化的倡导者本身无法按绩效文化来操作，那么只能是一种坐而论道。

如何测评？文化测评方面，刘孝全先生在国内是权威。他怎么做的，我还真不甚知晓，那是他的"绝密"技术。这里我只谈自己的理解。

常常说文化适合才是好的，那如何才叫适合？一是文化与战略方向匹配。文化指一个方向，战略指另一个方向，那不是适合。二是文化结构是不冲突的。质量文化强调一个方面，人力资源却强调另一个方面，那不是适合。三是文化管理水平如何。如果没有管理文化的基本能力，可能只会在大会小会上喊喊而已。

绩效文化测量之后的差异

绩效文化测量之后，便可能找到差异。差异文化也体现在三个方面。

一是个体之间的差异。我们必须承认人与人之间是有差异的，不同人在不同能力方面有着不同的优劣势，不同人在同一能力上也存在着差异。这些人行为背后的价值观和个体的文化，也必然存在差异。只有承认人的差异，才能有效管理这种差异。

二是组织内部的群体与群体之间也存在着差异。企业内部有不同的正式组织和非正式组织，这些组织之间的文化是有差异的。譬如营销部门的人会狼性一些，质量部门的人会严酷一些。差异在可容忍范围内，组织是和谐的，但大到一定程度，就会有冲突。

三是企业整体与外部之间的差异。与国内同行之间有差异，有优势有劣势，我们必须发挥优势、回避劣势，使整个企业的绩效最大化。与国际一流企业也有差异，甚至这种差异是全方位的，需要各个组织不断努力，进而不断向优秀企业进化。

4

绩效考核量化与否并不重要，关键是选择的考核方法是否与企业实际相吻合。常见的考核方法，从最初关注个人评价，到关注个人绩效管理，最终会到关注组织绩效管理。

个人评价，主要看"德、勤、能、绩"四个方面，有些企业还会加上"廉"。这种评价方式与组织目标实现的逻辑方面的关系往往是模糊的，甚至是离散的。但是这种方式，非常适合从来没有接触过考核的企业。

对于一些有了基本考核概念的企业，上了一个台阶即进行个人绩效考核，此时目标管理之类的思想才能用得上。但是，这还是侧重于个人评价。评价的常用指标，就是业绩、态度、能力之类。其中，业绩目标基本上能够体现目标管理的思想，只是更多是静态的，侧重于结果状态的考核而非过程的管理。

过程的管理，往往需要从绩效考核慢慢向绩效管理的思路转变，这里有一个重要但难度很大的工作，即量化意识的形成。很多以平衡计分卡为考核工具的公司，败就败在只是整个平衡计分卡的筐，把一些指标装进去了，但是没装进去行动计划、沟通计划等。首先不是他们不愿意装，而是平衡计分卡讲求量化，而很多公司的计划云里雾里，就连发布计划的人都说不清，更莫谈什么量化了。其次才是战略目标分解之类的原因。一个企业有了量化的习惯和意识，才可以逐步导入平衡计分卡或类似量化较多的考核方法。

真正进行平衡计分卡或 EVA 考核的公司，必须已经有了非常好的管理基础。这个基础是综合性的，否则平衡计分卡只是变形的、有四个层面的一个筐而已。

量化并不是不可以，只是若企业基础不到则不可盲目进行。要知道，管理能力的提升是一个缓慢的过程，必须不断设置新的阶梯目标，使之沿梯度进行。以下说个案例。

我们在 E 公司搞考核，就是采取这种梯度的思路。我们进入前，该公司已经请过国内著名的咨询公司了。那个公司给他们做了很好的考核咨询，包含很多量化的考核指标，的确很漂亮，但是不实用，实施不了。根源很简单——他们没有指标数据来源的支撑，也就是那些指标根本算不出来，譬如成本指标。

面对这种情况，我们试着把大家的注意力从考核指标转移到了做事上，或者叫作战略目标实现上。我们导入了战略地图。

在导入战略地图的基础上，我们首先形成了项目化行动计划体系，把大家的注意力转到做事的计划上。什么是项目化行动计划体系？主要强调的是除了日常工作之外，管理工作或经营工作必须能够不断提出新目标，新目标以项目化行动为主。所用的考核形式也并不高级，就是管理指标和量化指标，其中量化指标主要强调工作计划的达到，譬如工作计划完成率之类。运行一年，项目化行动计划的概念受到了欢迎，再没有部门提"继续提高核心竞争力"之类的口号了。

其次，我们开始强调有序化的沟通。每季度，各个部门用我们的模板进行工作汇报和总结。这个模板要求尽量用量化的语言。大家在一个平台上，用一种可共同接受的语言方式沟通，这样就避免了"存在一定成绩，还需继续努力"之类的虚话。之后，不知不觉中，计划意识推行了，数据收集的意识也在慢慢形成，用量化的语言描述管理工作的习惯也开始养成。这又是一年时间。

后来，我们才慢慢开始逐步引入战略成熟度之类的概念，使大家真正开始关注结果之前的过程，并使一些看似不易量化的工作，如人力资源准备度等，也被创新者开始探索。这个时期，项目已经进行了近两年，平衡计分卡应用还属于摸索阶段。此外，我们在薪酬上也进行了组合化的处理。

我们在 E 公司前后做了多年管理咨询工作，至今还在延续着。在绩效考核问题上，也一直在进行着探索。其间，这家公司的管理水平不断上升，量化意识不断增强，但还有很多难题没有解决，譬如管理活动如何结合作业成本法进行量化分解之类，也就是并没有做到完全意义上的量化。看到一些管理基础很差的公司，动不动号称一两个月就完全量化了，我不由得想笑。量化与否并不重要，重要的是管理工作能否不断提升，否则，可能会舍本逐末。

5

选秀节目火了，PK 形式也火了。自从 PK 在超女选秀中以令人耳目一新的方式出现后，各个娱乐节目跟 PK 沾上边或沾不上边，都会动不动让参与者 PK 一番。

没有仔细查过 PK 的由来，大约来自电脑游戏，后来慢慢演化成对决的意思。这种 PK 充分体现了"适者生存"的优胜劣汰精神。

这种 PK 形式应用在企业中，与曾经一度被推崇的"末位淘汰"大致相当。企业对所有员工进行考核，按成绩高低绘制成一个钟形曲线，最后百分之多少一定要淘汰。这种方法，据说在大型跨国企业 GE 和哈佛大学 MBA 成绩评定时被普遍应用。

著名企业和大学这样玩，自然有其玩的道理，这里暂且不评论。不过就当今我国大多数企业尤其是中小企业来说，用 PK 时还是谨慎点好。

主要原因有三个。

一是把谁拿出来 PK 的问题不好定。一种方式是全员 PK 最好，那样竞争机制真的在企业中展开了，优胜劣汰之后留下来的都是精英。问题是做不到。全员 PK 的一个前提是，你有足够多人才让你 PK。人们争着要来你的企业，你 PK 掉差的，会来个更好的。GE 公司之所以敢这样做，一个重要的前提是它是行业乃至全球最好的，它对人才的吸引力很大，走了老的，会来新的。而我国大多数企业，走了老的，未必会来新的。你把人都PK走了，谁来干活呢？咱不是伟大的公司，别假定自己需要的人都会唤之即来，挥之即去。

另一种方式是局部PK，拿出一部分岗位和人员来PK。这就牵扯到拿什么岗位、让什么人来PK。PK自然选同量级的选手，让员工与总经理PK，没有道理。真要PK，只能是高层与高层，中层与中层，基层与基层。事实上，让谁上局部PK台，必然是老板说了算。在这样的情况下，要不被PK掉，就最好不上PK台。怎样才能不上PK台？那就是离权力中心近些。中小企业谁是权力中心？当然是老板了。于是自然就要围着老板转了。现在的大多数企业管理秩序本来就乱，整个公司若围绕老板一个人转了，会更乱。在一般人眼里，除了老板，什么总经理、副总经理、部门经理，统统都是打工的纸老虎。局部PK，将加重员工的这种打工心态。

二是怎样PK不好定。企业的PK，一般用的都是绩效考核，但是绩效考核却是最难的管理工作。许多企业并不会绩效考核，玩的是与国有企业选劳动模范一样的评议方法，结果只是一场游戏而已。不会考核时，往往考核就只是老板意志的表现手段，或者某些人权力斗争的工具而已。于是，你会发现一些中小企业好像也有了大企业病，相互推诿、怕负责任的现象同样很多。为什么呢？反正考核方法不科学，做错了肯定被考核掉，做好了不一定考核得好，说不定还会被那些更会表现的人将功劳夺走。

三是适合不适合PK不好说。适合不适合，话说起来就长了。我觉得这里面要考虑三个因素。首先是企业文化因素。你的企业文化中是否有这种竞争因素？玩这种游戏是否会造成企业文化的不和谐？不和谐的话会直接导致员工流失率过高，你还没PK呢，员工先把你PK了。其次是你的企业在人才市场中的竞争力因素。上面举GE的例子时已经间接说明了这一点。也就是说，你要在企业中实行PK，你的企业得先在与其他企业PK时胜出。最后是你的企业管理水平因素。你是否能让参与PK的人在参与过程中保持一种平和心态，充分发挥团队精神，进而以公司利益为重？

据我观察，中小企业之所以人才作用得不到发挥，不是因为PK精神不足，反而是过了点。今天这个员工业绩好了，或者因为一件事做得好，老板会大肆表扬，明天可能就升职了；那个员工一件事做错了，这个说那个批，后天可能就降职了。这种做法好像是优胜劣汰，实际上缺少长期规划。于是，你会发现许多中小企业员工离职率非常高，这与PK味太足有很大关系。

我提出PK要谨慎，并不是说中小企业不要搞活用人机制，而是要逐步建设一个适合自己的用人机制。根据我与中小企业（甚至一些大型企业）打交道的经验，选择一些简单但尽可能体现重点的考核体系，引导员工以公司利益为重，形成一个"小步快跑"的薪酬体系以及相对稳定的职位升迁制度，留住员工、培训员工、发展员工非常重要。其中，简单但尽可能体现重点的考核，目的是让员工感受到有一个以公司业绩为重的导向；小步快跑的薪酬体系，就是避免那种要么不涨工资，要么五百、一千增加的随意性，让组织行为多点，老板行为少点；相对稳定的职位升迁体系，可避免那种将升职降职视为儿戏的做法，适当拉大员工对职位关注的预期。一句话，我认为这样总比那种"员工干活不行就PK掉"要好些。

管理重思

回到原点问题上，绩效考核是为谁服务的？

答案显而易见，是为把一群人从一盘散沙变成一个组织服务的。孙武训练吴王那一群妃子，"不听话拉出去砍头"就是一种绩效考核，或者绩效考核结果的兑现；诸葛亮"挥泪斩马谡"就是一种考核，或者考核结果的兑现。古今中外战场上，立个军令状，败了提人头来见，也都是绩效考核。

回到为组织服务这个原点，绩效考核就是比较工作完成情况与工作目标之间的差距。这就至少包含三个要素。

（1）目标体系。组织由不同部门组成，部门又由不同岗位组成，不同层级的目标要能成为自洽的体系。这些目标之间不能相互打架，如上面希望通过薄利多销迅速占领市场，将市场占有率作为重点考核指标，下面却把销售毛利作为重点考核指标，可能出现的结果之一是，上面想薄利多销，下面却猛挖潜在高净值客户。

（2）行动计划体系。工作要完成目标，需要一定的策略，这些策略要变成具体行动。譬如，要完成薄利多销的目标，需要制定价格策略、渠道策略、广告策略、产品策略等，这些策略要变成具体的行动，有些行动是公司层面的整体行动，有些行动是团队层面的行动，有些行动是个人的行动。这些行动计划也要构成一个自洽的体系。没有策略，就不会行动。紧盯KPI，把员工考核疯掉，也没有多大作用。

（3）组织沟通体系。工作完成情况与工作目标之间的差距，不能等到事后出现差距才沟通，而是在过程中管理者要与被管理者持续沟通，及时发现差距，及时弥补。沟通体系可以是会议，也可以是报表，还可以是信息系统，等等，类似于战争中的情报系统。总之，绩效考核只是一个工具，不能将工具当成目的。

沿着这个原点，人们发现要完成绩效考核，要克服许多问题，也产生了很多绩效考核办法，如要克服大家忽视组织"目标"的问题，人们开始探索从绩效考核转变为绩效管理、战略绩效管理以及目标管理等的工具或方法；如要克服对"人"的关注不足以及人的积极性等问题，开始探讨将人的"态度""能力"等加入考核的内容中，并将考核结果与激励体系等结合起来。这些探索都有其道理，但从企业管理角度，切莫本末倒置，不能忘记绩效考核的初衷或原点。

绩效考核为组织服务，组织将能得到一些好处，譬如，能更好地实现组织目标、组织运转更良好、组织文化更健康等。同样地，组织就需要付出一定的成本。无序是一种自然状态，有序是一种人为状态。从无序到有序，必然要付出成本。没有人喜欢被考核，因为被考核意味着不自由，企业一定要考核，就可能要承担一些成本，譬如人才流失、冲突等事件以及没完没了的会议、文件等沟通成本。如果绩效收益大于成本，那绩效考核就有价值。

如果绩效考核成本大于收益，那么绩效考核就没有任何意义。这也是为什么一些所谓的先进的考核管理工具无法在小企业中应用的原因，也是末位淘汰在中国大部分企业无法推广的原因之一。你只有三两个兵，末位淘汰完了，靠谁去干活？

9. 企业成长中需处理好三大平衡

——激情与理性、经验与制度、治理与发展

阅读思考

1. 如何把握经验管理与制度管理之间的平衡？
2. 公司治理的核心是什么？

管理随笔

民营企业成长中会遇到市场瓶颈、成本瓶颈和治理瓶颈，这三大瓶颈往往与企业成长的阶段，即创业、成长、成熟的生命周期相对应。瓶颈是企业必然要经历的，不会因企业的成长（如规模扩大、效益提升）而避免。凡是此刻没有突破的瓶颈，必然会在未来某一刻成为影响企业生存与发展的重要因素。

要突破三大瓶颈，就需要处理好三大平衡。

第一个平衡：创业激情与战略理性的平衡。

在突破由于嵌入反应所形成的市场瓶颈时，要保持创业激情，也不能否认战略理性的重要性。战略理性要求企业家必须对纷繁的世界做出自己的判断，选择自己的发展道路。只有不断试错，才能不断强化战略感悟力。战略理性是每一家企业必须学会的技能。这一技能首先由关键人物掌握，并逐步为整个组织所掌握，企业才可能真正成长。用过分扩大的激情来面对不断加剧的外部环境的变化，而忽视战略理性的重要性，这样的企业不论规模多大，都还处于"运气型"阶段，风险规避能力较低。

第二个平衡：经验管理与制度管理的平衡。

制度化是每家企业追求的理想境界，但也有许多企业为制度化付出了高昂的代价。从人为化到制度化的过程中，流程过于烦琐，文本主义盛行；官僚主义滋生、本位主义严重；逐利主义产生，创业激情减弱；本位思想严重，推诿扯皮加剧；等等。这些问题的产生，使人们对制度化缺乏信心。

这就要求企业发展的关键人物必须把握经验管理与制度管理之间的平衡。制度管理效率提升的关键在于要与企业发展的实际状况相吻合。对制度化信心降低源于对制度化期望过高，以及对自己实际判断的失误。制度化的过程不可能一蹴而就，它要求企业从最关键、最紧迫的事件开始，由低到高并渐进而行。海尔当年规定"车间里不准随地大小便"，现在看来水平极低，但在当时的确适合海尔的实际。当时，海尔不必也不可能制定非常复杂的绩效考核制度。现在有些企业企图一夜之间整合一大堆制度，一下子完成制度化改造，完成不了就抱怨"执行力不够"，这实际上是对管理的误读。

制度管理在与经验管理的平衡中要不断加大比重，当然需要付出成本。付出成本必然要求获得收益，这一过程又必须要在强制性基础上实现自我突破。先固化，定下来的事情必须执行，而固化的前提就是根据企业实际解决关键的、紧迫的问题。固化之后再优化，优化之后再固化，之后再优化，如此便可逐步形成企业文化。

第三个平衡：公司治理与企业发展的平衡。

建立一个科学的治理结构，是每个企业必须考虑的重要问题，因为它决定着企业能走多远。但是在企业发展的不同阶段，最佳治理效率所对应的结构可能不一样。在仅有三五个人的创业阶段，股权激励的作用可能非常微小。但是当企业规模逐步扩大时，没有合适的股权激励制度，可能导致企业发展面临新的瓶颈。在企业规模较小的时候，股东会、董事会、经理办公会，一套班子完全可以，但当企业规模增大时，就有必要根据现代企业管理制度进行治理结构的建设。在一些家族企业，上述三会可能直接由一家人在家庭聚会时就召开了，或者在有创业伙伴参加的朋友聚会上就解决了，表面看似效率很高，但要防止"富不过三代"的陷阱。资本的社会化是一个必然趋势，法人治理结构的建设非常紧迫。

有效的治理机制是公司治理的核心。它不是为了制衡而制衡，也不是简单地进行股权分散或期权、期股激励，而是为了保证公司能够科学决策而进行的制度安排与设计。这种制度安排与设计的关键在于要适应企业的发展，过于烦琐或简化、过于超前或落后都不合理。在实践中，一些民营企业建立了法人治理结构，但决策程序太复杂，得了大企业病；一些民营企业将法人治理结构简单化，决策质量太低，同样影响了公司的发展；一些企业过于超前，实行股权分散及期权、期股激励，但脱离了企业实际，激励对象不当，非但未起到激励作用，还抑制了人才的流入；一些企业一股独大，已经影响了企业发展，骨干员工纷纷离开，老板还抱定股权不放松……结合企业的实际情况，吸收现代公司治理理论与实践经验，进行科学的公司治理机制建设才是上策。

民营企业成长是一个复杂而艰难的过程，复杂性体现在影响其成长的因素多种多样，艰难性体现在许多影响因素对企业的发展往往是致命的。在这一过程中，民营企业需要密切关注企业成长中的瓶颈问题，根据环境的变化灵活应对，主动不断突破这些瓶颈，促使企业在可持续发展的轨道上稳步成长。

管理重思

谈到企业的激情与理性、经验与制度、治理与发展，在一定意义上，我们把企业拟人化了，当成一个人来讨论了。

这就带来的一个问题：企业是否可以当成"人"来讨论。

答案是肯定的。企业是由人组成的"赚钱"机器。当人进入企业中后，就成了这个机器的一个零配件，零配件之间相互配合，最终形成了有一定"能力"的机器。但企业毕竟是由人组成的，这群有一定的目标、按一定方式组合并且具备一定能力的人，又不同于一般的机器。他们在相互磨合中，会形成很多共性的特征。由于存有共性的特征，一个组织会变得像一个"人"一样，会想、会做一些事。譬如，人会反思自己为什么要活着，或者活着的意义、价值，企业也会反思类似的问题，叫使命；人会思考自己未来的样子，企业也会思考未来的样子，叫愿景；人会坚持一些东西，反对一些东西，企业也会坚持一些东西，反对一些东西，叫价值观。

群体思维是一个非常有意思的现象，主要有以下几个特征。

（1）过度自信。一个人干坏事的时候，心里还会打鼓。可是，当以集体为名义时，一群人在干可能更坏、更多的坏事时，不但心里会少打鼓，反而还会更加理直气壮。在企业决策时，这种自信叠加，会出现两种极端情况：要么收益过分放大，表现得更激进；要么对风险过于厌恶，表现得更加保守。

（2）先有结论，后有证据。为了证明某件事是对的，大家都会极力寻找证据证明它是对的，而不是理性地分析其对错。我们会发现绝大多数企业，包括一些非常知名的大企业，在进行一些项目的可行性研究时，往往都是在为"可行"找证据，鲜有研究"不可行"的，虽然不可行也是可行性研究的重要内容。大家的观点相互印证，最后情绪会越来越高涨。

（3）从众附和。当别人提出一个观点，尤其是领导们提出时，大家很愿意持相同的观点。

（4）意志垄断。群体中总会有某些人用自己的意志左右大家的意志。

此外，还有很多有趣的特征，不一一枚举。

由于群体思维的存在，组织往往会表现得更蠢、更笨、更自大、更自闭。我们所期望的"众人拾柴火焰高"之类的协同效应并不会出现，因为在一定意义上，组织的智商低于个体的智商是常态。在中国企业发展史上，曾经有很多著名的企业一夜之间轰然倒下。复盘他们倒下的原因，往往也都是违背了一些常识，如违背"有多大肚子吃多少饭"的激进发展，"一分钱难倒英雄汉"的现金流中断，等等。难道那些英明的企业家不知道这些常识吗？我们有理由相信他们选择性地忽视了这些常识。"胜利冲昏头脑"只是表象，组织智商变低才是根源。

我们谈企业发展要处理好激情与理性、经验与制度、治理与发展三大平衡，就是要企业密切防范组织智商降低。当企业过激时，适当往回拉一拉。当企业悲观时，适当往上提一提。当企业过于规范时，讲一讲效率；当企业过于强调效率时，谈一谈规范。当企业过于民主时，谈谈集中；当企业过于集中时，谈一谈民主。一句话，管理的艺术性就是把握一个"度"字。

10. 如果细节决定成败，那什么决定细节

阅读思考

1. 你是否认同"细节决定成败"？
2. 应如何保证不在细节上出纰漏？

管理随笔

1

有一条新闻，说某法院的法官上法庭后，竟发现忘记带法槌；控辩双方正在激烈辩论，突然审判长腰间的手机响起了《吉祥三宝》的铃声。这则新闻让人不由得感叹有些法官的素质真不敢恭维，也不由得想起一句流行语，"细节决定成败"。上法庭怎么能忘记带法槌，手机怎么能忘记关机或调成振动呢？真是细节害死人啊。

我接触过一个中小型民营企业的老板，她非常生气地讲："强调过多少次，要关注细节，可就是不听，失去了许多市场机会。"

在她的企业里曾经发生过一个真实的笑话。一个十拿九稳的标，标书做好了，最后让一个部门经理第二天按照客户要求的地点送去。为了保证按时送达，公司告知部门经理早上直接到客户那儿去，不用来公司了。但是，北京真是太大了，那个部门经理开车出错了出口，绕了几圈，越绕越找不到路。

那年头还没有导航，结果是，标书没有按照时间要求送达客户处，错过了投标。令人感到不解的是，部门经理在走错路的情况下，没有给公司任何人打电话求助或告知，干脆直接开车返回了公司。他的理由是，"他们让我送标书，却不给我讲怎么走，况且我本身就是一个方向感不强的人"。

与这则可笑的新闻一样，许多人对这个案例的第一感觉是"管理太乱了""员工太没有责任心了""素质太低了"。还是细节决定成败。提前查一下路线，不就认路了？找一下警察叔叔也行啊！实在不行，花上几角钱打个电话问一下同事，都可以啊！无论如何，不应一声不吭地返回公司。

作为企业管理咨询人员，我不由得想起一个命题，如果细节决定成败，那什么决定细节？如果不找到决定细节的因素，在口号上吆喝得再厉害，累死了也未必会有效果。现在很多人寄希望于员工能够真正关注细节，为此不遗余力地给员工购买一些《老板不在》《把信送给加西亚》之类的书。可是这些书，除了老板单方面满意之外，真正有几个员工读了？又有几个读完之后起到了作用？好像没有人认真去想。

机制决定细节。不能构建一个有效的管理机制，一切无从谈起。其中一个机制，就是要能够自动纠错。试想，如果法官要为自己忘记带必备的道具付出代价，如果那个部门经理要为标书没有送到付出惨重的代价，并且他们都非常清楚后果的严重性，他们会怎样做？人们在细节上犯小错误，是因为犯错的成本太低，低到他们都觉得无所谓。

同时，管理者也要明确自己应该负什么样的责任。如果你的部下上法庭没有带道具，就是你管理失职，你该承担什么样的管理责任？分管投标的副总，安排一个方向感不强的人去完成一件非常重要的任务，该承担怎样的用人不当的责任？只有管理者清晰地意识到自己的责任，并且明白未履行责任的代价，管理才有可能活起来。所以，管理工作应形成相互牵制的机制。

我在现实中真正地测试过管理者的责任。还是那家投标没找到地方的公司。他们公司成立10年来，中层开会从来没有全员按时到会的情形，老板急得罚过这个300那个200，被罚的人已经很多了，但效果还是那样。我说要从机制上考虑问题，老板半信半疑地问我如何建机制。我就做了一个小小的规定:"每个管理者要严格要求下属。如果以后开会出现了违反规定的情形,鞭子往上打。部门经理迟到,罚分管副总;分管副总迟到,罚老总;老总迟到,罚老板。罚多少,不多,10元、20元、30元,给大家买水果吃。"就这一条,再配点相关措施,大家惊奇地发现,开会真的没有人再迟到了。开始还不适应,坚持一段时间后,发现开会按时到已经成了习惯。

我不愿意讨论"细节决定成败",也不愿意就此与一些人辩论,我更愿意人们能够重视起管理者的责任。否则,出了事之后,必然是从上到下喊一遍"细节决定成败",来一次整风运动,之后还会一切照旧。

2

常常会想着新时代下如何对员工进行管理的问题。想的时候,脑子里常常同时冒出很多彼此独立又似有关联的命题。

我一个朋友在某"大型"企业做高管,最近有点郁闷。她的单位最近开始监控网络聊天工具,公司规定上班时间不能聊与工作无关的内容。这项规定似乎没什么不对,去查劳动法之类,应该也不违法。而且因为有规定,并且明示了会安装监控,所以应该也不属于侵犯隐私权。不违法,规定似乎也合理,但总让人觉得别扭。

我又想到了曾经见过的许多企业中的一个。这个企业想上市,很有钱,据说利润率奇高。可看了它的网站,发现差不多就是初学者水平的网页制作者做出来的,非常乱,而且不知所云。

我于是又想起一个命题:网站差的企业不是好企业。与上面所说的命题一样,要证实结论很难,所给出的理由也往往都是有罪推理,或者要用理论来一番谁也听不进去的说教。但我还是感到命题有成立的理由。

后来又陆续产生过其他多类命题,譬如:将考勤纳入绩效考核的,不是好企业;营销提成政策到关键处总写成"根据公司有关规定执行"模糊处理的,不是好企业;因为领导午觉没睡醒,班子会议往后推半小时的,不是好企业;领导听别的领导做报告时玩手机,领导听下属汇报工作时玩手机,下属听领导报告时玩手机，领导做报告时除了做报告的领导外其他所有领导与员工都在玩手机的企业，不是好企业；老板经常讲"不愿意干立马走人"的，不是好企业……

但是诸如此类命题要证实很难，似乎都是特定情况下发生的特定的事情，也没有违法，而且许多企业往往效益还很好。你要说不是好企业，别人会反驳：投资回报率那么高，还不是好企业？

当我试图将脑袋中产生的这些胡乱的命题串在一起的时候，才发现，其实我想表达的是：管理水平是一个企业品位的表现。

有老板娘的企业不是好企业。再说一次，并不是说老板娘不能在公司上班，而是说你若总感觉到公司存在着"老板娘"，那么这个企业多少还有点奴隶制的味道。换句话说，雇佣与被雇佣的味道太浓了，这样的企业没品位。网站可以简单甚至可以没有，也可以先差后好，但是如果长期很差地那么挂着，它所谓精益求精的理念就是假的；如果企业效益再好点，那差不多就可归为暴发户类型了，没品位。领导开会看手机，员工开会看手机，说明这个企业上上下下都在演戏，没品位。其他类似的命题也都可以做类似的解释。

品位是什么不好说，也不是这里能讲清楚的。不过，想一想，为什么一个矿老板给出的工资即使是外资企业的几倍，许多人还是不愿意去矿老板那儿？倒不是担心矿老板把谁拐卖了，而是觉得没品位，没什么前途。

管理重思

细节决定成败，那什么决定细节？

可以回答：人决定细节，如人的能力、素质，甚至如人的责任心等。那么再追着往下问，什么决定人？回答就五花八门了。

如果回答，机制决定细节，那么接下来又会被追问什么是机制？什么是制度？有制度不执行怎么办？

这样追问下去，又会回到"人"决定细节。

根源在于，我们的思维方式常常离不开经验管理，总在"人"的表面做文章。事实上，从工业革命时代到信息革命、数字革命时代，管理学科早已经从表面的"细节",开始向"细节"背后的根源探究,譬如认为细节背后必然有系统性问题。拿孩子做题为例,一次做错,是因为粗心、不用心、不仔细,属于随机误差;每次都做错,就是系统误差,可能与知识点掌握不扎实、练习的次数不够等"业务不精"有关,也可能与平时做事马虎、不求甚解等治学"态度"不严谨有关,也可能与学习动力不足、缺乏攻坚克难的精神等远大理想"目标"有关,但最有可能的是孩子也想学好,可因为认知局限,就是不知道怎么才能学好,与没有"策略、办法"有关。企业中的细节管理也是如此。

一二百年来,管理理论研究者与实践者所有的探索,都可理解为要解决"细节"问题。单就"细节"管理而论,近三十年来出现的六西格玛管理方法与人们常说的"细节"管理最为接近。六西格玛表示差错率为百万分之一,也就是每百万件成品只有一件废品或次品,而且它倡导的是过程管理,讲究的是一次做成,因此它的次品率或废品率的算法不是按最终成品来算,而是要包含过程中每个环节出现的差错,甚至连修补后合格的成品也算次品,因为这些修复耗费了成本。抓细节,可谓够狠。

为达到这个目标,六西格玛管理形成一个相对完善的体系,其中核心理念包括:(1)关注顾客;(2)用事实和数据管理;(3)聚焦流程;(4)主动管理;(5)打破边界;(6)追求完美,容忍差错。这些理念都有丰富的内涵,也有相应具体的工具与方法支撑。以"事实和数据管理"为例,它强调用事实说话、用数据说话,并形成了一系列将统计学或大数据技术用于管理提升的工具。严格地说,六西格玛管理不仅是质量管理,而且是企业提升市场竞争力的经营战略和组织变革的方法,是找"细节"背后本质的管理方法。全球范围内,越来越多的企业在应用六西格玛管理方法。

如果说六西格玛方法在一定程度上体现了工业革命时代对"细节"管理的成果,那么在信息经济或数字经济时代,也就是我们正处的时代,对"细节"问题的处理原则或方法更是多种多样。虽然到现在还很难总结出普适的原则,但有以下三条趋势需要给予关注。

(1)机器人替代"人",人工智能替代"人"。既然人是影响结果的最大变量,那就用机器来取代人。既然人的思考与决策是影响命令链统一的最大变量，那么就用人工智能替代人的思考。如某便利连锁店在后台建立一个庞大的人工智能控制中心，中心发出指令，各地连锁店的员工严格按照指令操作，不用加入太多人为决策的内容。如什么商品卖得更好、商品应该多久更换、如何摆放销售更好等问题，过去需要员工凭经验去处理，现在人工智能全解决了，员工只要按指令执行就行。

（2）用新技术建立人性管理新机制。过去高校给贫困生发补助，尽管会想尽一切办法保护贫困生隐私，追求公平、公正，但总会引发很多问题，如早年出现的真正贫困生拿不到补助，拿到补助的未必是贫困生等。用人来管理人、用人来评价人，尤其是跟利益直接相关的，不论是决策者、执行者还是监督者，谁的"人性"都没法靠自律约束，免不了出现诸如误报、漏报、错报等"粗心"的事，还不包括谎报、虚报、瞒报等"故意"的事。后来，有些高校用大数据技术对学生情况进行分析，如学生每月连续一定次数如60次在食堂吃饭，每顿消费不超过一定金额如8元的，定义为贫困生，然后悄悄给贫困生充饭卡。至于60次多了还是少了，8元高了还是低了，有人玩花招假装在食堂吃饭怎么办等问题，都可以通过提升大数据模型的精准度来解决，重要的是，用技术实现了更为人性化的机制。

（3）商业系统的更新。在没有网约车之前，打出租车难是整个社会关注的话题，打不到车、被拒载、被甩客等事件时有发生，人们想了多种办法，如提升服务质量、打造明星出租车队等，各种媒体上不时有人提出各种各样富有"创新"特色的方案，譬如有人曾提出早高峰进入闹市区要收拥堵费，但都没有根治。可以说，大家在"细节"上想了很多办法。后来，网约车突然来了，用一种全新的商业系统重塑了打车生态体系。从那以后，有关如何解决高峰期出租车司机不愿出车、如何提升服务质量等话题，再也没有出现过。

行文至此，本篇将要结束。如真要用三两句话对本篇总结，那就是：企业是由一群人组成的赚钱机器，这群人不是乌合之众，而是有目标、结构、规则、协同与价值（即叫作组织）的一群人。机器要求规范，人性要求自由。管理的真谛是"人和事是一枚硬币的两面"。规范与自由要在"赚钱"这件的事上平衡或妥协。

· 第 3 篇 ·

人性的微妙

1. 昂贵的自洽逻辑

阅读思考

1. 为什么人性在管理中非常重要？
2. 为什么管理者要先认清自己？

管理随笔

曾一度与很多企业老板接触，包括一些上市公司、大型传统企业的老板等，深深感到每个人真的活在自己的井中。所谓自己的井，就是由于自己的价值观、方法论等长期形成的个体哲学局限。用"局限"一词，并无贬义。事实上，我们每个人都有自己的局限。从另一个层面来说，每个人的发展都是在不断突破自己的过程中进行的。

我与一位传统行业的老板交往时间较长，在他还没有开创事业时就常在一起侃大山，后来虽然见面不算多，也算常联系，可以说是看着他一步步成为地方首富的。他这个人学历不高，但非常勤奋，也很聪明，善于学习，尤其是与动手相关的事情，他可以说一看就懂，一点就透。他从修收音机、修表、开汽车修理部一步步做起来，到后来开加气站、接市政工程，最后立足于一个资源型行业，做得非常成功。最近几年供给侧改革，他在高位卖掉了企业，也不知是主动还是被动，不过也算高位变现，顺势而为。拿了一大堆现金，就急着转型。

他约我帮他看看新项目选择。

他一个人的办公室占了整整一层，竟然还有一个专用健身房。在偌大的办公室，他坐在正面的沙发上，旁边站着年轻帅气的助理小哥。助理小哥要时刻敏锐地关注他的需求，譬如他弹烟灰，助理会迅速端上烟缸；他咳嗽，助理会迅速递上纸巾。今非昔比，他手下已经不是泥腿子兄弟了，而是有了毕业于海内外牛校的精英团队，他也有了企业家的样子，慢慢有了地方首富的谱。

"公司都卖掉了，要这么大办公室干吗？"我见面就疑惑。

"顺势而为，要借势作势。做生意，不作势不行啊！"他没有直接回答我，但还是非常真诚："改革创新，改革就是要革掉自己，创新就是要走出一条新路。"他以此作为开头，像在大会上做报告，看起来有点滑稽，但我看他真诚，也就没有挑他语句中毛病，如：是"改革创新"还是"改革开放"？"创新"用"新路"来定义是不是无聊重复？

他接着说起选项目的基本原则，就越来越体现出从底层摸爬滚打起来的企业家务实又求变的特点了。他说，选新项目要充分总结以前的教训。一是凡是需要与基层干部走得太近的项目一律不考虑，底层管理者不容易沟通。二是不能走依靠劳动力的老路，得有点技术含量，不能总是挖沟挖土。三是不能走给资本打工的老路，要适当地让钱生钱，当年受尽银行的苦了。

他讲着，助理小哥迅速记着。

这三个基本原则他应该经过了深思熟虑，讲的时候常常意犹未尽，不由得结合自己创业的历史展开，看来真把我当朋友，不是找我选项目，而是找我忆苦思甜来了。随意聊着，聊到哪里是哪里。我常常感到听别人忆苦思甜是很尴尬的事，类似于一个人在火车站广场抒情，他自己哭得稀里哗啦，你却很难进入情节，你还不得不看，走也不是，不走也不是。

不过，他的基本原则很清晰，思维方式又不陈旧，再腾飞一个新高度完全有可能。可是我很快发现，这些都是假象。原则是抽象的、嘴上说出来的，行动是具体的、要在手上体现出来的。从抽象到具体，从嘴上到手上，很容易变味，甚至表里不一、相互矛盾，但人的逻辑往往自洽，总会试图自圆其说。

他拿出的备选项目方向，显然与他刚才说的原则不符，几乎全是关系导向型，如找个央企与地方合作，拿一块地，盖些房子；做个热力公司，做城市供暖垄断；与"两桶油"合作，做个加油站。

"让你助理先忙别的去吧。"我先支走他的助理，然后问他："你是怎么想到这些项目的？"

我本来想问："刚说的三个基本原则体现在什么地方？"但知道不能这样问，对认知模式不一样的人，一方所谓的真诚在对方看来可能是挑剔。

"其实我都是透明的，助理在不在都一样。"他说完这句，搞得我反而不好意思。"之所以选这些项目，主要基于务实的想法，咱有这些关系，为什么不用？"

"你对地产的大势怎么看？"我问道，与认知模式不一样的人说理是最无聊的事，尤其与商人说理，你说的是理，别人盯的是钱，更是无聊。

传统企业的数字化转型，往往会是叶公好龙，最终还是容易回到原有的轨道。因为说归说，做归做，在具体的资源、环境及机遇限制下，转型往往充满困难，人总会趋利避害，转着转着就转回到熟悉的领域了。

"这种项目来得快啊！"他说得非常真诚，沉默了几秒："还有一些关系，现在正好利用上。"

人们的自洽逻辑像一张网，将自己结结实实地绑在中间，或者像一口井，让你在自己的天空中舒服歌唱。经常有人很刻薄地说，拆迁户拿到巨额补偿发家后，一部分人最终必然会把钱挥霍一空，或者被各种理财产品骗掉，因为他们不知道怎么钱生钱。但你在他们有钱的时候说这话，他们会用钱砸晕你，你在他们穷了以后说这话，他们会说你是个"落井下石"的小人。这话有点唯身份论，但也不无道理。

二次创业何尝不是这样。

"大资本新起点，起点不能再高点吗？"我的本意是大资本的二次创业，应该要比一次创业站得更高。

"我也想过，但是得务实啊，不能只图好听的名字，得从现实出发啊！"他假定我想让他做高科技，然后用务实来反驳。接着他讲了一些身边所谓做科技实际上骗补贴的故事，说自己不屑做那样的事，但他也注册了几家科技公司，看情况再决定是否实质性运作，目前主要还是用来获得补贴支持。

矛盾，但很自然。人的自洽逻辑只是无形的，像是如来佛的手心，孙猴子怎么也逃不开。一个推崇胡雪岩的老板，自然会将一切从政商关系解释，如谈到阿里、百度、腾讯以及小米、360等互联网企业，他会用"肯定背后有人"之类的论调，而且能用这些论调逻辑清晰地解释自己看到的一切。当谈到粉丝经济、共享经济时，他们就算理解，也难以认同这种做生意的"忽悠"，他依然能够用自己的逻辑非常完美地解释一切。很多企业是这样，最初做工程起家的，还是会从挖沟开始；最初从政商关系起家的，还会思谋弄个特色小镇，从中能够"套"点什么；最初从钢铁起家的，往往还是从废钢、废渣、废水开始搞所谓环保……

"盖房子，还是快啊！"他一遍遍真诚地说着，心里还是想着弄几块地盖点房子。

鞋好不好，只有脚知道。不是说话人的脚，而是穿鞋人的脚。他是真适合在一个地方做首富，眼里总是有这么多很土但很能赚钱的机会。在大环境没有大变化的情况下，在他所在的那个地方，就算他失败了，肯定还会再起来的。在大环境发生大变化时，他这类人的倒下只是分分钟的事情。

"环境再变，生意之道不变！"他还是很自洽。

他的一切非常自洽、真诚，然而我刚进门时还觉得他有点摆谱，我为自己汗颜。

管理重思

人性在管理中之所以重要，主要是因为组织是由人组成的。一是人是多样的，也就是即使处于同样的情景下，不同人也会有不同的利益诉求，这将影响到组织的资源配置有效性。资源配置的一个表现形式为公司的组织结构设计。譬如，同样设置一个事业部，派同样才能的人去做事业部老总，一个人处处维护公司利益，想办法为公司多赚钱；另一个人处处维护个人利益，想办法把公司的钱装进自己的口袋。由于人不一样，组织结构或资源配置的有效性就会不一样。二是人是活的，利益诉求会随着情景的变化而变化，这将会影响到组织规则的有效性。组织规则主要体现为组织的制度和流程等方面。制度设计时考虑到人的利益诉求，但可能跟不上人的利益诉求的变化，从而使制度治理失效。

以搭积木为例，我们按照一定的目标（譬如搭出一个奥特曼），按一定的组合方式（结构、规则、协同）使搭积木体现出一定的价值（如能够让孩子感到快乐），相对容易些，因为积木是"死"的，一块积木与另一块积木并没有大的差别，把它放在最底下与最上面也不会有大的差别，怎么搭都不会乱。可是用"人"来搭组织却不一样，因为人是"活"的，人与人在心理、情感、思维等方面都会存在显著差异，而且把同样一个人放在最底层与放在最高层，这个人会存在明显的不一样。在组织中，一个人不是另一个人的简单复制，这会影响"搭"的有效性。

人性管理的前提是管理自己的人性。刚才以搭积木为例时，隐含了一种"上帝"的视角，也就是我们将自己超然物外，对别人的人性进行洞察与管理，或者说用自己的"尺子"对别人的人性进行测量。譬如，我们引用荀子的人性本恶论，强调奖惩分明，或者我们引用孟子的人性本善论，强调对人的尊重，隐隐地把我们自己的"尺子"看成了绝对的正确。人性的自洽逻辑在于，人们总可以找到自己的"尺子"绝对正确的理由，并且心安理得地接受，这也是为什么做尽坏事的杀人犯也会觉得自己在替天行道的原因。可是，如果我们的"尺子"本身存在问题，譬如，因为我们自己太过贪婪，在公司发展好的时候，觉得自己无所不能，结果看别人全是魄力不足、得过且过混日子；或者因为我们自己太过恐惧，在公司发展不好的时候，觉得自己一无是处，结果看别人全是些疯子、骗子，到自己这里都是来骗钱的。那么，我们看到的"人"可能就不是真正的"人"，我们用人"搭"出来的组织必然不能达到想要的结果。

管理自己的人性最重要的方法就是不断修正自己人性的自洽逻辑。为此，有几个建议。（1）淡化私理，放大公理。人人有道，个人的道就是私事。商有商道，商道就是"公理"。太阳底下没有新鲜事，当我们实在分不清公理与私理时，回到常识中是一条正道。（2）缩小自我，放大世界。每个人都有一口井，身在井中，看到的天空就小。很多时候，井小是因为太重自我，私欲蒙蔽了双眼，世界才小。（3）扩大视野，丰富经历。很多时候，逻辑过于自洽是因为自己见得太少，经历太少。在管理实践过程中，不断修正自己的自洽逻辑。管理的英文词是 management，有人对此的解释是，管理就是人不断变老的过程。从人性事中磨的角度，这种解释有一定的道理。

重申一遍，管理自己的人性是人性管理的前提，也是阅读接下来文章的前提。

2. 事出反常，心中有妖

>[阅读思考]
>
>1. 为什么"事出反常"会显现出"人性的微妙"？
>2. 如何从反常中推测人性？

>[管理随笔]

曾经应邀与一个企业家谈过管理提升的项目。

见面前，我不知道他所在企业的名字，也不知他的名字，但在若干年前在街边好像曾经见过这个企业的连锁店。后来才听他说那些连锁店多年前非常有名，只是现在没落了，而他在中关村到现在也还非常有名。见面时，他以为我知道他的名字，便开始以他是名人我是一个打工仔为前提假设，我以他请我来提管理建议为前提假设。

两个人谈话的前提在开始时就错位了。

以为自己很优秀而眼前的谈话对象却不以为然，以为自己优秀的人就要拼命证明自己优秀，证明自己还得有艺术性，要含蓄、婉转，如果表述过于直白，就成了忽悠或骗人，会适得其反。这本身就是不可能完成的任务（要完成，一般得有第三方捧，那天恰好没有捧场的第三方，这是我们双方的失误）。如果人家开始就没认为你很优秀，你越证明，人家就会越觉得你莫名其妙。打个比方，你去半生不熟的邻里商店买包烟，压根没考虑过卖烟的是男是女，结果老板娘却与你扯闲话，想知道自己属于漂亮型、气质型，还是婉约型，或什么都不是，她又不明确提出问题，若明确提出来，你就会像考试遇到不会的题一样随便勾选一个，转身赶紧出门离开，而她只是拐弯抹角地说，你就只能不知所云地看着她，心想这是吃错药了，还是怎么了？两个人的谈话自然不在一个调调上。

他讲自己曾经与某位首富密切合作，在一定程度上是那个首富的引路人。那个首富在没起家时，曾经与他合资过一个公司。首富在那个合资公司投入了全部的家当，后来收益颇丰，从此人生一路开挂。他讲自己在全国各地都会受到官员的欢迎，某市某某人曾经怎么样怎么样，某省某某人曾经怎么样怎么样；与我见面之后，马上就要陪同某某人去某洲访问云云。某某人是只能从新闻联播上见到的人。

他可能是个骗子，也可能不是。但就算不是骗子，由于他的表达过于直白，也有骗子的嫌疑。我接触过大大小小的企业老板不少，但是如此赤裸裸地谈这些内容的人几乎没有。

我的心里有小九九，有趁机谈成管理提升项目的私欲。从商业关系上来说，我是潜在的乙方，他是潜在的甲方。一般来说，乙方应该无条件配合甲方表演。但咨询行业有点特殊，你不仅是乙方，还是来指导甲方的专家。也就是说，你要配合甲方表演，也要自己表演。对专家最起码的要求是权威、客观、独立，至少不能在客户面前吭吭哧哧、唯唯诺诺。说到底，就算咨询订单谈不成，也不能落下专家不像专家的名声。专家形象与市场需求之间的错位矛盾，困惑着许多行业做专家的人。

我如坐针毡，插话不礼貌，不插话不专家。关键是那哥们儿话特别多，逻辑性不强，精彩程度也不够。我又不知道他有多牛，再说牛不牛也不关我什么事，我是来证明专家牛的，不是来听他牛不牛的，想直接走也不是，就那么听着也不舒服。

趁能插上话的时机，我未假思索，反问了一句话："你最近遇到了什么困难？"

事后分析，我问这话只是本能。但本能反映了两个问题：（1）我今天是来获取咨询订单的，作为专家，我有义务提出这样的问题；（2）你过去那么牛，现在这么不牛，是什么原因造成的？

他愕然了几秒，然后本能地说："没有啊？"稍作停顿，又开始侃侃而谈，从自己如何发家谈到企业应负的社会责任。

说来奇怪，一个本能地问一个本能地答之后，再看他神采奕奕地讲话，我的思绪却完全逃离了谈话的时空，联想起了很多相关或不相关的事情，得出很多相关或不相关的结论，下面罗列几个。

（1）他很可怜。当一个老同志拿着过去的真真假假的成绩，或移花接木（截取别人的经历中某段说成自己的），或避重就轻（不说相关内容，只说花边新闻），或夸大其词地给一个年轻的乙方讲故事，就足以说明他内心的不强大。他难道以为我就看不出来？

（2）他想沟通。他可能一直以为自己在管理方面有些心得，平时没有人交流，终于遇到了一个管理专家，就非常真诚地进行精神层面的交流。但是，他完全无视听众的感受，坐在自己的大老板椅上，时而摇晃，时而停顿，客人却在对面沙发上如看表演的员工。

（3）事出反常必有妖。商人就是做生意的，没事总往生意之外的地方钻，还这么吹，就必然有妖。他谈话总是有意无意地涉及这方面的信息，为什么？

确实反常！

很反常！

在不太长的时间里，我表面微笑，内心翻腾，在心里将对方放到放大镜下，用管理专家的视角从不同角度剖析对方的行为。然而，随着剖析越来越深入，我竟然发现我不是在剖析对方，而是在剖析自己。这样剖析着剖析着，我仿佛看到了自己丑陋的样子。

（1）从事咨询以后，别人管自己叫专家，而自己就认为自己真成了专家，有了话语权，懂的要说，不懂的也要说；对的坚持，错的也要糊弄过去。这与对面坐在大老板椅上表演的人有什么不同？还以为别人不知道！自欺欺人啊！

（2）你曾经认识某个牛人或见过某个大场面或者别的自我感觉良好的经历，就算不是在工作场合，而是在朋友聚会的一般场合，你还不是要寻找合适的机会,假装无意实则有意地把话题慢慢扯过来,以求最完美地显摆自己?在聚会场合中,经常会听到很多人添油加醋式的海阔天空,你能保证你从来没有?显摆的人分享的不是"自己的经历",而是"自己的优秀",这个度,你是否每次都把握得恰到好处,每个听众都觉得你恰到好处?如果不是,或者你觉得无所谓,那么,你与今天坐在对面的那位以无所谓的状态分享自己的人,又有什么两样?只要你起了显摆的心,就会一发而不可收,到最后大家会清楚地看到你在显摆。你以为别人都傻啊?

(3)整个谈话自己不感兴趣,但因为一门心思要获取咨询订单,所以装着听得很认真。对方想要什么样,自己就装成那个样,达到目的后,就迅速消失得无影无踪。社会上曾将这种行为定义为"精致的利己主义者"。可是,当面对与你利益相关、比你更权威、比你更强势的人,你不也变成了精致的利己主义者了吗?"所恶于上,勿施于下",有几个人能够做到?

俗了!

蠢了!

过了!

"以人为镜,可以明得失",魏徵说得确实没有错啊。平时总说要以人为镜,可总是说说而已,真到实施的时候,更多的是要求别人"有则改之,无则加勉",而对自己却大而化之地宽恕。如果真能以人为镜,有时会发现镜中的自己与自己认为的自己相去甚远,远到让你无法相对。

那个思绪飘移的时间并不长,在最后一刻,我仿佛抓着自己的头发吊起了自己,蒙在心上的私欲被阳光灼得生疼,疼过之后,倒有点痛快淋漓的感觉。自己是那么爱名、自我、浮夸,与自己期望的相比,行为早已反常得非常严重,而自己却从来不自知,还理所当然地以为自己多么美好。"不识庐山真面目,只缘身在此山中。"心中有妖,又怎么能感知自己的反常?

随后,我用自己的方式结束了那天的对话。

管理重思

在商业世界取得成功的人,无论是号称偏执狂的苹果创始人乔布斯,还是受世人尊敬的中国企业家任正非，甚至我们知道的所有知名企业家，似乎都是活得非常通透的人。他们给世人的感觉是，既能够向外看透人世间的是是非非，又能够向内看清自己的长长短短。可以说，不懂人性，不可能取得商业上的成功。

人性文化学者刘孝全提出三性十二元的学说。他将人性分为理性、感性与习性。对于理性与感性，我们说的频次相对较高，大致可与智商与情商、科学与艺术、物质与精神等词汇相对应。尽管这种对应未必精准，但还至少可以大致对应。而对于习性，我们说的频次就相对较低，也鲜有人人皆知的与之相对应的名词，就好像习性并不重要似的。实际上，习性非常重要。用通俗而不严谨的话来说，改变人"难"，难就难在改变人的三性及其背后的一套自洽逻辑的"难"。三性中的每一个性改变起来都难，习性改变更是难上加难，相当于抓住自己的头发把自己吊起来，但人性管理的突破口恰恰可能就在习性上。

习性的大致意思是人或动物长期在某种环境下形成的特性，有习气、习惯、风俗等意思。譬如，如果假定一个孩子生下来是一张白纸，那么在后天成长中，他的理性、感性可通过相关的教育方式进行刻意培养，而他的习性却在家庭、阶层、社会等外部环境中有意无意间形成。有些习性好理解，如做审计工作者的人总喜欢求证，有数学背景的人总喜欢推理等，我们称之为职业习惯或习性。有些习性不好理解，如有人年薪数百万仍然爱占小便宜，就很难说清原因。这就需要钻到习性的最底层——人的需求和动机层面。一个人想看清自己的动机，并且还能改变它，真的跟抓住自己的头发把自己吊起来差不多。

人受自身习性的影响，对符合自身习性的会觉得自然，认为是正常、惯例、应该的，甚至是天经地义的，会感到舒适；而把与自己习性不符的视为不自然、不应该的，甚至是大逆不道的，会感不舒适。人的成长必然要从舒适区向不舒适区迈进，永远在舒适区不可能成长。当到了新的环境中，如一个农村出身的孩子毕业后到大城市中的大企业拼搏，需要改变的很多，甚至要调整原先认为天经地义的，其中需要改变又最难彻底改变的就是习性。

人性管理的突破口可能就在习性上。从个人角度，就是通过习性的改变去提升自我；从公司角度，公司很难完成改变人的智商与情商的工作，所能做的就是根据公司的需要去重塑人的习性。而人的习性有改变的可能。一些早年大量使用农民工的机械加工企业，取得成功的关键，除了他们提升了农民工的技能外，更重要的是他们找到了一套能把农民工改造成现代产业工人的方法，使农民工在职业方面的习性得以根本改变。一些知名企业能让一张白纸一样的大学生经过几年训练脱胎换骨成为职场精英，也与这些企业有一套独特的训练体系有关。重塑人的习性，应该是企业管理的重要任务。

3. 人情化管理是对管理的误读

阅读思考

1. 你认为什么是真正的以人为本？
2. 人情化管理为什么不能与人性化管理画等号？
3. 你在管理中倾向于"对事不对人"还是"对人不对事"？

管理随笔

1

曾经有一段时间，人情化管理成了某些企业的热门话题，人们认为中国是一个人情化社会，不懂人情无法立足。当沿着所谓的人情化管理的思想往下延伸时会发现，我们缺少的并不是人情化管理，相反，我们缺少的恰恰是那种刚性的制度化管理，那种对规则的尊重。没有刚性的制度化管理这个基础，那些所谓的人情化管理，只会是混乱管理，给某些人以"浑水摸鱼"的机会。

人情化管理，无非是满足了人们潜意识中对规则约束的不适应而已。由于员工职业化水平普遍不高，刚性的制度化管理对他们的约束就显得有些多，在他们还未完全适应时，这些约束很容易引起他们潜意识中的反感。由于管理层的管理素质也不高，制度的执行与管理之间脱节，很多时候制度不是人人敬畏的规则，而成了约束别人的工具。更有甚者，制度不仅是约束别人的工具，也成了放纵自己的工具。由于管理者上面还有管理者，因此约束别人、放纵自己的结果，必然是每个单位的一把手成了最后的王者，组织内部一团糟，所以就有人呼吁要"人情化"管理。

但是，真正的管理进化首先需要建立在制度化管理的基础上。海尔公司最初的制度是"车间里不准随地大小便"。试想，这个制度出台的背景是什么？必然是员工在车间里自由奔放的个性舒展。再试想，当这个著名的制度出台时，那些原始状态的员工会是什么样的心情？必然是在个性不得舒展时感到生理和心理上的双重痛苦。当我们过了那个阶段，以"会心"的微笑回看海尔历史上的制度时，别的公司同样也会以"会心"的微笑看向我们，因为他们早已过了我们现在的阶段。有些痛苦是必须经历的，逃避不是办法。人情化管理能够使得海尔成为国际化海尔吗？不可能。

规则是用来遵守的，人情化管理无法代替规则。规则不合适可以修改，但不能用人情化管理来替代。越谈论什么人情化，越会对规则失去尊重。在一些小城市，车可以靠左行、抢车道，交警可以实行"人情化管理"，但结果是什么？更乱！想罚就罚，不想罚就不罚。交警翻云覆雨，而人们对规则更加蔑视，对交警更加害怕。为什么大城市好一些呢？因为人们清楚地知道，靠右行的规则是必须遵守的，没有什么可商量的。当我们大谈人情化管理时，反映出来的不是我们的制度化管理太过了，而是制度化管理水平太低了。

也许有人会随意地讲出一些成功管理者的例子，说他们的人格力量在管理中起到了很大的作用。这样的例子当然有，但是有一点需要注意，请勿将他们的人格力量等同于人情化管理。人格力量是管理者的个人风格，而不是企业的管理风格。企业的管理风格必然以制度化管理为基础，在这个基础上结合各自特点呈现出人性化、人文化特征。李嘉诚对人充满尊重，修养很好，但是如果他不能建立起一套刚性的、人人都遵守的规则，不能建立起奖罚分明的机制，不能建立起是非的基本界线，能够成就伟大的事业吗？人格力量也罢，微笑管理也罢，关心员工也罢，必然首先是建立刚性的神圣制度。事实上李嘉诚、曾宪梓、柳传志等人之所以能发展起来，都是因为建立起了规范的制度化管理，而不是因为企业里实行了所谓的人情化管理。

企业终究是要从一个低级状态向高级状态进化的。这种进化不是自然产生的，需要我们迫使企业管理水平不断上升、员工素质不断提高，而在这些提升中，制度化又是必然的。

对就是对，错就是错，对错都搞不清时，谈人情化对企业有百害而无一利。把规则建立完成了，将机制完善了，让每个人，上至董事长下至保安，都知晓规则是要共同遵守的，这时再谈别的，才是真正的以人为本。

2

应该对人不对事，还是对事不对人？对大多数人来说，可能更认同后者。原因可能五花八门，但是归结起来就一句话："对事不对人，能够避免许多人际关系的烦恼。"

"对人不对事"的人非常多，他们的最大特点就是偏向其倚重的人。凡是"属于"他们的人，他们会千方百计地表扬、栽培、提携；凡不"属于"他们的人，他们会想方设法地冷漠、打压、排挤。举个例子，譬如写一份报告，如果是他们的人写的，哪怕在私底下会对报告严厉地挑剔，但是一旦到了正式场合，绝对会对其大加赞赏；如果是别人写的，私下里他们可能不理睬，但到了正式场合，他们会先否定再提意见，哪怕他们提的意见与报告并不矛盾。更有甚者，明明是别人的功劳，他们也会不客气地记在自己人的名下。

"对事不对人"的人也非常多。这个理念是许多人追求和期望的。在这种环境下，错或对，黑或白，一目了然，没有情感因素在里面。譬如，一个人昨天做错了某事，就得批评；今天又做了好事，就得表扬。无论是受到批评还是表扬，都应冷静对待，这是上司对下属的要求。同样，下属也对上司有类似的要求。人们期望自己的上司能够具体问题具体分析，别一棍子把人打死，不分青红皂白地批评。

人们常常会赞美那些"对事对不人"的人，而将鄙视的目光留给那些"对人不对事"的人。可非常有趣的是，工作中许多事情并不像上面的分类这么清楚。同样的一个人对同一件事进行处理，是"对事不对人"还是"对人不对事"，不同的人可能得出不同的判断。有人认为，某人做事的风格是"对事不对人"，有人却可能认为他是"对人不对事"。譬如，某人的工作出现失误了，你给予批评，态度柔和但立场坚定。被批评者如果是敏感型的人，你本来是对事不对人，他却可能坚定地认为你是对人不对事，吹毛求疵；如果是个不敏感的人，你本来是对人不对事，就是烦他，可他却嘻嘻哈哈而过，以为你是就事论事。这样的情况不在少数。

再以组织内常见的现象为例。同样的事情，不同人的看法也会显著不同。譬如，有些人离职（如退休、调离）了，离开企业后依然"门庭若市"；有些人离职了，马上会"人走茶凉"。有些人会认为，之所以门庭若市，是因为做人成功、做事客观，属于那种"对事不对人"的人；而另外一些人却可能认为，之所以门庭若市，关键是那个人会拉关系，会拉帮结派。对于"人走茶凉"的看法自然也会不同。有些人认为是离职的人在管理上"对人不对事"，提拔的都是些善于钻营的人；而有些人会认为是离职的人"太死板"，只认死理，太过于"对事不对人了"，才导致离职后没人搭理。

其实，"对人不对事"还是"对事不对人"只是简单的说法而已，并没有绝对的标准。它反映了人们对组织内部管理"客观、科学、公平"的期望，对"主观、粗放、偏袒"的不满意。然而，对于"客观"与"主观"、"科学"与"粗放"、"公平"与"偏袒"的区分标准，却与每个人的价值观密切相关，并因不同人的价值观不同而不同。"物以类聚、人以群分"，价值观相同或相近的一群人更容易相互接受，共同认可同一标准。一个人的行为，在自己的那群人眼里是"对事不对人"，在另一群人眼里却可能成为"对人不对事"。

心中有佛，看到的就是佛；心中有魔，看到的就是魔。如果大家心中都有佛或魔，对事不对人更好。如果你心中有佛，他心中有魔，或他心中有佛，你心中有魔，你要坚定搞对事不对人，可能会乱套。因此，要说对事不对人，绝对是真理，但在价值观还未完全统一时，权变一些，对人与对事相结合不失为好的方法。或许这就是自古至今总是有嫡系不嫡系之说的原因吧。

归根到底，还是人性。

> **管理重思**

像任何一门学科一样，管理学的研究也是基于一定的前提假设展开的。为了避免陷入复杂的人性研究旋涡，管理学所做的事情就是对人性进行假设，把对人性的认识假设成一个不必证明的前提。在一定的人性前提假设下，管理学得出一些基本原则、规则或规律等结论，也就是我们常说的管理理论。这样，当我们讨论一种管理思想对与错时，追根溯源，最终实际上是讨论这种思想背后的人性假设对与错。如果假设错了，逻辑再对，都会一错到底。

现代管理学对人性的假设，实际上与我们传统的理解并没有什么两样，"大致"也可看作是从"人性本恶，还是人性本善"展开的。人性本恶、本善，争论了几千年了，也没有结论，管理思想的碰撞至今当然也没有个休止。说是"大致"，是因为现代管理学没有采取人性善恶的主观判断，而是尽可能客观描述人性的特点，所以还不能说是完全对应。但管理学的客观描述又能透出点"善恶"的主观感受，所以又能有所对应。

管理学中的人性本恶假设，叫"人是经济人"。它假设人都是理性的，都会为自己的利益着想。这里的理性一词，不能理解为"理智、聪明"，也不与感性完全对应。在经济学与管理学中，该词的真实意思是"人都是好吃懒做的、自私的"。中性一点的理解是，人都有自己的利益，人都要维护自己的利益，人都会算计自己的利益。在这样的假设下，人为财死、鸟为食亡，到公司都是为了挣钱的。人的内心深处，不是没有"坏"，而是没有显示出来，一旦时机到了，道德圣人也会做鸡鸣狗盗之事。总之，千万不要小瞧人性之恶或人的自私或人为了自己利益的固执。

在公司管理中，持这种经济人假设的人往往会这样做。（1）持有如构建机制、打造制度管理、减少人为参与等管理主张。如构建不相容岗位机制，在设计时就将出纳与会计分开；构建监督约束机制，规定财务报销要有个层层审批的流程；构建奖惩机制，规定一些绩效考核与薪酬激励的办法等。（2）在日常管理中，也会主张比较强硬的管理风格。如胡萝卜加大棒的管理，干得好了重奖，干得不好重罚；认为不能给下属温暖，给了温暖，他们就会得寸进尺，所以做领导必须高高在上。这种管理思想的终极目标是，将企业打造成一个赚钱的机器，每个人都是可以相互复制、随时替换的零部件。

（3）主张运用技术进行管理改造升级。在现代管理学中，经济人假设对应的是科学管理时代，其代表人物是泰勒，其影响直到现在，事实上现在几乎所有的工业企业都差不多沿用泰勒的思想，或在其思想上进一步优化。

与人性本恶相对应的是人性本善，管理学中的人性假设是"人是社会人"。它假设人都有被关注的需要，不仅仅是个赚钱的机器，还会考虑社会中别人的感受。人与人的交往与社会归属感比经济报酬更能激励人。当人被关注时，生产效率会大大地提升。这一发现源自著名的霍桑实验，由澳大利亚学者梅奥主导，从此开辟行为管理时代。在科学管理时代，泰罗们主要关注生产效率，通过如工作分析（现在岗位说明书的源头）等工作本身开展，对人关注较少，而梅奥发现人也是其中一个重要变量，从而引发一系列有关人、团队的研究。在公司管理中，我们倡导的团队管理、扁平化管理、人性化管理以及现代人力资源管理体系建设等都与这一假设分不开。

在我们日常生活中，一些耳熟能详的关于人性的理解，也大致可与人性本善或人性本恶相对应。人都是趋利避害的，说的是人都会算计自己的利益，希望多收益、少损失。人性中有贪婪与恐惧，说的是人在算计自己利益时的心理状态更深层次上的本能。这些大致说的都是人是经济人的表现。此外，人之所以为人，是由于人都有良知，都有恻隐之心，大致说的是人性本善的表现。

人性本恶还是本善，该是制度管理还是人性化管理，或者说该经济人假设还是社会人假设，一直就争议不断。随着争议，管理学上继经济人、社会人之后，出现了复杂人、文化人等人性假设。

管理是科学，也是艺术，在实践中应用人性假设时，应该根据具体情况进行权变，其基本原则是"制度建设上坚持人性本恶，管理行为上坚持人性本善，管理者自身主观上无善无恶"。

（1）制度建设上坚持人性本恶。好的制度能够抑制人性的恶，也会激发人性的善。在制度设计时，尤其是股东层面的治理机制设计，你永远无法穷尽人性所有的恶（股东争权时手段可能很恶劣），任何想当然，都会给管理带来后患。

（2）管理行为上坚持人性本善。管理行为，也就是管理者与被管理者在日常工作交往中表现出来的行为。管理者与被管理者只是岗位不同，不存在人格的高下，应该平等对待。在管理中，尽可能用诱导激发员工积极性的办法加强团队建设，不断让人的能动性得到充分发挥。这时，一切都是为了公司目标服务，是在制度基础上的人性化，这才是真正的以人为本。

（3）管理者自身主观上无善无恶，也就是不带偏见。管理者自身主观上尽可能做到没有善与恶的判断，也就是不以个人好恶影响对工作上的人与事的判断，力求客观公正。将自己的好恶隔离于工作之外，只是初级阶段，而到真正的顶级阶段时，自己的好恶已经无形。如刚入门的管理者扣别人五块钱奖金，还要"哥啊、姐啊"地解释半天，而顶级管理者就是与别人对簿公堂也可以谈笑风生，杀伐果断，虽心有不忍，但有情不累。不是情商变高了，而是习性已经发生改变。

4. 管理者需要隐藏自己的个性吗

阅读思考

1. 如何对待一个不喜欢的下属？
2. 怎样理解管理者要"隐藏"自己的个性？
3. 为何要做"秀才中的兵""兵中的秀才"？

管理随笔

1

敲下这个题目的时候，M总的谈话还在我的耳边回响。她是近几年才从中层走上高层的，之前是市场部门负责人，带着几个兵。事实上，那时她也就是个大业务员而已，自己找市场，自己搞定并维护客户。办公室里的杂事交给下属料理，那几个下属实际上也是业务员，只是比她"小"一些而已。"所有人都是给老板打工的"，拿到市场才是硬道理，所以她没把自己当官，那些下属也没把她当官。后来，她做到了高层，分管了包括市场部、客服部，还有销售部几个部门，她开始头疼了。最要命的是，她打心眼里瞧不上下面某些部门的经理，那些人似乎也瞧不上她。她觉得有些事让他们做真是瞎耽误工夫，恨不得亲自去做，但又不能越权。她的这种不满随着时间的推移被不断放大，先怨后恨，最后由事及人，恨不得某些人立马消失。

与 M 总聊天的时候，我的思绪时远时近地飞着，仿佛一个旁观者在听别人讲遥远的故事。"我也知道，当从纯业务型转向管理的时候，得有一个适应的过程，那么我该怎么去做呢？"她问我。这时我的脑海里呈现出的不是诸如"如何做一个职业经理人"之类杂七杂八的理论，而是呈现出了一个金字塔形的组织，在这个组织中，从上到下排列着一个个岗位，而 M 总正在某个岗位上牢骚满腹。我进而假想着，若每个人的个性都非常鲜明，爱恨分明，那会出现什么样的情况？

"管理者还是要隐藏自己的个性，在管理的岗位上要做的就是管理工作。"我这样回答。聊天时，我并不想给人以上课的感觉，但还是有这样的倾向。管理者在管理的岗位上就是做管理工作，做管理工作就是要遵守管理的规律，就像工人在流水线上作业，就要遵守流水线的规律一样。不遵守流水线的规律，在机器高速运转的环境中就很容易受伤。管理工作也是如此。你可以喜欢一个人，也可以根本不喜欢一个人，但你要做的就是依据管理的思维、方法进行责任的界定、激励与惩罚。你没有自己的个性，爱或恨。即使在你的面前站着的是一个你非常恨的人，你要做的也只能是忘记自己的恨。

管理者的唯一依据就是管理规则。

"这样会不会压抑管理者自己呢？"当这样说完之后，我随后又突然意识到这个问题，那就是管理最重要的就是尊重人性。要求管理者隐藏个性，是不是对管理者太残忍了点呢？

对于大多数人，这的确是个问题，但也有少数人对此并不以为意。有些人天生就具备管理者的基本素质，他们的个性与管理者的要求天生吻合。这些人的个性可以在管理工作中更好地舒展，根本不会被压抑。企业提拔管理者，首先就要寻找这样的人。但这样的人，往往是可遇而不可求的。对于大多数管理者来说，必然要面临隐藏个性的问题。

我认为，管理者隐藏个性可以分为三个阶段。第一个阶段，就是作为新手，如刚上任的经理，必须隐藏自己的个性，严格按照规律办事。这个规律，就是管理的规律，更多的是管理的科学性规律。第二个阶段，就是结合实际不断调整，形成适合自己个性的管理风格。这时也要遵守管理规律，而这种规律更多的是管理的艺术性规律。第三个阶段，则是个性与规律融合为一。要说个性，也是形成适合管理岗位的个性。或许这也可以称作管理者的职业化过程。这一过程有长有短，有人一辈子都没有完成，有人天生可能就具备。如果先天不具备，那就只能后天来培养。

隐藏管理者的个性，实际上强调的是管理者要按管理思维思考问题，用管理手段解决管理问题。尤其是在人际关系方面，更需要站在管理的角度分析对方的需求，寻找适合组织目标最大化的方案。这里任何强调个性或者个人喜怒偏好的做法，都可能使事情变得更糟。

2

在人本管理盛行的今天，人们对领导的管理风格也多有看法。凭感觉来说，一个有着宽容大气、尊重下属、果断坚定等特质的领导，大约就是人们心目中的好领导。这些特质在不同情境下会有不同的表现形式。学过管理的人都知道，管理风格要与环境相匹配，譬如对于建筑公司之类的环境，用"胡萝卜加大棒"式的管理最有效，也会显得大气、果断。如果用书生的方式来管理，必然会"秀才遇到兵"，显得迂腐、软弱。相反，在知识分子的环境中，就需要人性化管理，否则会"众叛亲离"。这是管理学教科书中的常见说法，可是事实真是这样绝对吗？

有一个可能让你感到不可思议的观点，或者说听完之后马上会反对的说法，那就是：在知识含量低的环境，人性化的领导更易得到大家的认同；在知识含量高的环境，非人性化的管理方式更易得到大家的认同。我将这种现象称为差异化的领导，也就是领导风格正好与下属知识含量负相关。换句话说，不是"秀才遇到兵，有理讲不清"，而是当领导是秀才、兵也是秀才时才有理讲不清。真正受人尊敬的领导不是秀才，也不是兵，而是秀才队伍中的兵，兵队伍中的秀才。

你可能不信，不过如果留心观察一下周围的领导，你也许会接受这种看法。这是一个有趣的现象。

在那些知识含量较低的体力劳动行业，人们谈起受人尊敬的领导时，并不推崇那些动不动就严厉批评人的人。人们往往会怀念某个领导如何平易近人，什么时候都是面带微笑，大老远就会喊出你的名字，你有任何困难他都会主动听你诉说，与你分析并帮你解决等。相反，对那些严厉的、动不动就牛哄哄的领导，人们回忆起来时，往往会表现出不以为然的表情。可以说，在知识含量低的行业，受尊敬的领导往往采用的是"知识含量较高"的领导方式。

知识含量较高的智力行业，却往往相反。人们说起某个好领导时，会更多强调，那个领导是怎么杀伐决断、说一不二。譬如一个博士成堆的单位，人们谈起老领导时，常常会谈到，那个领导的办公室是轻易不敢进的，有事说事，想糊弄根本不可能；领导不听解释，只要结果，容不得半点商量。甚至，有些人还会津津有味地给你讲起老领导的"痞"劲。

这些现象与我们平常的理解有很大出入，但却恰好印证了"根据不同情景采用不同领导风格"的权变理论。知识含量低的体力劳动者，直来直去，你做得对，他们就认同；你做错了，他们就烦。同样，他们对自己也是这样，做得对就是对，错就是错。他们要的往往是一个说法。不管是全面的说法还是片面的说法，只要让他们服了，他们就会认同你。如果领导会绕弯弯，他们反倒觉得"政策水平就是高"。知识含量高的智力劳动者，你不给他绕弯弯，他也会给你绕弯弯。他们考虑问题常常力求全面，要讲的道理也多，甚至有时自己失误了也能够说出很多道道来。管理上的事情本来就是系统的、相互关联的，要找到自圆其说的道道，对他们来说并不难。这时如果领导掉到了坑里，跟着他们绕，还真是难以得出结论。这时，直接从最基本的道理出发，果断些，甚至强硬些、霸道些，反倒能服人。

这样的说法可能还不足以为信。你可以观察一下身边受人尊敬的领导，也许会发现，领导都与我们想象的不同。在体力劳动者居多的行业，明明领导也是从基层大碗喝酒、大块吃肉、一刀一枪干起来的，可人家讲起话来就是不一样，总是要显得知识分子一些，动不动引经据典。人们说这样的领导"理论水平高""修养好""没架子"。这样的领导就像是兵中的秀才。在知识分子堆中的领导，明明也是从学校出来的舞文弄墨的人，可常常表现出来的做法，倒不像书生，而更多的是有点"商气""霸气"，讲起话甚至"直来直去"，按有些人的话说，甚至有些耍赖，但赖得可爱。这样的领导就像是秀才中的兵。

差异化的领导风格，实际上恰好符合人性的规律。人都有个性特点，对自己拥有的并不一定看重，对自己没有的常常会倍感珍惜。文科生中理科学得最好的，理科生中文科学得最好的，歌星中体育最好的，运动员中唱歌最好的，等等，都会让同行刮目相看。这时你比的不是人家的长处，而是人家的短板，人们自然会自叹弗如。在胡萝卜加大棒成为普遍领导风格的地方，人性化的领导总是让人刮目相看，因为很多人缺的是人性化；在人性化成为普遍领导风格的地方，胡萝卜加大棒往往令人耳目一新，因为人们缺的是快刀斩乱麻的能力，所以若你能快刀斩乱麻，自可让人信服。

仔细看看，是不是身边的领导总是与一般人不同呢？兵中像个秀才，秀才中像个兵，或许套用老话来说，"领导嘛，当然要与大家不同"。

管理重思

我们谈管理者风格，实际上在谈管理者如何运用权力。且不说权力是怎么来的，掌握了权力，就有可能影响别人。我们常说"责、权、利"要匹配，说的就是要达到组织要求的目标（责任），要给相应的人、财、物等资源配置（权力），也要获得相应的好处（利益）。在人、财、物等资源配置中，与管理风格最直接相关的权力（即我们常说的权力），是对人的权力，因为对财、物等的权力大多是通过人来完成的，如果单纯在计算机上给机器下令，并不是我们所说的管理者风格。管理者要影响别人，就需要有对人的权力。然而，有了权力，不代表就会运用权力。

这就自然涉及三个问题：运用权力有什么类型？管理者是什么样的类型？管理者运用权力偏向哪种类型？

（1）运用权力的类型。美国著名管理心理学家麦克利亚认为，权力可分为两种。

一种是社会化权力。它突出的是组织对他人的影响力,站在他人角度考虑问题,最终实现组织目的。戏曲里说的"当官不为民做主,不如回家卖红薯",就说明以全局利益为主的人更受欢迎。

另一种是个人化权力。它突出个人的影响力,没事都喜欢折腾点事,好面子,说一不二,对个人权威看得比什么都重,最终虽也能实现组织目的,但个人目的往往会放在第一位。这些人在选人用人上,会优先考虑能够给自己带来潜在或现实利益的人,也就是提拔自己人,将公司的人才队伍建设与个人的关系团队建设等同起来。然而因为自己的人顺手、好用,这些人有时也的确能够高效率地完成公司的目标。

假设有两个人,一个极端运用社会化权力,另一个极端运用个人化权力,哪个是管理中更为需要的呢?

显然是前者,因为随着公司规模扩大,总有很多监督、协调、推进、沟通等工作需要人去做。这些工作需要与人打交道的耐心,需要能成就人的热心,也需要实现组织目标的雄心。

这里需要说明的是,运用社会化权力可以是集权式,也可以是分权式;可以是威严的,也可以是温和的。集权与分权、威严与温和都只是手段,不是目的,目的还是实现组织的目标或管理的任务。这就像演员一样,该演霸道的就演霸道的,该演仁义的就演仁义的。运用社会化权力与运用个人化权力之间的区别在于,社会化权力的出发点是以团队利益为主,个人化权力的出发点是以个人利益为主。

哪个更受下属欢迎呢?很多人可能会脱口而出是社会化权力管理者,他们春风化雨,不急不躁,总是能够循循善诱,多好啊!可是事实并不是这样,人们往往口是心非,嘴上说的与心里想的不一样。在实践中,人们更欣赏那些具有超自然力量的超人,他的权威与权力压倒一切,他总会上演力挽狂澜的故事,似乎他到哪里,哪里的危机就能解除,他是无所不能的神。我们很多时候觉得这才像"官"。你越与员工打成一片,化风险于无形,平平静静,员工越认为你普通得不能再普通,不像"官"。

哪类人更容易升迁?显然是个人化权力管理者,而且越往上走,越能折腾，就越容易升迁。否则，像社会化权力管理者，总会给人以无功也无过的印象，真要大家投票选举，也常因"不像个领导"而落选。另外，以个人化权力为中心的人，为了达到自己的目的会誓不罢休，甚至会行使拉票、空头许诺等手段，也更容易获胜。

（2）管理者的类型。主要说说动机类型。麦克利兰发现，世界上绝大多数人可以从心理上分成两类，少数人愿意接受挑战，愿意努力工作取得相应的成就，而大多数人则未必这样，往往是一种无所谓的态度。对此，有人对一批同样失业的人进行了调查。大家情况都差不多，如缺钱、负担重等，然而却出现两种截然不同的行为。一种是在家休息几天，再去做失业登记，随后慢慢找工作，即使到了弹尽粮绝、依赖家人的地步，也不愿意接受去外地的工作；另一种则是从失业当天就积极找工作，不仅在当地登记，而且还去别的地方登记。经过多年研究后，麦克利兰认为，后一类人表现出的某种积极态度比别的人要更强烈，并称之为"A型动机"，简单地说，就是这类人的成就需要动机较强。

组织在选择管理者时，实际上都想挑选出 A 型动机的人，但未必能够真能完全选出：一是信息不对称，我们只能根据有限的信息去判断；二是人们会逆向选择，经常伪装成所需的样子。这样我们所选出的管理者，实际上不会全是 A 型动机的人，也就是还会有假装积极上进的人混进来。

就算是 A 型动机的人，也不一定适合做管理者，如优秀的销售员未必适合做营销老总，优秀的技术员未必适合做技术老总。这些人都是渴望成就的，积极上进的。这类人如果要进管理层，需要进行管理思维重塑与管理能力提升，因为他们的管理风格基本还是停留在朴素的人与人交往的层面，还谈不上运用个人化权力或社会化权力。随着经验的积累，他们才会表现出突出个人化权力或社会化权力。

总之，管理者可以分为 A 型动机与非 A 型动机两大类。

（3）管理者运用权力的偏向。管理者运用权力的类型，很容易出现四种情况。

一是 A 型动机的，突出社会化权力。这是一种非常理想的状态。这类人渴望取得成就，也能够在调动大家积极性的情况下，帮助组织实现目标。简单地说，就是既渴望干一番事业，又没有私心。我们学习西方管理学中讲的大部分关于管理者素质及管理风格的内容，实际上讲的都是这种类型。

二是 A 型动机的，突出个人化权力。这是现实中常见的状况。这类人渴望成功，但更想突出个人影响力。他们将"职位"看得非常重要，因为他们知道，一旦丢掉"职位"，自己将一无所有。这类人会以个人"升官"为唯一目标。

三是非 A 型动机的人，突出个人化权力。这类人不求上进，也没想获得个人成就，也不会帮着公司目标出谋划策，但还是坐到了某个位置上。到了这个位置上之后，他们还想表现出个人的影响力，时时刻刻防范下属挑战自己的权威。

四是非 A 型动机的人，突出社会化权力。这类人不求上进，也没想获得个人成就，但会与同事打成一片，能够调动大家的积极性。这类人在国企与民企都很常见。他们跟着领导勤恳工作，任劳任怨，时间久了，也获得了一个副职之类的管理者岗位，但仍然像秘书一样善于沟通。

这里再回到管理风格，结论是：我们更倾向 A 型动机的管理者运用社会化权力，但在现实中，一个管理者的风格可能是个人化权力和社会化权力的平衡结果，不会绝对偏个人化和偏社会化。这样，一个渴望取得成功的管理者，对运用个人化权力的"度"的把握尤为重要。若个人化权力用得太少，容易被"坏"人挤出局；若个人化权力用得太多，又容易成为"坏"人。我们管理者是否需要隐藏自己的个性、领导者的差异化风格，以及对事不对人等问题，谈的实际上不是"个人化权力"，而是"社会化权力"的运用。如果谈个人化权力，隐藏自己个性与否、风格差异化与否、对事不对人与否，都是不合适的，因为出发点"个人化权力"不是组织所希望的。如果谈社会化权力，那么这些问题的答案则应根据情景而论。

5. 不是每个人都会做上司

阅读思考

1. 领导最重要的素质是什么?
2. 什么样的领导才能得到大家的认可?
3. 碰到一个有能力却不愿干的下属,应该怎么对待他?

管理随笔

1

企业真是个奇怪的地方。有些非常聪明的人,在企业里说变笨就变"笨"了。

一个年轻人在自己的岗位上表现非常优秀,某一天被上司看中了,立刻予以重用。但很快上司发现这个人也开始变笨了,连一些小事都跟不上领导的思路。

"基层跟不上中层的思路,中层跟不上高层的思路",这种现象在企业里比比皆是。

到底是什么原因让聪明的年轻人变"笨"了?答案可能只有一个——没有笨的兵,只有笨的上司。不是每个人都会做好上司的。

有位上司个人思路非常清晰,下属做不来的事,只要他一出手,就能够做得非常漂亮。任何时候，这位上司都能够一眼发现下属失误的地方。甚至他不用去看，就能猜到下属将会在什么地方出错，让你不得不服。跟在这样的领导后面做事，那才真叫累。由于信息的严重不对称，你既不知道上司所拥有的信息，也不知道他真正的思路是什么，而且你也不敢独立思考，你所能做的就是不断地猜测、验证。但累死你了，就能猜着吗？越猜越笨，再努力也只能是等着挨批。

这样的上司最大的错误在于个人智商过高而管理情商过低。他根本不懂得如何通过别人去完成工作。人各不同，作为领导最重要的是利用下属的特点，通过不同的领导风格，使之发挥出最大潜力。总是强调个人智商，管理情商自然会被忽视。

一些上司却是另外一个极端。我经常见到这样布置任务的方式："某某，你把这事先做一下。"下属问他要做到什么程度，他会说先拿个思路出来再讨论，要快。下属如果问得多点，他就会感叹："怎么有那么多事，不能动脑筋吗？"这类上司往往本身思维不够清晰，根本不知道想要下属做什么，也不知道布置任务要达成什么样的目的，稀里糊涂的。而下边的人领任务时根本不清楚，更不知道整体思路是什么，做起来自然不知如何下手，也非常累。

不是每个人都会做上司。我们常说，人是最复杂的动物，做上司就是要让最复杂的动物在组织当中简单起来。让所有人简单到个人目标与组织目标相统一，让所有人心甘情愿地将自身特殊性降到最低点，这样的领导才会得到大家的认可。

管理是有些学问的，可能你不必专门到商学院去进修，但还是需要正视它。如果你总感到员工跟不上你的思路，可能你真该考虑考虑自己的领导艺术了。如果你的领导艺术非常好，而下面还是一团糟，那也许就是你的管理系统出问题了，需要提升管理素质了。

2

谁都知道用人重要。"管理就是对人的管理""管理就是要调动人的积极性""管理就是要凝聚人"等说法，都是在强调用人的重要性。

如何用人？许多人都能说出个一二三来。"用人不疑，疑人不用"，是说领导要信任下属，学会观察和判断人；"用人所长"，强调了要能够发现不同人的优劣势，扬长避短。如此等等，都从不同侧面道出了用人的艺术。

道理是道理，回到实际管理工作中，就不是每个人都能做好的了。

我曾给有多年管理经验的竞聘者们出过这样一道题，让许多人找不着了北。

假如你是一个上司，你下面有两个人，一老一小。老的那位工作时间比你还长，经验非常丰富，能力也强，就是工作积极性不高。他在单位里的时间长了，各种改革经历得也多了，自我感觉把一切看透了，也不求什么了。你要求什么他做什么，但总会用各种借口拖时间或半途而废，工作交给他总不放心。另一位年轻同志，刚参加工作，经验欠缺，能力也不够，但是积极性很强，凡事都很主动，就是做的活毛里毛糙，交给他也不放心。我的问题是，单位就给你配了这两个人，你该用老的还是小的？还是都用？如何用？

这个题目很简单，所说的事情在组织中也很常见。

我收到的答案五花八门。有人说应该用老同志，因为老同志经验丰富，更有工作能力，虽说积极性不高，但是你对他多尊敬点不就行了？有人说应该用年轻同志，因为年轻同志虽然现在不会，但是可以培养啊。

看完这些答案之后，我有点想笑。

一个虚拟的案例，就让人们把平时所听到、学到的各种用人道理给忘记了。可见在现实中，这些事情多让人发愁啊。单就这件事而言，除了员工的执行力有问题外，最重要的就是管理者的执行力不足，因为他首先没有学会用管理的思维来思考管理问题。

管理思维的含义非常广泛，其中一点就是要认识到管理的特性。管理是通过别人来完成自己想完成工作的一门学问。因此，不论下属是能力强还是能力弱，是主动性强还是主动性差，你都得用。人无完人，谁都有缺点，我们能做的就是发现不同人的特点，并配合以不同的管理风格，以达到团队的目标。

正确答案当然是老同志和年轻同志都要用，关键是如何用。

从能力和积极性两个方面考虑，我们常见的下属可分为四种类型，分别需要用不同的方法进行管理。

第一种是既能干又愿意干的。这当然是理想的类型，基本就是我们常说的骨干员工。从理论上来说，这类人多好啊。可是这么好的人，也不是人人都能管好的。本来骨干员工能够轻松做好的事情，有些领导还要不停地叮嘱，不断地检查，不停地听汇报，那谁不烦啊。这就是有人常常抱怨的"领导插手过多"，是一种典型的管理风格不当。对骨干员工最好的方式是授权，交代清楚要做的事情后，就放手让他去做。

第二种是既不能干又不愿干的。这种最糟糕，管理者都头痛。这些人如果要用，最好的方式就是强迫，将一件事情分成若干件小事情，每一阶段都监督、敦促。

第三种是能干却不愿干的，也就是案例中的老同志。员工积极性不高，理论上来说肯定是有原因的，找到原因是可以解决的。但事实上在现实中，找到病根并根治的成本非常之高，时间也久。譬如，他可能根本就是想调到另外一个单位去，或者就等着退休，或者想升官但无望了，就干混着，你能怎么着？对于这类人，最好的方式就是控制，交代好工作，多关注，时时对事情的进度、质量有个把握。

第四种是不能干但愿意干的，就像案例中的年轻同志。这样的人，管理者有时还是喜欢的。每个人成长都有个过程。对这类人，管理者要像个教练，手把手地教着，有时要鼓励一下，有时也要严厉批评一下。

管理者要学会用管理手段解决管理问题，而管理本身既是科学又是艺术。它有一定的道理或规律在其中，也需要管理者根据实践去灵活调整。一个能力强主动性也很强的人，如果你管理不好，就有可能成了一个能力强却消极的人；一个能力不强却主动的人，如果管理不好，也有可能变成能力弱且消极的人。一旦因为你管理不好让一个人变化了，再要变回来就不容易了。所以说，管理者不会管理常常是执行力弱的关键原因之一。

那次竞聘笔试之后很久，许多人还在讨论那个案例。后来在面试中，一个竞聘者理直气壮地告诉我："我两个都不要，开除了，重新招人。"我笑着问他："人都开完了，找谁干活去？""不行就换人"的念头，许多管理者在某个瞬间都可能动过，但动过之后还是需要理性的。如果你在管理工作中常存理性，那就说明你在管理上成熟了。当然，不是每个管理者都会灵活调整管理风格的。

管理重思

领导是一门艺术，也是一门科学。艺术性主要体现在根据不同的情景选择不同的领导风格。如果领导者一味强调自我的特点，那只能说明这是一个不称职的领导者。科学性主要体现在领导行为有一定的规律可循，领导者需要尊重科学的规律。这里需要强调的是，我们所说的管理风格是指以运用社会化权力为主的管理类型，也就是在将工作做好、把团队带好的前提下，该采取何种类型的领导风格，不是指为了突出个人影响力的管理风格。

在工作中，领导者的行为大致分为重工作与重关系两种类型。（1）重工作或工作导向，往往会强调责任导向、业绩导向、结果导向或者战略导向。这是由组织的特点决定的。这时，公司业绩层层分解，压到自己身上的指标必须完成。为了完成这些指标，自己就必须分解这些指标到下属身上，下属必须扛起这些责任。"不完成业绩指标，说什么都没有用。"这是我们常常听到的一句话。（2）重关系或关系导向，往往强调人与人的关系，目的是获得人的支持。这也是由组织的特点决定的。公司是一群人组成的，如果不能获得下属的心，这个领导就是累死也做不成任何事情。人心齐，泰山移。

然而，重工作与重关系并不是此高彼低的关系。重工作的程度可能有轻重，重关系的程度也可能有轻重，这样就形成四种领导风格。

（1）说服式领导风格，既重工作又重关系。这样的领导给下属布置工作时会以命令的方式，同时又考虑下属的心理感受，及时给予支持，注重双向沟通，但主要是通过说服的方式让下属的"心"随着领导走。这种领导我们经常看到，他定下来的事情，你可以发表不同意见，但轻易不会改变。

（2）命令式领导风格，重工作多点，重关系少点。在这样的领导眼里，领导与下属就是纯粹的上下级关系，只谈工作，莫谈感情。谈工作，就是我指令，你完成；不完成，我拿考核与你说事。官大一级压死人，下属进领导办公室都会战战兢兢。在下属的眼里，领导总是不苟言笑，实质上不是领导不苟言笑，而是对下属只有工作关系，而工作关系不需要言笑。在一些层级感比较明显的企业，同一级别的人会形成一个"圈子"，如都是事业部总经理级别的人，都是部门经理级别的人，都是员工级别的人，圈子内的人可以在一起玩得很开心，但低级别的根本进不了这个圈子。

（3）参与式领导风格，重工作少点，重关系多点。在这种风格下，领导很少发布命令，往往更愿意听从下属的意见，参与其中，共同决策，最主要的是给予下属支持。一些互联网企业里，大家都相互直呼其名，如PONY，不允许称职位，如张总，就是倡导参与式领导风格。

（4）授权式，既不重工作，也不重关系。这种领导几乎不发布命令，也不给予支持，任由下属自主完成工作。他们一般是明确你要做的事情，然后就什么也不管，也不管你的进度，也不管你的困难。

我们说，领导的艺术性就是根据不同的情景选取不同的领导风格。那么，我们又如何选择呢？在人们的常识理解中，主要根据领导者的个性进行选择，譬如，有些领导不喜欢多讲话，往往选择命令式，说一不二；有些领导喜欢说话，往往选择参与式，民主平和。实际上，管理学的研究表明情况不是这样。

人们总结了成功的领导者的经验，发现成功领导者的风格都是随不同的"场景"变化的，也就是需要什么风格就"演"什么风格。如上述管理随笔中讨论的情况，可根据不同的场景选取不同的领导风格。

不论是等级森严的大型传统企业，还是主张平等的新生代企业，很多人都有过这样的感觉，刚应聘进公司的时候，领导对自己非常重视，可是过了不多久，领导热度过去了，自己似乎就被冷落了。我们可以试着思考一个问题，领导风格为什么如此变化呢？

6. 人人都有自己的需求

阅读思考

1. 人的需求通常有哪些？
2. 如何针对不同的员工进行不同的激励？
3. 如何对待不遵守规定的下属？

管理随笔

1

人的需求是多样的，然而管理者常常忽视这一点。

很多管理者简单地认为，"谁不是为钱而来工作的？"人都是自私的、逐利的，因此最好的管理方法就是"胡萝卜加大棒"。这就是所谓的经济人假设，也可以说是 X 观点。然而，也有很多管理者不那么简单地认为，"人不光是为了钱而来，毕竟人是社会的一员"。这些管理者主张"以人为本"，他们认为人能够自我管理，而不总是偷懒。这就是所谓的社会人假设，即 Y 观点。

企业里有一个有趣的现象，就是一个人成为管理者以前，往往持有 Y 观点，主张充分发挥人的积极性，但是一旦成了管理者，往往就开始倾向于 X 观点。

M 先生就是其中一例。几年前，我与他认识的时候，他只是一个刚从商学院毕业的 MBA 学生，在一个企业集团投资管理部担任一个没有下属的主管。

那时，我听到的都是他对改变管理状况的建议，这些建议背后隐藏的思维就是对现有领导管理风格的否定，因为现有领导不懂得关心员工，总强调工作结果而不在过程中给予鼓励，总以为奖金是唯一的手段。后来，他终于成了管理者，与他谈话听到最多的是"现在的员工怎么这么难管"，工作没有结果还经常发牢骚，对一点点奖金都这么敏感，不盯着就偷懒，等等。

不论基于何种人性假设，管理者常犯的错误就是把下属抽象为一个整体，而未考虑到不同员工需求的差异化。人人都有自己的需求。根据马斯洛需求层次理论，人的需求是一个由低到高的上升过程，由生理需求、安全需求、社交需求、尊重需求再到自我实现需求。在同样的企业，有些员工可能正在为物质的需求感到发愁，这时奖金激励的效果会很好，如刚毕业为购房首付发愁的员工可能就是这样。而有些员工可能更关注的是自尊的需求，如四十多岁事业小有成就的人，这时奖金多少无所谓，关键是为什么扣自己两元却没有扣别人的，这关系到"面子"问题。对于同一个人，不同层次的需求也可能在不同时段或不同环境中有不同表现。譬如，在某些时段，安全需求最关键，而在某些时段或环境中，自我实现的需求最突出。

充分认识到人人都有自己的需求，又能准确认识到每个人的需求，那真是需要长期修炼的事情。从激励角度来说，正是因为人们需求差异化，才需要激励手段丰富化。也正是因为我们没能认识到人人都有自己的需求，不能找到不同类型员工需求的相似点与不同点，才使我们假定激励方面可以"一招鲜，吃遍天"，最终造成激励手段过于单一，激励效果低下。

2

企业里谈论人或事总有个标准。这个标准往往有双重性，对自己一套，对别人另一套，而且常常会犯一个最基本的错误——"严于律人，宽于律己"。管理者尤其这样。

管理者发布一项命令，要求人人都要执行时，往往会漏掉自己。譬如，管理者可能要求下属注意细节，因为细节决定成败，但是自己却不一定真的在意细节。再譬如，管理者可能要求下属对会议的结果无条件执行，自己却对布置的任务应付交差。

上个星期，和A公司的一些管理者在一起谈事。这个企业响应国家号召，要推行学习型组织。学习型组织当然要学习了，就以量化的方式要求下面每人每季度读一本书。按说这不难，可结果，几乎没有人完成。理由一大堆，让管理者非常生气。公司找我开会谈的就是这事，目的是计划动用绩效考核的工具，以扣奖金来处罚，督促大家看书。

对于这类抱怨，我一般不愿意听也不想管，因为管理咨询不是解决这些事情的。可拗不过他们，后来我还是讲了自己的看法。我说，这个问题的根源不在于考核不考核。我们所学的管理知识的出发点总是想管理别人，而不是想管理自己。总想着管理别人，便会有叶公好龙的现象发生。从表面上看，对公司非常热爱，实际上只是玩玩管理游戏而已。讲到这里，有些人已经差不多明白了，不说话了，但还有一个极力想表现的管理者对我讲："任博士，你就直接给我们讲怎么把读书活动开展下去吧。"我说，那好吧，在座的管理者谁按时完成一季度看一本书的任务了？大家面面相觑，没人说话。一群根本不读书的人在讨论着如何让全员读书，这本身就很好笑。想一想，没有完成任务的管理者，却在商量着如何处罚没有完成任务的下属，难道不是游戏吗？

管理者是管理别人的，很少有人记得管理自己。权力是什么？实际上就是可以约束别人而不约束自己的优势而已。形成权力的来源是什么？实际上就是信息不对称，你可以知道别人做得不好而别人却无法知道你做的情况而已。一般人都会认为，这种现象在国有企业多点，实际上在民营企业也并不少。

管理应该是在领导者与下属之间进行，不可能是单向的。己所不欲，勿施于人嘛。我们不可能用圣人的标准要求部下，除非我们是圣人。

对那个企业，我最终的建议是：要真考核，那就从高层开始。高层管理者每季度完成一本书，写出读书心得；强行排序，请外部专家匿名对读书心得评出分数；高层管理者的分数和名次一律在公司网站上公布。我说，这样可保证公司读书任务按时完成。结果是，有个管理者对我说："何必这么认真呢？"我笑了笑，仔细听那些管理者从理论到实际的侃侃而谈。

有什么好的管理理念和方法，先从管理者带头开始，肯定效果会更好点。

3

我们常常有"零和博弈"的思维惯性，比如，认为加工资能够带来满意，也能够消除不满意；工作环境改善了，如换了一个更好的写字楼，人们的不满意就会消除。其实在20世纪50年代，著名管理学家赫茨伯格就对此进行了否定。

众所周知，他认为"满意"所对应的不是"不满意"，而是"没有满意"；"不满意"所对应的不是"满意"，而是"没有不满意"。能够带来"满意"的因素称为激励因素，如成就、赞赏、工作本身、责任、进步等；能够带来"没有不满意"的因素称为保健因素，如公司政策与管理方式、上级监督、工资、人际关系和工作条件等环境方面的因素。

我们有时候奇怪，为什么一些员工会跳槽到工资比现在还低的公司去工作？为什么公司不断地创造良好的工作环境、搞娱乐活动，员工还是缺乏创业初期的激情？为什么过去让员工做某件事只要讲清楚就行，而现在却要在"绩效目标""加班费""工作量核定"等上面扯那么多呢？管理越变越复杂，而我们的管理者与员工之间的距离也越来越远。

有些因素就是保健因素，少了会引起员工极度的不满意，而多了也不会增加满意感，只是减少不满意感而已。工作环境和管理环境带给员工的心理不舒适感，加重到一定程度时，员工会选择离开。但是你把这些环境搞得再好，员工积极性也不会提高，满意感也不会增加。缺乏能够促进人们成功的措施，激励自然会失效。

我一个当部门经理的朋友讲过这样的案例。她手下有个80后员工，很有个性。前段时间给他安排了一个工作，小伙子晚上加班到凌晨总算按时做完了。因为太忙了，我这个朋友就没有随时检查纠偏，结果小伙子交来的工作成果离要求差很多。我这位朋友一急之下就批评了小伙子两句，说话带了点情绪。没想到，小伙子马上就辞职不干了。在与人力资源部进行的离职谈话中，小伙子只说了一句话:"部门经理实在不会当经理。"

我对朋友说,上级对下属的辅导工作其实是很难的,本质上属于保健因素,如果上司没有辅导或没有辅导好,会导致下属直接的不满意,甚至跳槽;辅导好了,也不会增加他的满意感,只能降低他的不满意程度而已。想增加下属的满意感,就要学会激励。

事实上,在组织当中,管理者的任何行为都隐含着激励问题。在企业中,岗位角色是主要角色,管理者就是管理者,员工就是员工。每一分钟,管理者的行为都在被员工观察与感知。这时,往往管理者一个小小的行为都可能引起员工心理上的变化,起到正激励或负激励的作用。一个经理路过员工的座位,如果对某个员工连目光也不转一下,而对另一个员工点头微笑,结果会怎样呢?次数多了,第一个员工心理必然会起变化。如果遇到心理脆弱的,则会在背后思考自己被"冷落"的原因。

单从管理者角度分析,我那个朋友主要存在的问题就是"情绪"。在组织当中,任何管理行为都是为了达到管理目的的,否则就不属于管理行为或失效的管理行为。在组织当中,别人眼中的你总是带有组织特色的,尽管你可以认为你仅代表个人。

管理学中有个归因理论,讲人的内倾性和外倾性,用最简单的语言来表达,就是"人们总是把成功归因于自己,把错误归因于别人"。如果管理者不考虑这种特点,那么组织中会自然存在内耗。有这样的例子。一个员工经过努力获得了一本非常难考的资质证书,这个资质证书对公司申报项目有一定的作用。主管无意说了句:"会考证书,不一定会工作,现在高分低能的人太多了。"从客观上来说,主管这句话绝对没错,但错在说的环境不对。结果,这位员工非常生气,差点闹辞职。对员工来说,考到了这个非常难考的证书,如果得到主管的赞扬,自然会感到满意、自豪。但是,主管的嘲讽让他沮丧。同样,一个员工做某事失败时,如果他认为是因自己能力不足导致的,会有一种孤独感、无助感。这时,如果主管再嘲讽谩骂,那这种孤独无助感将会加强,甚至产生报复心理。遗憾的是,常常有这样"实话实说"的主管,还自以为是耿直。

人性是复杂的，如果一定要找到其共性，那就是微妙。员工的人性因管理者的激励方式而变。当我们一味强调激励失效的时候，是不是该反思一下自己，我们是否学会了激励？学会激励，让每一个管理行为都能随着环境而调整，从而达到激励效果最大化，是管理者应该掌握的。

管理重思

再说说激励因素与保健因素，这实在是一个非常有趣而实用的理论。在一定程度上，它是管理中打开人性黑箱的钥匙。人类在工作中有两类性质完全不同的需求：一类是作为动物要求避开和免除痛苦，即本能的需求，另一类是作为人要求在精神上不断发展、成长，即心理需求。

本能的需求不能得到满足，人们会感到不满意，然而得到了满足后，人们未必会感到满意，充其量只是没有不满意。请注意，不满意对应的不是"满意"，而是"没有不满意"。

与有没有满意相关的是心理需求。当心理需求得到满足后，人们才会感到满意，而当心理需求得不到满足时，人们不是不满意，而是没有满意。与满意对应的不是"不满意"，而是"没有满意"。

这一段看似像绕口令的话，在管理中却具有非常重要的意义，对理解我们工作中的困惑非常有帮助。

我们都有这样的经验：你给员工提了一次薪，他高兴地认为你是天底下最好的老板，工作效率一下子提升了很多；没过多久，他又恢复了以往懒散的状态，你下的命令，他该不执行还是不执行，拿出的工作成果还是如以往的烂。同样地，老板给你涨了一次工资，你觉得这个公司好得不得了，可是没过几天，你发现周围一切都没有变，公司的政策还是那样僵化，老板还是那个当面一套背后一套的人。于是管理者得出这样的结论："涨工资似乎真没有那么大的作用！"员工却得出这样的结论："工资该涨还得涨，看在工资的份上，熬吧！"

"满意"是个有丰富含义的词。再重复一遍，满意对应的是没有满意，不满意对应的是没有不满意。有些事情能够让你满意，如成就、被肯定、工作本身、责任、进步等，譬如你觉得自己干一件非常有意义的事，你能看到自己在一点点地进步等。为什么很多创业公司的人拿很少的钱，却充满激情地奋斗，其中重要的原因是他们相信未来会取得成就，他们能看到自己一天天向梦想逼近。如果你在一个老企业待着，你会像温水煮青蛙一般一天天地过着，最多只是生活过得没有激情，谈不上满意不满意。在管理学上，把能导致人满意的因素，叫激励因素。有了激励因素，人会满意；没有激励因素，人没有"满意"。这些因素，往往与人的心理需求有关。

相应地，有些事情如果没有会让你不满意，但有了未必会让你满意，如公司的政策与管理方式、上级监督、工资、人际关系、工作条件等。我们会发现，员工辞职的直接原因往往不是因为工资，也不是因为公司领导，而是直接上司、升职失败等。"公司其实挺好的，但确实受不了那个主管，难受死了！""太不公平了，比我差的人都上去的，我还在原地不动，不如走人。"工资高低是入职时谈好的，公司领导也不是整天见面，除了自身要做的那些不断重复的工作，自己眼中的公司就是低头不见抬头见的主管、同事，能感受到的就是与自己相关的办公环境、公司政策的公平性等环境因素。在管理学中把导致人不满意的因素叫保健因素。有了保健因素，人会没有"不满意"；没有保健因素，人会有"不满意"。这些因素，往往与人的本能需求有关。

曾经遇到这样一个小伙子，他追女孩的故事也与上述理论相吻合。他的各方面条件都很优越，属于大家眼中的优质男。他喜欢一个女生，想要去追求。女生条件不是多么出众。在网上查了攻略之后，他开始追求女孩，每天给女孩送一束玫瑰花。每次女孩收到花后，都很开心，可他追了很长时间，女孩始终不同意，后来就没追成。不去分析成与不成的原因，但至少有一点，小伙子错把保健因素看成了激励因素。花只是保健因素，没有了会不开心，但有了花，只是没有"不满意"，不见得就会有"满意"，随后还回归到不开心。

激励—保健因素理论对我们理解人性与激励非常有帮助。理论说起来并不复杂，但要用好，还需要我们不断磨心修性。因为我们不仅常常分不清别人的需求，更不知道我们做的事情，对别人来说是保健因素还是激励因素。不然，总会有人问：小伙子送的花是保健因素，那送什么才是激励因素？

7. 人与人的利益算法不一样

阅读思考

1. 什么决定着人的利益算法？
2. 人的利益算法如何体现了人性的微妙？
3. 管理者如何认识人的利益算法？

管理随笔

所谓性格决定命运，在一定意义上，就是你所在群体决定了你的命运。你的个性，很大一部分实际上是你所在群体的共性，只有很小一部分是真正属于你的个性。而在日常工作与生活中，能用到属于你真正的个性的概率并不多，大部分情况下，你的表现都是由你所在群体的共性所决定的。这样说，并不是一定说你没有什么个性，而是说你所谓的个性主要只是某类人的共性而已。

羊的个性再强，大部分只是羊群这个群体的共性，不可能个性成狼。狼个性再弱，大部分还是狼群这个群体的共性，不可能个性成羊。

在这样的逻辑下，对于同一个道理，由于群体的差异，对其的理解可能会失之毫厘谬以千里。就算嘴上说出来的道理一模一样，双方解释也相同，但由于利益算法不一样，就是计算利益的方法不一样，结果甚至会完全不同。

羊与狼的说法，只是为了说明群体差异的简易表达，未有阶层高下的主观倾向。群体划分不一定用阶层，不一定用财富，也不一定用名声，但一定有某种因素存在差异，才使得人以群分。

有一个做餐饮的朋友。他应该算是有钱人或半个有钱人，在北京也有好几套房，外地也有若干套，手下有几百号员工。他有一个非常敬佩的朋友，这里称作S董事长，在中国商界曾经叱咤风云，目前虽已年过九十，仍然风风火火。总之两个人都算是有钱人。有一件事，他说至今不能理解S董事长的想法。

有一次，饭店老板因一间连锁小店与合作方发生纠纷，对方索要8万块钱。店不大，生意也不大，双方有合同，对方就是耍赖皮。现代人耍赖皮，会抓住合同中的某个细节不放，抓住你担心连锁店声誉会受影响的心理，让你吃个哑巴亏。不是钱不钱的事，而是饭店老板觉得冤枉，所以他一分钱都不想出。

最可气的是，对方还公开宣称："光脚不怕穿鞋的，我赖不赖有法律说呢，再不行我发到网上去，我怕什么，到时看谁还去他家连锁店吃饭。"

身边朋友及公司的管理层，有主张找第三方人士去说理协调的，有主张动硬的，武力或类武力威胁，但更多人强调现在是法治社会，只有法律作为武器才是最为合适的选择。

他请教了S董事长。

S董事长说："给他15万，让他快点走。"

"什么？他要8万，我给15万？"

这位饭店老板也是见识过大场面的，他开饭店，三教九流什么样的人没见过。这种被人敲诈的事，烦是烦了点，于他实际根本算不了什么大事，说是请教老爷子，也不过是以此为由头，趁机学习管理经验而已。但老爷子这么回答还是让他非常惊讶，差点脱口而出："我给15万，那不是我疯了？"

人家要8万，你给15万，你的数学是体育老师教的吗？

"让他快点走，给15万。资金若紧张，我先给你垫上。"老爷子轻描淡写地说。

"为什么啊？"

"人都看重利益，应该让他快点走。"老爷子说。

人都是逐利的，但对利益的计算方法真不一样。

饭店老板多年后给我讲这段话时，还是不断感叹："这些大人物的思维真是奇特。你说他不看重钱吧，在有些事情上计较得非常厉害；你说看重钱吧，总有很多事情让人理解不了。"

S董事长的某幢建筑物要改建装修，设计师来了几趟，非常认真地出了方案并报了价。公司的人都准备签订协议了。S董事长知道后，要亲自参与，大家不得不重新讨论、重新谈价。价谈好之后，S董事长表态，在谈好的价格基础上再上浮三分之一，要求是："房子得给我弄好点！"

"为什么啊？"我倒好奇了。

"我也纳闷，肯定是为了某种利益，但真看不出来。你说不是为了利益，又说不过去。老爷子也常说，人都是为了利益。"饭店老板说。

这事至今有多年时间了，我与饭店老板经常议论这事，到目前没发现有什么特别的利益上的事，只是隐隐约约感到一波波大大小小的政策变动甚至包括具体营商环境类政策变动，都未波及那幢不动产。那个设计师后来都从原单位跳槽了，还坚定地围绕在S董事长周围转。当然，S董事长不会让人跟着白转。

都说生意，人与人做的生意真不一样。

豆豆在《遥远的救世主》中讲了一个故事。有个农民兄弟是开音响店的，一个商界奇人以此音响店为基础，经过一番运作，带领一大帮农民兄弟创造了奇迹。里面有这样的场景，最开始那个农民兄弟不认识商界奇人，在卖音响给奇人时故意狠狠宰了奇人一把。不长时间，奇人给他们带来了巨大的利益。这时这位农民兄弟对最初宰客的行为自责不已，要不要把钱退给奇人？退吧，奇人是干大事情的，那么点钱，你退人家，不是打人脸吗？不退吧，这良心上过意不去。

这类似于有人向你买了块橡皮，本来一块钱，你卖给人家两块钱。后来合伙做事中发现，买家是你生命中的财神爷，那么这多收的一块钱退还是不退？假设你给他退了，因为你觉得人家帮你发大财，你却黑人家一块钱，真是太没良心了。再脑洞大开一下，假设你给他退了两块钱，声明那块橡皮是送给对方的，结果很快发现情况不对，这家伙根本不是财神爷，而是一个大骗子，这时，你会追着再要回那两块钱吗？

拿橡皮打比方只是说个道理。如果不是一块橡皮，而是十万块、一百万或一千万、一套房子呢？如对方只能帮你发一百万大财，而你刚开始就"黑"了他北京二环的一套房，你会退吗？

财富观念决定了一个人的生意模式。大家都会说"人不能为钱昧良心"，可见了钱之后的行为，既受到道德观念以及法律约束等方面影响，也受到个人财富观念的影响，其中主要与利益算法有关。有人觉得一百万都不是钱，有人觉得一块钱都是钱。由于不同的财富观念，同样的事情，人们看到的利益以及获得利益的方式就会存在很大差别。

用股市的语言说，有人关注分时线，决策受股价分分秒秒的影响，有人关注日线，有人关注周线、年线。巴菲特似乎不关注这些，而要做时间的朋友，决策的影响因素自然不同。口头上，每个人都会说不能只盯眼前，由于盯的线不同，实际上的利益算法便会存在天壤之别。

我问饭店老板："如果对方不是要 8 万，而是要 20 万，50 万，80 万，你肯定要走法律程序，估计 S 董事长会在什么档位上停止给两倍的价格？"

他说："别那么多，超过 30 万，付两倍 60 万，他肯定不会出的。"

我又问："如果对方要的不是 8 万，而是 8000 块、800 块，你一直坚持他是敲诈，你一分钱不会给，那么你在什么档位上会停止与对方讨论，懒得与对方纠缠，直接给钱让他闭嘴？"

他笑了一会儿，说："还是钱少啊，看着是争死理，实际上是钱决定着。"

不一定是钱数额上的多与少，而是你形成判断标准背后的利益算法的异同。由于算法不同，S 董事长与饭店老板就可区分为不同的群体。有那么一类人，在有争议或容易有争议的事情面前，觉得 15 万打发个叫花子正常，有人觉得 800 块打发个叫花子正常，有人可能觉得 1 块钱都得争个死理。无所谓对错，只是差异而已。在某个群体中待得久了，就会觉得一切理所当然，就固化成这个群体了。

习惯是一个可怕的东西。羊，习惯了做羊，就习惯了羊的算法；狼，习惯了做狼，就习惯了狼的算法。利益算法明确后，他或她什么情况会力争，什么情况会放弃，以及力争的方式、程度，大概率也会确定下来了，就算有上下波动，也在误差范围内。习惯之后，羊以为整个世界都是羊的算法，狼以为整个世界都是狼的算法。就算某一天某事让我们大跌眼镜，感叹一番"贫穷限制了我们的想象"之后，我们依然会以为世界仍然是我们想象的世界。

我甚至想，当一个人的利益算法确定后，他的语言、行为甚至运气也就相应地确定了。反过来，从一个人过去的语言、行为以及运气可以推测出这个人的人生。进而，如果一个人要改变自己的命运，是不是应该从利益算法上进行调整？

管理重思

我们常说物以类聚、人以群分，指的是相同兴趣、爱好或价值观的人会聚在一起，而马斯洛却发现人也会有层次之分。当然，人的层次之分，不是把人分为三六九等，而是指人的需求有层次之分，而且人的需求层次是从低级向高级不断迈进的，偶然有跨级的现象，但逐级上升才是常态。这就是前面提到过的马斯洛需求层次理论，这里结合利益算法再重思一遍，会发现也是蛮有趣的。

马斯洛研究发现，人的需求会引发人的动机，而人的动机表现为人的行为。人的需求可以分为生理需求、安全需求、社交需求、尊重需求与自我实现需求五个层次。

生理需求：空气、水、食物、睡眠、生理平衡、性等。

安全需求：人身安全、健康保障、资源财产安全、道德保障、工作职位保障等，主要指人谋求安全与稳定的需求。

社交需求：友情、爱情、性亲密等，主要指人希望同他人建立情感联系的需求。

尊重需求：自尊与自信、受他人尊重、社会名望等。

自我实现需求：必须做一些适合自己的事，能够实现自己的欲望。

马斯洛五层次需求理论表明，人类的需求层次一般是从低级向高级迈进，低一级需求得到满足之后，高一级需求才会呈现出来，这时如果再去激励低级需求，就会失去意义。譬如，人们的饥饿等生理需求满足后，人们会有安全的需求，而这时生理需求会消失，你再用生理需求去激励人就失去了意义。大致与中国人说的"富贵思淫欲，贫贱起盗心"体现的思想一致。

我们再回到利益算法上。

1. 利益算法由需求层次所决定，激励因素与层次需求相匹配才有意义，也就是渴时一滴水胜过平时一汪洋

处于不同需求层次的人，对利益的界定、计算方式以及计算结果的处理会不一样。譬如人处于饥饿状态时，对一个馒头的渴望会非常大，这时你给他一个馒头，他会死心塌地跟你走。如果你激励的方式不对，在他处于为填饱肚子发愁，就想多干活挣钱时，你给他讲一堂管理技能提升课，他会无感觉。

2. 利益算法会因需求升级而突变，升级后会淡化过去的低级需求，也就是饱汉不知饿汉饥，人会忘记过去

一个处于失业状态的年轻人，职业的不安全感非常强烈，会不断强化弹尽粮绝的悲观情绪，对未来充满焦虑。这种情绪会使得他过于紧张，急于寻找再就业的出路。这时眼前的困难已经快成压死骆驼的最后一根稻草了，再谈长期显得多余。后来他人到中年，工作稳定，社会资源变多，在社交圈中已经长袖善舞了，面对年轻人对于未来的焦虑、紧张、迷茫，他会淡淡地说句："现在的年轻人总是急功近利，找不到工作时，能不能沉下心来学点东西？"需求层次变化了，利益算法因此改变，而不变的是人性需求层次变化的规律。等下一轮年轻人成为中年人，也会对下下一轮年轻人说同样的话。

3. 同一需求层次相对稳定，会有利益算法"错位"的假象，也就是人们缺什么，往往谈什么

透过这种假象，去发现背后隐藏的真实的需求，是管理者非常重要的必修课。这里列出几个需要注意的现象。

（1）用不在意掩盖关注。当一个人还在与"钱"较劲的时候，往往会表现出对"钱"的不在乎。他会讲自己如何对钱不在乎，与你交朋友不是为了钱而是情义，做某个生意不是为了钱而是为了自我实现或社会奉献，等等，但是谈话的主题只有一个——"钱"。当这个主题不断涌现时，他的需求层次就展现得非常清晰了，可能还处于"安全"的层次。

（2）用自尊掩盖自卑。我们常常会见到一些所谓"自尊"心特别强、特别敏感的人。你一不小心，他就会说你"看不起人"。他自己宁愿穿假名牌，也不想在"面子"上输给别人。表面上看他们非常要强，似乎已经到了被人尊重及自我尊重的阶段，但实际上不是这样。很可能因为他们还未完全跨越"贫穷"的坎，在他们骨子里贫与富仍然是人与人之间分层的标准，因此才表现得异常敏感、自尊。

（3）用手段掩盖目的。在网络上，我们经常看到一些荒唐的场面。有些人急于得到爱情，往往表现出咄咄逼人的样子，又是在大楼上拉横幅表白，又是站在楼顶上要为爱情自杀，表面上看他们因为高度自尊才有那样的行为表现，实际上他们的所作所为与爱情无关，只是为了征服自己假想的目标。这个假想的目标更多地与自己的需求层次有关，他很可能未必是社交需求，而是对人际交往失败后的危机感更强烈，处于安全需求层面。他在用手段来掩盖真实的目的。在工作中，一些人在领导关注时，每次都高效完成领导交办的任务；领导不关注时，干什么都心不在焉，拖拖拉拉。原因之一可能是他对职业与工作的归属感需求还不够强烈，整体还处于职业安全需求层次。

4. 五个层次的需求会在组合中体现主导，变化多样

马斯洛所说的"一个需求满足后，就会出现另一个需求"，并不是一个非零即一的关系，而是一种组合关系。譬如，一个人可能在生理需求方面满足了50%，在安全需求方面满足了40%，在社交需求方面满足了70%，在自尊方面满足了80%，而在自我实现部分满足了10%。但是需要注意几个现象。

（1）在这些组合的要素中，在一段时间内，会有某一个需求成为主导需求。

（2）某些人生下来可能就具有某方面的天赋，他们创造的冲动或者自我

实现的冲动似乎要比其他需求，如生理、安全、社交、自尊等需求更为强烈。譬如，一个人生下来就爱音乐，沉浸在音乐中就完全忽视了别的需求。这也是我们常说的天才，一般可遇而不可求。从另一个角度，每个人都有可能存在某方面生来就有的需求，针对这类人的激励不能用常规的方式。譬如，一个热衷于计算机技术的工程师，下班该走了，看到几个人围在一台计算机旁探讨技术问题，就像被什么东西粘住了，会不由得围上去听、跟人探讨，慢慢地他坐到了计算机前，别人围着他讨论，再后来别人一个个地走人，只剩下他与一两个人，然后就是整个通宵。在这个过程中，他忘记了时间，忘记了工资，甚至忘记了自己还交不了房租。每一个创业成功的公司中，都至少遇到过几个这样的人。遇到这样的人，是公司的福分，这时如果还用打卡等方式算计工资、奖金，就只能说是愚蠢了。

（3）人的需求受环境的影响很大。有些的需求长期处于僵化或较低的满足程度，次优势的目标可能永远消失或永远不再出现。譬如，我们常说"贫穷限制了我们的想象"。一辈子为生计忙碌，根本没见过所谓的自我实现需求，即使看到了，也觉得那一伙人"吃饱了撑的"，与自己无关，时间长了，便形成自娱自乐的自洽逻辑。顺便说一句，真正贫穷的人说不出"贫穷限制了我们的想象"这句话，他们会觉得这句话都是"无病呻吟"。

马斯洛需求层次理论在全球的影响都非常大，其自20世纪40年代推出以后，直到现在还是管理学教材的必选内容。后来，他在五层次基础上，又增加了两个层次，提出了七层次理论，有兴趣的读者可以在网络上查阅资料。

8. 说话不容易，听话更不容易

阅读思考

1. 如何不让私人恩怨影响工作？
2. 怎样通过沟通维系好人际关系？

管理随笔

1

一个人去找 A 部门的经理。

A 部门的办公室是一个开放式的大房间，在房间靠里面隔出部门经理办公室。这个人推门进去之后，发现部门经理办公室没人，就随口问靠门口坐的一个人："你们经理去哪儿了？"

被问的人当时正埋头做事，乍一听到声音吓了一跳，下意识地回答："经理不在里面吗？"这两个人虽在同一个公司，但从来没有打过交道。

对于这样的回答，第一个人显然不满意，便说了句："在里面，我还问你干什么？"语气令人感到冰冷。

第二个人这时候似乎从工作状态回到了现实，非常奇怪怎么会有这样莫名的责问，便很有口才地回了一句："他去哪里，用得着给我交代吗？"潜台词是："我有回答你问题的义务吗？"

第一个人默默地摇了摇头，转身走了，并留下一个怜悯的眼神。

就这样两个人开始了莫名的对峙。本来见面机会就不多，后来更是到了相看两厌的地步。

还有一个故事。

在一个万人大型企业里，有两个中层处长长期不对付。我曾经开玩笑说，有些中层人员之间，十年来除了开会外，主动在一起探讨公司事情的时间加起来不超过十个小时。当时，便有人说："任博士，你太乐观了，有些人除开会外，在一起待的时间都不会超过一分钟。"说的就是这俩人。

这两个中层很有意思。在一起开会的时候，只要一个人提出观点，另外一个人肯定会首先否定掉，然后谈自己的看法。虽然自己的看法也可能只是换个角度表达，甚至是重复第一个人的观点，但是也要先否定对方。管理就是这样有意思，它的艺术性足以让任何有发言权的人艺术地扮演自己的角色。

我当然没有义务去寻找两个人之间的关联症结，但是在那个企业的几个月里，我还是不停地观察这两个人，并试图推测其中的微妙。观察组织里的每个人是我的兴趣，也是做咨询工作的额外收获。当然，对于我来说，最不愿意看到的是我拿出的咨询方案，不小心成了两个人进行褒贬的标的物。为了防止这种情况的发生，我每个方案正式讨论之前，都会私下征求两个人的书面意见。当博弈双方信息不充分的时候，意外的是两个人的意见却常常高度统一。

大约两年之后，与一位两人均熟悉的管理人员聊天，说到这两个人的故事，才知道了大约的脉络。好像在某年某月评先进的时候，两个人只有一个评上了，没评上的那个心理很不平衡。在庆功宴上，评上的一位说了一句什么话，引起没评上那位的强烈不满，当时两人就闹翻了。此后，一直在较劲。

我曾经感叹，现在人与人之间的关系非常脆弱，似乎一点风、一点雨，就可以把仅存的联系打破。打破也不一定是表面轰轰烈烈的，也可能是那种慢慢风吹雨蚀的减弱。譬如，因为一个尴尬的场面、一句令人不安的话，某个人可能就从你的心里消失了。

在一个企业里，情况更可能会是这样。一次小小的愉快交流，会促进双方业务合作关系进一步密切,而某次小小的不快,可能会影响到双方的合作,出现观点上的第一次分歧,进而发展到第二次、第三次,慢慢形成了两个人的对峙。对于这种对峙,有人称之为企业里的政治斗争或公司政治,有人称之为企业文化,还有人会把这一切归因到传统文化中。

2

"能说的不一定会沟通,能说的不一定会说。"这是一次聊天时,D公司的梁总说的话。当时梁总还举了一个例子。他带着某位副总与客户谈合同,可能是因为特别想得到那个合同,那位副总不停地说,却并没有真正弄懂客户的真实意思。事实上,鉴于D公司一位总工在当地的声望,以及D公司的业绩,对方已在心底有了一个参考价格。面对毫不知情、滔滔不绝的副总,梁总不得不当机立断,打断了他的话。

每次沟通都是有目的的。遗憾的是,人们常常以为能说就是会沟通,结果能说的不停地说,不能说的则不停想着下一句该说什么。这样,不知不觉中沟通就变成了只有沟,没有通。

组织当中的口头沟通大致有两个目的:一是达成协议;二是传递情感。达成协议,可能是传递一个命令、决策或通报之类,也可能是为了寻求共识的解决方案。这一类型,我们常常可以理解。但是,传递情感却常常被人们忽视,人们总会忘记情感在其中所起的作用。同样一句话,因为说的人情感不同会有不同的效果,也可能因为听的人感受不同而有不同的效果。出于不同的情感,或者对听者不同情感的预知,说的人会选择不同的语言表达方式。太多的时候,太多的人转了一大圈不外就是想说一句话。如果不注意听,这一句关键的话就会被忽略。

要达到口头沟通的目的,就需要听了。一是听对方企图达成的最终协议的本质内容,往往也就是一两句关键性的话。二是听对方情感的变化,并做出相应的回应。譬如,对方可能考虑到两个人的关系,对有些意思婉转表达,你就需要听出言外之意并做出反应。

一些不会听的人，常常在细节上转来转去，让沟通不觉偏了方向。有时下属汇报工作时，常常会投领导所好，让领导听偏。譬如，某下属 A 找领导 B 谈昨晚加班的工作，他怕领导批评他没完成任务，就开始东拉西扯，讲："昨晚我在家里写方案时，写到一半，邻居家发生了争吵，因为男方有了第三者……" B 爱听这些故事，A 就投其所好，于是领导的注意力慢慢转移了。当 A 绕了一大圈后，想表达的真实意思无非是给自己未完成工作找个借口，B 可能真没听明白或者听明白了假装糊涂，或者干脆对八卦的兴趣来了，忘了正事。于是 A 就算汇报完工作了。这是一个典型的不会听的领导。

越是做到高层，就越要会听。那位不会听的副总，我估计要往上爬有点难了。我们给领导汇报工作时，领导若不表态，那是因为他在听，你可能没有讲清楚或者领导没有领悟你的本意，或者领导心思在别的地方没有听到你所说的。D 公司老总经常对不停汇报的下属说这样一句话："你给我讲这些，要我做什么？"领导等着你明确的请示呢。这又要求你会说了。但是，会听才会说，不会听根本不可能会说，是不是这样子？

管理重思

沟通管理一直是热门话题。沟通管理既包括一般意义上人与人之间的沟通，如与顾客沟通、与员工沟通、与投资者沟通，也包括更广义的与群体、社会的沟通，如公众企业家与社会大众之间的沟通、网红工作者与粉丝之间的沟通等。无论哪种意义层面上的沟通，对人性的理解都是沟通的基础，包括对自己人性的理解，也包括对对方人性的理解，还包括对人性演化逻辑的理解。

对管理者而言，会说与会听都只是最基本的功夫。顶级高手可能什么也没有说，什么也没有听，但却说了所有的，也听了所有的。华为任正非每一次内部讲话都会引起社会上的强烈反响，他似乎能够听到社会大众的声音，也能说出整个商界的心声。苹果乔布斯每一次公开演讲都引起全球众多消费者的尖叫，在商业史上破天荒地让"产品"成为家喻户晓的明星，拥有了自己庞大的粉丝群。他们之所以能够做到这一点，恐怕与企业家与生俱来的个人特质的关系更为密切。他们似乎天生对人性的理解就非常超群，他们不是迎合人性，而是会让你的人性顺着他的逻辑往下走。

对我们普通大众而言，除了理解人性的特点，还要试着去理解人性演化的逻辑。所谓人性演化的逻辑，大致类似于下象棋时"下一步，看三步，想十步"的推演。甲说了什么、做了什么，乙必然会说什么、做什么，然后甲又会怎么样，乙又会怎么样等，像是计算机按一定算法往复计算。推演当然是很费脑力的事情。高手可能对推演浑然天成，是否因无为而治而不费吹灰之力，我们不得而知，但对绝大多数的人来说，我们的问题是，我们总是随性沟通，连最起码的推演都不做。不做人性推演，又不具备天生的沟通能力，沟通问题就会产生。

在组织沟通中，人性推演需要关注"法""理""情"三个方面的问题。（1）法，就是组织里的规则。规则由制度规定，决定了沟通中角色的定位，如经理与下属之间的上下级关系，上级具有对下属要求的权力；流程上下工序之间的关系，下道工序相当于顾客，有对上道工序提出需求的权力。在组织中，有序沟通的前提就是明确规则规定的"序"。（2）理，就是社会伦理、道德等约定成俗的内容。约定成俗的内容不由组织规定，但会成为组织的内容，甚至成为沟通障碍的起因。譬如，"多劳多得、少劳少得""平等交换、不占便宜"等理，会因为大家对"什么叫多劳，什么叫少劳""什么叫平等，不占便宜"等理解不同而产生分歧。一个优秀的沟通者，能够迅速把握到对方坚持"理"的本质，并随之推演其行为。（3）情，就是人与人之间的情感联系，通常与沟通双方的个人情感体验密切相关。情感体验纯属个人，但在组织沟通中，由于人与人的关系会形成的一个网络，因此，如果处理不好，会将不好的情感体验范围扩大。譬如，本来与某个老同志进行工作中的正常沟通，但对方认为你伤害了他的自尊，结果引得一众老同志不满。

沟通中的问题，多是以"法"为基础，"情"与"理"相互纠缠，因此沟通中应聚焦到问题本身，防止范围扩大。沟通双方在心底深处打何种算盘，是钻制度空子，以制度为工具达到自己的目的，还是真正为了实现组织目标，都无法逾越"法"的基础。但在实际沟通中，一般很少直截了当地拿制度说事，而要"晓之以理、动之以情"。由于你说的是情，他说的是理，两者相互纠缠，最后就会乱成一团。这时，最好的方式是简单化，防止相互纠缠。

人性推演中的"法""理""情"，最重要的是跳出自我，站在全局的角度思考对方的"法""理""情"方面的逻辑。

曾经看到这样的真实场景。有人在街边地摊买东西，突然被路过的人骂了一句。买东西的人与骂人的人素不相识，被骂了之后，很气愤地回头喊道："你干吗呢？"这时骂人的人不气不恼，面带微笑，满面春风往前走。明人一看，那肯定是精神病患者。被骂的人可能没看到这一点，也可能是觉得就这样被骂了有些吃亏，就接着再吼道："你神经病啊，你骂我干啥？"这时，地摊老板赶紧拦住："别吼了，他要打你怎么办？"

地摊老板说的就是人性推演。

正常人所犯的错误就是太自我，以为精神病患者的"法""理""情"逻辑与自己一样。

9. 改变人很难，但还得改变

阅读思考

1. 改变人难，有必要改变吗？
2. 为什么改变人的工作常常流于形式？
3. 改变人的突破口到底在哪里？

管理随笔

1

朋友近期去参加了一个领导力的培训。

进门之后他发现，课堂现场是经过精心策划的，音乐、灯光、背景以及面带微笑的职业化服务员都现代而精致，朋友瞬间感受到了久违的"成功氛围"。开始上课时，讲师如同明星一样，在主持人极力渲染的气氛下，在音乐声、掌声、欢叫声的簇拥下，以成功人士的形象走上了讲台。接着是游戏，上届学员讲授成功经验，以及带有煽情性质的案例点评。课堂现场有点粉丝见明星的感觉。时间过得真快，所有人都感受到了前所未有的畅快与感动。"但是有点像传销培训。"听完之后朋友说。

管理培训作为一项管理活动，自然是为达成组织的管理目标而服务的。从理论上来说，培训总要有一定的目标，因为培训是参加者的素质与组织要求之间出现差异才开展的。"缺什么、补什么"是其中一个原则。这个"缺"，可以是组织现在的"缺"，也可以是未来的"缺"。这个道理几乎所有企业都了解，尤其是"员工素质模型"和"培训需求调查"之类新工具或新名词出现之后，许多管理者更是不遗余力地寻找着组织素质能力的短板。在内训不能满足要求时，企业开始寻找"外来的和尚"。在这样的背景下，管理培训师的队伍越来越大，不断为企业提供着"补"的服务。

但是问题恰好在这里：到底该怎么"补"？培训学员该是一个轻松、快乐、保健式的过程，还是一个类似军训一样严肃甚至痛苦的过程？不同的观点决定了不同的理念。很多培训机构选择了前者，认为这就是成人教育的特点，发展到极致就是现在"传销式"的管理培训了。

符合成人教育特点的轻松、快乐的培训体验，本身没有错，可怕的是在盲目追求"轻松"中，培训性质发生了变化。培训开始泛娱乐化、泛评书化、泛相声化，现在又开始传销化。娱乐化让严肃的培训课程变得轻松，评书化让枯燥的知识在兴趣中得到传述，相声化让学员在会心一笑中领悟到管理的内涵。这些技巧无可厚非，但多了一个"泛"字，就让人疑虑了。泛娱乐化、泛评书化、泛相声化明显是舍本逐末，忘记了管理培训的根本目的是为组织"补缺"而非逗学员乐。现在又开始把传销的技巧引入，更让人感到可悲。

在这样"泛"化培训及传销式培训过程中，讲师尽其所能，用演艺界明星的手段逗得学员们高高兴兴，让学员经历了一场艺术般的情感满足。在掌声和笑声中，讲师获得了极大程度的被尊重的满足；学员则在讲师有如催眠师一样的魔术棒指引下，重温着童年的游戏，多年被现实磨砺的身心得到了极大程度的放松。结果是，讲师所面临的"学员意见反馈调查"的压力被巧妙回避，培训机构商业盈利需求得到满足，一系列调查数据又足以让企业培训负责人向组织交差。在这样的三方共赢的格局下，到底谁付出了真正的成本？当然是组织。执行力培训进行了若干场未见执行力的提高，领导力培训花了大把银子未见领导力的改观，现在还要继续层出不穷的多种新概念、新技能的培训，谁仔细算过公司投入产生的账？

军事演习一般的管理培训，我们只能从有关商学院的报道中窥见一斑。

许多企业对之愿意接受，培训机构也愿以此类"实战型"特点作为宣传的卖点，可常常也只是叶公好龙而已，真正操作时还是本能地选择"泛"化。原因很简单，真正实战式的培训组织起来难度太大，对学员学习期间的要求也高，结果要求也清晰，给老板交差难度也高。一句话，很可能会出力不讨好。在选择轻松方式足以让培训机构、培训讲师、企业培训负责人甚至老板满意时，谁愿意冒风险去做这些吃力不一定讨好的工作呢？

所谓军事演习一般的培训，实际上并不一定会非常残酷，而是真正基于管理活动的要求。作为一项管理活动，培训仍然需要经过战略可视化（明晰行为的目标）、计划项目化、沟通有序化（学员演示汇报）、考核数字化（用尽可能量化方式考核）、激励组合化（衡量各方的投入产生并进行激励）等过程，不可能仅仅是一场"文艺"演出或走形式般的计划与汇报。但是，这样的理念对任何一方似乎都严格了些。年前一家香港上市公司与我谈全集团的管理者培训。当听说我要安排学员完成专项作业时，非常赞同；当听说专项作业的题目要与学员所在单位的领导共同确定，并且作业要经单位领导审核的时候，直摇头。当听说我要进行案例练习时，非常赞同；当听说我要对学员案例评分并进行排序及末位曝光时，直摇头。直摇头的理由，主要是学员都很忙没有时间；学员都是各自单位的骨干，对培训中心本来就很挑剔；学员都是成年人了习惯公开场合去"听"而不是"说"；学员平时都很忙，趁培训时正好休息一下之类。末了，该企业最终还是选择了一个"相声"培训大师。可培训完成之后，据领导说，"该会的还是不会，该提高的还是没提高"，于是又在制订下一年的培训计划了。

正是为了达成一定的管理目标，而达成目标本身不可能自动自发地完成，才需要投入一定的时间、人力、物力、财力。如果在听"相声"的快乐之中，战略就会制定了，考核指标就会设置了，六西格玛的统计学知识就会运用了，生产系统的成本就会优化了，管理理念一下子就脱胎换骨了，那么相比之下，哈佛之类名校老师水平也太差了，那些学校的MBA学生的基础就太差了，要知道他们第一年还要经过炼狱般的磨炼呢。对我们现在的培训来说，事实上大部分学员的基础并不好，稍微带点高等数学的知识就显得有难度，稍微新点的知识就会扯不清。由于经验所囿以及从事的职业远离管理知识等缘故,要想真正达到组织的要求,成人学习所必须遵守学习的规律,那就是带着企业交给的问题来听课,用学到的知识来完成问题的解答,熟悉领域的知识及时更新,不熟悉的知识就要"硬"着头皮学。苦是必然的,这一切过程,绝对不是"相声"或"传销"式的煽情所能完成的。

管理培训要达成目标,就要以真正提供组织满意的价值为努力方向,而不必仅仅局限于学员满意与否。我们在一家上市公司进行平衡计分卡的中层干部培训,采取阶段末位曝光制。我们采取末位淘汰,让学员知道这种培训是学习,也是竞争;是提高,也是市场选择。其间,学员经常加班加点进行案例准备之类学习,其压力程度不亚于"投标竞争"。就这样,还有学员在课堂讨论中不时冒出一些惹得全班同学大笑的"外行语言"。我不知道,如果用娱乐相声式培训会是什么样的效果。如果仅仅追求学员情感愉悦,组织目标又如何能够达成?事实上,当基于组织价值最大化的目标时,苦是苦点,学员的满意度却非常之高,虽然在课堂上有人会为自己的作业分数而气馁。

令人感到欣慰的是,部分企业开始真正关注管理培训的效果,反思那些相声般甚至传销式的管理培训了。遗憾的是,还是有那么多企业在购买着泛娱乐化、泛评书化、泛相声化的培训产品,甚至对传销式管理培训情有独钟。这里,我所能做的只能是提醒企业,莫把你的管理培训做成传销式培训。

2

自己革自己的命必然是痛苦的。

如果期望通过培训解决管理问题,培训的"苦"当然不能少。

当某公司人力资源总监跟我抱怨"培训投入大但收获小"时,我不由得想起了上面的话。这家公司曾经请过名震江湖、日收费数万的大师讲过课,也请过名不见经传但颇能讲的一般培训师讲过课,但效果都是学员听时感到很愉快、很有共鸣、很值得深思,但第二天一切照旧,并没有多大改善。

期望用培训来解决某个特定的管理问题,注定只能是回回期望、回回失望。

我也讲课，但我更多的是做咨询。在我看来，培训就是一项管理工作。管理工作是要达成管理目标的，否则就无效。由于企业本身对培训的目标很模糊，便给了培训师更多发挥的空间。培训相声化、娱乐化甚至传销化已经成了潮流。学员们在精心设计的现场中，形成一种集体无意识状态，随着培训师娱乐化的思维而转动，最后完成一场愉快的心路历程。结果仅此而已。

企业人力资源部门常常会强调培训太累，而学员们平时都忙、都辛苦，所以最好寓教于乐。在这样的导向下，如果培训师讲课枯燥，可能根本拿不到培训合同。何况还有学员对讲师培训效果的评估，这个评估影响到培训合同的尾款。于是，培训活动自然会借用娱乐明星的一些招数，如培训现场布置、音乐、包装、相声、小品……不一而足。

培训应该是解决问题的，无论是人力资源部门、学员还是培训师，应该清楚要解决的管理问题是什么。明晰管理目标难，要达成目标更难，达成培训目标又怎么能够轻松呢？

我所说的管理培训应"苦"起来，有三层很"土"的含义。

一是传统的"棍棒底下出秀才"。对职业人士来说，学习本身很难自动自发，因此，培训过程中必须施加压力，最好让学员不断挑战极限。如果都能自动自发地学习了，还要培训做什么？

二是传统的"良药苦口利于病"。许多问题的解决需要直接的方法，也就是针对问题直接去找答案。培训老师所讲的许多道理，事实上学员都懂，关键是遇到具体问题时如何去做。在这种情况下，总讲一些伊索寓言、圣经故事有什么用？直接将问题提出，让学员痛苦地思索、痛苦地适应、痛苦地训练，才能在培训中得到答案。

三是传统的"解铃还需系铃人"。任何理论的答案都必须有行动支撑，而企业中的行动往往是相互制约的。就像小孩子制订学习计划，一下子制订了很多，结果落实到每天发现二十四小时不睡觉都完成不了，后来也就不了了之了。培训中获得了答案，在日常工作中，还需要结合实际调整，使之可行。

无法衡量就无法管理。在整个培训结束后，必须有可以衡量的行动来评价培训效果。每个学员应拿出结合自己情况的学习成果，可称之为必须"交作业"。这个作业必须是与企业有关的实实在在的作业，而不是一些故事类的闲扯。

我们在企业中做的战略思维训练的培训，就是按"苦"起来的理念搞的。十多个甚至几十个中高层，集中一周时间进行挑战极限训练，可谓非常残酷，但是效果非常好。"棍棒底下出秀才"，指的当然不是不文明的体罚，但比体罚更"残酷"，其中之一就是将绩效管理的方法用到培训中，每个人的成绩一目了然。结果，为了这个培训，许多人晚上加班学习到一两点，学习理论、查阅公司资料、上网进行同行研究……打破了参加工作以后"学习的最长时间"。"良药苦口利于病"，在培训提供的思维框架下，来自不同部门的学员激烈争吵，直面公司管理中的问题，认真分析研究，寻找对策。"解铃还需系铃人"，针对具体问题改善的行动方案做出来了，而且通过课程上学的方法形成了行动责任矩阵，具体落实了责任人、时间点，量化了成果。

解决具体管理问题的管理培训，不可能是轻松的，必须"苦"起来。培训完后，学员们说"苦中有乐""时间还是太短了""不相信这么短的时间内做出这么多东西"。当然，管理培训"苦"起来的两个前提是，公司真正想通过培训来解决管理问题，且培训师愿意像咨询师一样自我挑战。

3

上周五，L部长打电话讲这次培训的效果出奇的好，不但学员全都到齐，而且听课认真，测试结果也非常好。领导满意，学员们也满意，可以说是皆大欢喜。

L部长是一家大型集团的企业发展策划部部长。他们部门负责公司的IT化建设。去年公司花了一百多万与软件公司合作开发了项目管理软件，结果今年推广时却并不顺利。从整个建筑行业来看，他们公司上项目管理软件不算早也不算晚，顺应了趋势而已。经过技术分析，推广不顺利的原因并不是软件不合适，而是人们对工作习惯的变化不适应。可以说，阻力有些大。

公司在以前推广办公系统时就曾遇到过这种阻力。当时导入办公系统时，几乎是一片反对声。后来，公司组织领导小组，一个部门一个部门去强行推广。现在，大家习惯了办公系统的高效率，反倒离不开了。以往的经验告诉他，对于新事物，有时还是需要强推。

其实大家也感到新的办公系统肯定好，但是都认为学习起来麻烦。麻烦是企业里常常可以听到的两个字。对于变革，一旦有了组织共同的抵触，推动起来就会不容易。L部长组织了来自各个项目的学员进行培训，本意是先培养些种子，然后回去在项目上开花结果。可事实上，这些长期在外地项目的种子选手，很自然地将回来培训看成了一次回家探亲，三天的培训课，时来时不来；来的人，也是随着兴致，爱听不听。这样的培训效果可想而知，更别提让他们学完后回去推行，开花结果了。

对于这种情况，L部长非常着急。他在三个方面进行了努力。一是去找领导。领导非常支持他，也在大会小会上多次要求，但是领导也认为做外地项目的人太苦，不必过于计较。二是直接与各个部门和项目经理去谈。谈的结果是，对方要么对下属批评几句，要么就根本不理。L部长为此没少得罪人。三是要求课堂严格一点，要求讲师讲课一定要生动，学员听课一定要认真。可这个要求学员也没配合遵守。

其实，这种现象在这个有着五十年历史的大型企业并不鲜见。培训常常有一个美好的愿望，但是结果却不尽如人意。

我那时正好在这个企业做另一个与培训无关的管理咨询项目，与L部长的关系很好，对他的敬业精神非常认同也非常理解他的难处。我决定和他一起想想办法。

经过共同分析，我们认为在假定软件推广这件事本身没有错的情况下，推广不力的原因主要是没有认识到软件推广本身是一场组织变革。这话虽然有些绕，但道理还是得讲的。如果是变革，那就要符合变革的规律，也就是说要进行一些策划。"诱导"也罢，"诱骗"也罢，得想些"招"让大家在观念上先解冻，然后再导入并固化新观念。我说，现在之所以推广不力，主要在于没有根据组织变革的规律来推动。具体地说，有四个方面做得不到位：一是领导支持不力，而任何组织变革没有领导支持是不可能成功的；二是培训需求把握不足，没有真正找到学员需求的突破口；三是培训组织不足，仅仅把培训当成了讲课，没有考虑到成人学员的特点；四是培训后续推动不足，没有安排定期或不定期的持续性培训。

对于这些原因，L部长非常认同，他接着问一句："说归说，该怎么办？"我们经过分析，认识到四个问题：一是组织需要达成目标，也就是软件必须推广，这是铁定的，不然交不了差；二是成人学员讲求实操性，同时讲求组织荣誉，也就是好面子，这点可充分利用；三是培训是有目的的，不能仅仅当作讲课，要有层次性地推广，也就是说不能仅仅是一次讲课不行再讲一次，而是要提前策划好，并有考试；四是培训不是一次性的，而是持续的过程，包括集中培训、项目自培训等。

最终，我与L部长认真地形成了一个解决方案。大体意思包括建立领导支持培训机制，"诱骗"领导入套，让领导不由自主地大力支持；把培训课程分解成若干个体系，明确这些"种子"员工受训回去要讲的内容，以及优秀"种子"到其他项目或子公司交流讲课的内容，给"种子"们加压；再就是培训完要考试，考试结果要在公司网站以及内部媒体上公布，其核心就是让"种子"知道他们的学习结果是要反馈给单位的，是要讲课的，且讲课内容总部是要检查的，等等。

我和L部长一道，花了一个小时将这些想法写成了几页制度。他们领导看了之后，感到新颖，同意一试。

实施中发现，事情比想象的要简单得多。人们并不是不愿意接触新事物，而是缺乏一个新的机制打破组织思维的习惯。一是给领导下的"套"，并不是真的套，而是给领导汇报一个个具有亮点的过程，让领导在各种场合讲话时作为备讲内容，偶尔提一下可海阔天空地发挥。领导知道怎样做了，"支持"起来也就没难度了。二是给学员们一个这次"动真格"了的信号，引导学员心态的变化。以往学员从外地回来，感到学不到什么，自然不愿意学习，成了恶性循环。三是给培训组织者一个推动的规则，让大家感到有章可循，推动起来也非常得力。关键一点，要考试，考试结果上网。这些做法避免了有计划、没组织或有目标、没考核等常见问题。

顺便说一句，最初设计中我提出要对考试结果强行排序，后百分之五必须重修，没有被采纳。L部长担心，这样力度太大，太"狠"了。后来他们改成了，考试不及格的不给报销差旅费，对当地学员则建议将表现与当月奖金挂钩。我当时讲，要对排在末位的单位负责人点名批评，排在前几位的表扬，也没被采纳。但是，这么清楚的排名，也是对各单位的一大冲击。我问L部长，有人骂你太狠了吗？他说还真没有人骂，大家都说培训就是要有培训的样子。这样挺好，但我估计排在末位的人不会这样想吧。据说，该企业决定以后处级以上干部的培训也采用类似方法。我想，过去不是学员错了，而是管理者错了。这就像市场竞争，不是顾客错了，而是商家错了。

管理重思

人是很难改变的，所以选错人、用错人是管理中最大的成本。如果能够选对人，所选的人既有意愿干事，又有能力干事，那么再省事不过了。遗憾的是，这类人可遇不可求，就算遇上，企业也未必留得住。因此，企业常常觉得自己没有人才，甚至相当多的企业管理者，面对不如自己意的员工时，会在心里暗暗地想："等哪天有了合适的人，一定要把这家伙开除掉！"但这种想法只能是空想，因为我们不能假定人力资源无限供应，也不能假定我们有能力无限获得。因此，选人、用人、留人，育人的工作不论有多难，都是不得不做的工作。

1. 冰山理论：有趣的育人理论基础

要说培育人，还得说起前面提到过的心理学家麦克利兰，就是提出A型动机及权力分为个人化权力与社会化权力的那位心理学家，他是著名的冰山理论的提出者，也是后来广为传播的胜任能力素质模型理论提出者。他对管理学的贡献集中在人的激励理论方面。当时，马斯洛总结的需求层次理论风靡一时，被普遍认为对管理工作有着非常务实的价值。然而，麦克利兰对马斯洛理论的普遍性提出了挑战，其认为马斯洛的"自我实现"可能并无充分根据，只是理论设想，而且认为马斯洛过分强调个人的自我意识、内省及所谓的内在价值，忽视了来自社会的影响。他及他那一流派的人经过大量的研究得出结论，人类有三大需求或动机：成就动机、亲和动机（与人交往的需要）及权力动机。这些需求和动机不是先天就有的，而是后天形成的，是由环境决定的，因此他坚信人是可以改变的，是可以培养出来的。

他的冰山理论指出，人的素质划分为看得见的部分与看不见的部分。看得见的部分是技能、知识，看不见的部分则是动机、特质、自我概念、社会角色。在他看来，冰山以上的技能、知识只占人的素质的很小一部分，冰山以下很大一大部分才是素质的决定因素。

2. 改变习性：育人的突破口

那么根据冰山理论或相关理论，人又是如何培养出来的呢？他的基本逻辑是一致的：既然环境对人的影响很大，那么就从环境着手，通过后天环境的变化来进行人的塑造。请注意，他所说的环境不是自动自发的环境，而是带有一种"高压强制"的色彩。

拿社会角色为例。社会角色是冰山下隐性的部分。它要回答的问题是，你认为你在社会中扮演什么角色。这个问题看似简单，却是知易行难，但知行合一却效果非凡。一个年轻人读了MBA，想未来进入职场成为一名职场精英，再具体到想成为一名出色的有上市公司签字权的注册会计师。这就是社会角色定位，它必须是明确的、具体的、可见的，不能笼统地说我想成功，我想挣钱，那是欲望，不是角色。这位年轻人的定位是出色的注册会计师。然后，从他想成为注册会计师那天那刻开始，他就要把自己当成注册会计师一样看待，他的外在表现，如穿衣打扮、言行举止等都向优秀的注册会计师看齐，他的内在素养，如思维方式、商业分析能力等也向注册会计师看齐。需要考最难的注册会计师证，再难也要考，因为这是必需的，无需理由的；需要熟悉掌握天书一样的会计准则，那就学呗，因为这是必需的，无需理由的。也就是从这一刻开始，他就是一个注册会计师，不过只是处于入门前阶段而已。也许，我们觉得他开始是自我欺骗，但如果他真正笃信这一角色，他最终必然会成为社会中优秀的注册会计师。

3. 突破过程：想的与做的相分离才是最大煎熬

实现这个社会角色的过程当然是痛苦的，它要挑战自己很多人性上的弱点。刚开始他会抵触，因为他的动机还不那么纯正，后来慢慢地他习惯成自然，再到后来认为那是应该的，在价值观上也完全接受，一切就浑然天成。

一些成功的创业者，曾经多次身陷低谷、山重水复，为什么还能一而再再而三地渡过难关？原因之一就是他们对自己的社会角色已经有了清晰的定位。已经走在了创业的路上，永远无法回头，那么只能有一个方向叫向前。这时，他们知道喊苦喊累没有任何意义，因为这是企业家这个角色所决定的。同样地，人们不用奇怪，为什么有些企业家已经几近弹尽粮绝，依然能够谈笑风生，依然能够与别人非常严肃认真地谈数千万上亿的大项目？因为他们已经在心底将自己的角色定位为企业家。

人最怕的是，心中想的社会角色与实际表现出来的社会角色相分离，那才是真正的自我欺骗，而这种情形却在社会中成为常态。一位准备考注册会计师的考生，长时间进入不了备考的状态，非常乐意与人谈论注册会计师考试的难点与重点、出来后就业的优势与劣势，学三天、休三天，那么他的角色充其量只是准备考试的考生，而不是考生。同样地，社会中有大量准备减肥的人、准备提升管理能力的人、准备做市场开发的人、准备创业的人。这种角色的分裂会让人处于一种不踏实的煎熬状态，这才是突破过程中最为可怕的事情。

麦克利兰的理论提出后，被很多人质疑，认为动机很难被重塑。他的回答很霸气：我都已经实践几十年了，通过培养成就感，重新塑造了无数经理。他的确带领一批心理学家在哈佛大学创造了"高压"训练方法，进行商业管理人员的培训培养，还坚持了若干年，确实取得了不错的成就。

10. 认知局限是一口井

阅读思考

1. 为什么说"认知局限是一口井"？
2. 管理者如何识别自己和别人的"认知局限"？
3. 怎样理解"磨心"是一门重要的功夫？

管理随笔

我的车开了多年，总是到 4S 店去维修与保养。对于多年的旧车，一些简单的保养，如更换配件等小事，我的一位对车非常懂的朋友总是告诫我，这些小件没有必要到 4S 店去维修与保养，一是花钱多，二是耗时间，三是服务也不一定多好，不如找个自己熟悉的、可靠的路边店，随到随换，东西还保证与 4S 店的一模一样。

我同意他说的，但我从来不按他说的去做，也就是我还是到 4S 店去。

他曾经好多次非常奇怪地问我："你去一下路边店怕什么？"

我也解释过好多次，每次理由都大同小异，但连我自己都觉得未必站得住脚。我每说一个站不住脚的理由，朋友总可以见招拆招。譬如，我说没有可靠的路边店熟人，总觉得不安全，朋友马上说他可以给找路边店的朋友……结果，我还是没有去过。

我也与别人聊过这个话题。

其中一位女性朋友给了我坚决的支持，差点没把我笑喷："坚决不能用路边店的，确实不安全。我给你说啊，我现在给车换玻璃水都要去4S店，再简单的事，还是到4S店安全。"

我马上有了给她解释玻璃水完全可以自己换，但我强忍住了，谁也叫不醒装睡的人。在这一点上，我和她一样，都是不愿意做一件事；在这一点上，我与我那位懂车的朋友也一样，都觉得那事其实非常简单。

在做了这一番反思之后，我至今还是没去过路边店，也没去过网上的配件店。之所以这样，我仔细听从自己的内心，发现一个非常有意思的心路历程。作为一个从机械行业逃到企业战略领域的人，所学的机械知识从学校毕业出来时就忘记带了。我总觉得汽车是一个富含科学原理的庞然大物，甚至带有点神秘性。我很难将汽车仅仅看作一个一个零件堆砌出来的机器，而更愿意将汽车看作一个有生命的家庭成员。我的这种感觉，与我朋友的显然不一样，他对机械有种天然的熟悉感，在他眼里，汽车就是由配件构成的，坏了就换，而且在哪里换都一样。

由于认知的差异，在一个人眼里简单的事情，在另一个人眼里却会非常复杂；在一个人眼里不可能的事情，在另一个人眼里却会是司空见惯的平常事。而最可怕的是，人们总是习惯在自己熟悉的领域转圈。

这种行为表象上看是知与行不合一，明明知道去路边店可以，却不愿意去做，故而知行不合一，实际上情况可能并非如此。"知而未行，只是未知。"我之所以不到路边店去，你说得再好，我还是不去，是我从内心深处只相信我的知，你的知再好，我就是不相信。这时的知已经不是知识，而是认知。我与我的知总是知行合一的，而所谓不合一，只是表象而已。我就是知道我认知有局限，可一想要去找陌生的路边店等非常"烦"的事情，我倒愿意在熟悉的领域按熟悉的模式做事。为此，我还可以给自己找个非常合理的理由："又花不了几个钱，何必呢？"

在熟悉的领域按熟悉的方式做事，就是经济学中的"路径依赖"，即人们总习惯按自己的习惯去思考与行动。譬如，在一个教室随机占座。一个人第一天坐到某个座位，到了第二天还会倾向坐那个座位，第三天、第四天及以后总倾向于坐那个座位，最终他会在潜意识里认为那个座位就是他的。如果某天有一个新来的人坐到那个座位上，他会认为新来的人抢占了他的座位。

路径依赖是表象，根本上还是认知模式中的原因。在与一些小老板接触中，我常用此例子来讲认知局限，总是能够引得他们哄笑："怎么方便怎么来，你们这些人怎么这么复杂？"

老板们往往都是实用主义者，很多人爱车，对换车配件、简单维修之类的事，很多人都自己动手干过，故而觉得不是问题。但相当多的老板，都觉得财务会计知识非常难，甚至会觉得财务是一门非常精密的学科，有点像我对车的感觉。

我于是经常反问一个问题："财务报表其实并不难，拿一本财务会计教材，好好看一看，依你们的聪明才智，不至于连三张报表都看不懂吧？"

"不，不，那东西太难了，不是你说的那么简单""真看不明白，借贷跟平常的感觉不一样""真应该看，但确实没有时间"……

理由五花八门，但意思都是一样的，财务非常重要，不能直接看懂财务报表真不行，但确实不愿去学。

真是难者不会，会者不难。

人们总习惯在自己的认知模式中打转。

非常有意思的是，我把修车的故事讲给一位朋友时，他举了一个开A8的老板的故事。这个老板白手起家，属于那种没有学历但可蹲在现场死磕科研还搞出名堂的人。他的科研技术成功了，企业要上市了，从此对教科书及书生们不屑一顾。开了A8以后，就认为这车不就是由一个个零件组成的，坏了就换，去4S店干吗？车出问题了，自己凭经验判断该换什么，路边店买了就换了，就如同有些人有病不去医院，自己凭感觉买点药就成了。后来A8发动机起火了。

这让我想起新股民常常问的一个问题，到底应不应该看技术指标。有人回答应该看，说看了技术指标能够赚钱，顺手会举很多例子来证明；有人回答不应该看，因为股市看技术指标没有什么用，顺手也可举很多例子来证明。

面对这个问题，老股民常常会笑而不言，心里想又一波韭菜来了。

> 管理重思

认知局限是一个复杂的话题，要想三言两语讲清楚根本不可能。即便所谓理论上似乎讲清楚了，讲者未必能讲透真谛，听者也未必能领悟真谛。为此，需要不断"磨心"。

磨心是每个人一生的重要功课，也是打破认知局限的功夫。曾有一段时间，互联网上特别流行传播商界名人的语录集，如字节跳动创始人张一鸣成名前发表在微博上的管理心得，商界牛人段永平的投资心得等。如果我们仔细阅读这些内容，会发现他们的共同点就是持续的磨心，也就是磨掉人性中的局限性。譬如，张一鸣曾经探讨过一个有关自律的话题。他思考"为什么刷牙不能坚持认真刷，为什么在跑步机上能坚持跑步？"后来他得出一个结论，对抗人性中的"懒"需要使用一些工具，如指标系统。在他的这些微博中，还有好多有趣的内容，如练习保持耐心，即使是在快节奏和压力大的情况下，也应该让肾上腺素和理智一起发挥作用，等等。连续读下来，从中可以清晰地感到他在不断针对"懒""不够耐心"进行磨心。读段永平的投资心得也有类似的感觉。

（1）磨心就是磨私欲。目的是让自己的认知尽可能接近真实世界的样子，避免自己的私欲蒙蔽了眼睛，防止世界在自己的眼中变形。对管理者来说，准确地理解"立场"非常关键。挤地铁没挤上去时，希望里面的人再挤一挤；挤上去了，又希望下面的人不要再上来了。这就是立场不同，观点不同，也就是常说的屁股决定脑袋。磨私欲，就是要防止私欲将立场的局限性放大。

（2）磨心要从小处着手。我们的人性中必然存在诸如贪婪、恐惧之类，这些东西虽然隐藏得很深，但总会在一些小事情中露出马脚。譬如，公司发奖金后，面对别人比自己多，不由得会生出一些嫉妒之心。虽然不会表现出来，但自己心里的念头自己知道，既然露出来了，就及时磨掉。小事磨了，大事就不会乱。

（3）磨心要在人性深处磨。磨在深处，就自己去解剖自己，找到私欲背后的共性逻辑，尤其是价值观等方面的逻辑漏洞，从而对其进行改变。譬如，面对下属的当众顶撞，自己当时假装不生气，但内心深处却气到极致。那么可以在事后及时复盘自己的整个心路历程，从而找到动"气"的源头，如自己对权力看得太重等，最终让自己能够做到不动气、中正平和。磨心并不是让人自虐，而是让人更加真实地面对世界，至于对当众顶撞的下属的处理，应该一笑而过就一笑而过，应该开除就开除，应该奖励就奖励。至于何为"应该"，当一个人的心里真的不动气、中正平和时，自然就能够做到"应该"了，否则"法"（公司的制度规定）、"理"（约定成俗的规矩）、"情"（人与人的情感联系）都会因为心中有气而被用错。

（4）磨心要在事上磨。管理大师德鲁克说，管理是一门实践学科，本质在于行而不在于知，突出强调了管理的实践意义。这里，他说的"知"主要是指知识、理论，行主要是指实践。这里重点强调实践的重要性，也就是王阳明心学所说的"事上磨"。王阳明说："人须在事上磨，方能立得住，方能静亦定，动亦定。""知是行的主意，行是知的功夫；知是行之始，行是知之成；知和行是一个本体、一个功夫。知而不行，只是未知。"如果把"知"理解成"认知"，行的理解不变，能够更好地理解王阳明心学的要义。

行文至此，本篇即将结束。如果真要用三两句话总结，那就是：人性的微妙之处就在于，离开事谈人性，人人都可以坐而论道；在事中，人性的善恶都会原形毕露。小事中，慈悲善良，大事中，贪婪恐惧；利益之外，慷慨大方，利益之中，锱铢必较。心不纯，世界就小，认知就有局限。

每个人心中都有一口井，都是在自己构造的世界里表演。管理的真谛就是"人和事是一个硬币的两面"，所以要不断强化"事中磨"，或者说要在实践中提升。磨掉心中的那口井。心上的井，要根除是不可能的事，就像提纯黄金，再怎么提纯，纯度可以达到若干个九，但永远不可能百分之百。尽管这样，磨心的功夫仍不可缺失，因为唯有此道，尚无他法。

第4篇

管理的价值

1. 管理好是效益好的什么条件

阅读思考

1. 管理的价值体现在什么地方？
2. 管理好是绩效好的什么条件？

管理随笔

我把这个问题抛给了一个备考 MBA 的同事。在考 MBA 时，逻辑题里就有这种折腾"充分、必要、充分必要、非充分非必要"的题目。

他的答案是既非充分也非必要。管理好不一定效益就好，因为影响效益的因素非常多；效益好，也不一定管理就好，这一点在中国这样的转型社会中更是明显。我又问，要是这样，那为什么还要强调管理的重要性呢？

这个问题玄了些，类似哲学般的思辨。

我之所以要问这个问题，是因为前几天听了两个老板之间的故事。两个老板，A 和 B 都是开饭店的，后来合作开了一家店。其中 A 老板在与 B 老板合作之前，开着一个连锁店，生意还不错。B 老板一直开单店，曾尝试过开第二家店，但失败了。B 把失败原因归结为自己的管理不行，于是想和 A 合作。A 扩张时需要 B 的资金，B 需要学习 A 的管理，一拍即合。

A 一直夸耀自己的管理水平如何如何高，让 B 感到很惭愧，也更加仰视。

合作的店开张了。尽管做了很美好的营销策划，但是生意并不好。A 开始着急，并不断地在 B 面前念叨生意如何不好做之类的事情。按 B 的说法，"他像个老女人"。于是 B 与我聊，A 管理得那么好，生意怎么就不行呢？相反，在同样位置的其他店生意却很好。

这个问题让我想到了管理好与效益好的关系的命题。

我说我是这样想的。

首先，A 也不一定管理水平就有多高。做生意，尤其是与食品相关的行业，内心里应该多点对生意的敬畏。生意好了，别过于得意；生意不好，也不必过于计较。生意好了，就狂吹自己管理多牛多强，是很危险的事情，因为这个行业更需要兢兢业业，一个小小的闪失，都可能带来关张的命运。他能那样吹嘘自己，我怀疑他是否真的能管理好，毕竟只是刚开始开了几家连锁店，也就两三年时间。

其次，管理只是能够促进生意好的因素之一，但是这个促进作用更多是长期的。我们能够感知到一个小个体餐馆与一个大连锁餐馆的管理差异，能够感知到谁的管理好谁的管理差，但是一定要说管理在其中起多大作用，倒是一件困难的事。譬如，一个特色菜恰好满足了顾客的需求，可能就将餐馆带火了，而一堆管理工具和方法倒未必能做到。

最后，在短期里，管理好的作用不一定能够立马看出来，但是管理不好的副作用倒可能立马显现，不过也不一定就会显示到效益上。譬如，人们可能会奇怪，为什么服务员愿意少拿三百元去另一家餐馆，而不愿意到你这里来？其中可能就有管理不好的原因。

再回到题目的问题：管理好是企业效益好的什么条件？从短期来看，可能还真是既非充分又非必要条件。因为短期内，效益要好，可采用的办法很多，管理只是其中的一个，而且是不起眼的一个。但从长期来看，企业要想可持续发展，还是得不断提升管理水平。没有管理水平，徘徊在低层次的企业，无法实现可持续发展。

2

最近接触一个老牌企业。这个企业的管理基础非常薄弱，几乎可以说没有建立基本的科学管理体系。由于是垄断行业，而且是从行政部门转过来的，因此市场竞争意识弱，人们更看重的是关系而非管理。

对于这样管理基础薄弱而员工收入却不低的企业，我真是懒得谈论管理理念的变革。我辛辛苦苦地在那里学究般地讲了半天，可能效果只是演了一场戏，还不一定让人看得过瘾。

在部分人的眼里，我是正式工，国家规定有工资级别，就是我不上班，也得给我发工资，要不，就会理直气壮地上访，你还能把我怎么样。而领导最怕的就是上访。当然，在所在企业的环境中，员工一般也怕大老板，大老板一般"根"都硬，惹毛了，不好收场，但他们不一定怕中层管理者。这样，对于如何管理这个问题，感到压力最大的就是中层了。"要不要管？"他们急切地问。

我的回答非常清楚："当然需要管理。"当然，面对这样的情况，我的答复也多是"坐而论道"，虽然我一直反对坐而论道的方式。

原因很简单，社会需要规则，没有规则就谈不上和谐。和谐的"和"，一边是"禾"，一边是"口"，什么意思呢？就是人人有饭吃。和谐的"谐"，一边是"言"，另一边是"皆"，什么意思呢？就是人人能说话。但是人人有饭吃，并不等于人人可以到处乱吃饭，谁的饭都可以随便吃；人人能说话，也并不等于可以遇到谁都能随口骂。就像是城市交通要做到人人有路走，并不等于人人可以不遵守交通规则。只有遵守了交通规则，人人才可能有路走。同样的道理，只有人人遵守了吃饭、说话的规则，才可能人人有饭吃、人人都能说话。

往深了说，具体到企业里，人人有饭吃的规则是什么呢？就是"多劳多得，按劳分配"。规则面前人人平等。如果不打造并让人遵守这样的规则，就意味着"吃饭"的规则被打破了。规则一旦形同虚设，短期内会伤害一部分优秀员工的利益，长期看甚至会伤害整个企业的利益。

人人能说话的规则是什么呢？就是要让每个员工都能充分表达自己的思想，其规则就是所说的话要能够有利于企业利益。当然，每个人也可以为自己利益说话，但不能违反组织利益最大化的规则。

和谐社会中,企业更应该加强管理,按组织运行规律来运作企业,否则就不叫和谐了。

我这样的"说教"本来以为不会有作用,没想到效果还可以。许多人对我讲:"我听明白了,和谐社会更要打造一个好的机制,不能靠人治。"也有人给我讲:"我同意这个观点,但是如果没有一个合适的管理机制,就不应该管那么多。"我无话可说了,这好像就是说,不是我不来上班,而是你没有搞出一个公平机制,你凭什么不给我发工资?对这样的逻辑我真是哑口无言。

管理重思

在讨论管理是必要条件还是充分条件之前,先有必要做一些说文解字的工作,给"管理"下一个定义。我们受过科学训练的人都知道,如果起始没有一个清晰的概念界定,那么,往后的研究会头重脚轻,根底不牢。

1. 管理是什么?

遗憾的是,管理学的确没有给"管理"一个非常明确且得到公认的统一定义。有人说,管理是协调和监管他人的活动,从而使他们更有效率、更有效果地完成工作。有人说管理就是决策。有人说管理就是计划、组织、领导、控制,等等。有人认为,管理就是组织为了更有效地实现组织目标而对各种资源进行计划、组织、领导、控制的一系列协调活动的过程。最后一种说法在考研大军的专业考试中属于必背内容。在不影响原义的前提下,我们不妨在这一定义的基础上进行简化表述:管理就是协调。

这样就有几个基本问题需要回答。

(1)为什么协调?为了实现组织目标。譬如,组织想在市场竞争中打败另一个对手,这就是目标。

(2)协调什么?协调组织各种资源。一个公司里存在着太多的资源,譬如在企业中,有供应商资源、生产资源、渠道资源、物流资源、广告资源、客户资源、研发资源、人力资源、财务资产资源等,这些都是企业管理的对象。需要明确的是,管理可以协调的资源主要是人,对财、物等的协调,也主要是通过"做事中的人"来完成的。做事中用到资源，资源在做事中被应用。因此，可以说，协调的是人和事。

（3）怎样协调？通过计划、组织、领导、控制等活动来协调，这四种活动也称为管理的四种职能。如果仔细琢磨的话，会发现计划和控制、组织和领导恰好是两个相互对应的词。

计划与控制从字面上可以大致推测活动的内容。计划有大有小，我们常说的战略就属于大计划，而一些日常工作如当天工作安排就属于小计划。控制也有大有小，我们常说的风险控制就属于大控制，而一些日常工作如监督工人工作就属于小控制。计划是想得到，控制是怕损失，两个可以相互对应。

组织的字面意思与真实意思大致差不多，领导的意思却不一样。在我们中文环境下，尤其是过去的老观念里，领导就是当官的人，当官的人管理我们就是"领导"我们。在现代管理学中，领导活动的意思就是激励他人，类似于一个农民工大哥带领一帮兄弟干活时，为了调动大家的积极性所做的现场管理工作。如果不那么严谨的话，领导行为可以理解为团队管理中如何带队伍，主要强调个人的行为。与此相应的，组织主要强调群体的行为。

2. 管理的重要工作就是做好事、用好人、定好规则

管理实际上是通过一些手段来协调人来做事，以便完成组织的目标。公司里的人、财、物等资源都需要管理或协调，而财、物等资源的管理或协调也是通过人来实现的。因此，有人说管理的核心是人，有人说管理的核心是实践。这些说法都对，都在强调"让人规范、高效地做事"。

这就意味着，以下三件事在管理中非常重要。

（1）做好事，也说是要做正确的事，而且要做成正确的事。往大了说，做正确的事就是大方向、大目标、大计划要正确，在公司就叫战略管理。往小了说，做正确的事就是小方向、小目标、小计划要符合岗位、部门、公司等要求。

（2）用好人，也就是让合适的人做合适的工作，目的是事能做好、人能

尽其才。组织是由人组成的，人必然会有自己的思想与情感等，不可能像机器零件一样。公司必须尊重人，人的主动性与积极性将会影响公司的生存与发展。

（3）定好规则，也就是为"做好事""用好人"建立活动规则。规则有硬有软。硬规则，既包括组织架构、制度规定及流程管理等"做好事"的规则，也包括激励体系建设等"用好人"方面的规则。软规则主要表现在企业使命、愿景、价值观等企业文化的内容。硬规则与软规则相互补充，都是企业管理不可缺少的内容。

3. 管理在"做事"中发挥作用

管理是一门独立的活动。以机械加工车间为例，为了生产出一个需要经过车、铣、刨、磨的零件，需要技术人员提供加工图纸及加工工艺，加工工人按照工艺要求去加工，运输工人从一道工序运向下一道工序，一道道工序开展下去，最后生产出产品。在这一过程中，如果没有定目标、定计划、定标准、定规则及现场协调等管理工作，全凭员工自动自发地去工作，从理论上来说，也可能完成生产任务，但从现实操作角度，没有人敢保证技术人员提供的工艺图不会出问题，工人加工时不会偷工减料，运输工人不会偷懒造成一些工序停工；也没有人敢保证人与人之间一定会和谐，电工被得罪了突然就威胁要拉闸停电；更没有人敢保证生产出的次品率不会高，加工成本不会高。这个看似笑话的例子，实际上就发生在改革开放前的很多企业中。后来，人们逐步认识到管理的确是一门独立的活动，有管理与没管理，会管理与不会管理，结果会存在质的区别，慢慢开始引入一系列包括生产管理体系在内的管理方法和体系。现在那些被当成笑话的例子，可以说早已成了历史。

管理活动只有在"做事"中才能发挥作用。现在工厂管理中有很多得到广泛认可的生产管理工具，如5S现场管理、ISO9000系列、六西格玛管理。这些工具本身就不复杂，倡导的理念非常容易理解，体系构成也非常直接。但是如果离开了具体的实践，就算按照这些方法做出再多漂亮的数据分析表格，也不能解决具体的问题。换句话说，管理是为了把事情做好，离开"做事"这个出发点，就是乱管理，实质上就不是管理。

4. 管理主要通过"人"来发挥作用

"人"是"做事"中的人。管理可以让人做事更有方向感，行为更加规范，更加有成就感等，也让整件事情更加有序、高效。给加工车间进行定岗、定责、定编，让每个人明确自己的位置；对生产任务进行详细安排、对现场进行科学管理等，都是通过对"人"的管理来完成的。离开对人的关注，所谓管理也只是空中楼阁。从更长期的时间跨度来看，企业无非就是人和钱，就连厂房、设备及产品研发等都是人来完成的，甚至连钱都是人找来的。因此，有人从这个角度说，人管理好了，企业效益就好了。

2. 管理能做什么，不能做什么

阅读思考

1. 管理在什么条件下才起作用？
2. 如何界定管理起作用的界限？
3. 为什么很多管理工作没有结果？

管理随笔

1

管理当然不是万能的，有些事情不能或无法通过管理手段解决。这一段近似真理的废话，应该不会有人反对。但是，界定清楚哪些事情可以通过管理手段解决，哪些事情无法通过管理手段解决，则不容易。

一个公司的人力资源经理下面有三个兵，现在两个跳槽了，一个闹着要转岗。企业的人自然想到了，要给这个人力资源经理做个"带队伍"的培训，提高激励与培养下属的能力。但是，仔细分析下属"不安分"的原因，才知道那根本不关"培训"什么事儿。譬如，一个跳槽下属走的直接原因是某天晚上下属回家了，经理在加班，电话要求该员工第二天带某纸质文件到外出招聘的现场。员工家在郊区，公司在市内，怎么算时间都不可能。而当时文件就在经理的手边，经理完全可以自己带着去就行了，但经理就是不带，还说了一句流行的话："我只要结果，不要给我任何借口。"类似例子还有很多。结果三个人受不了。

有这样的一个疑惑：那份很轻的文件，经理为什么就不能自己拿一下，非要让下属几个小时来回折腾？你可能有一万个猜测，但是如果将之归结为管理不够人性化、管理人员不懂管理的艺术性之类，我就会不认同。原因很简单，就这件事来说，经理与下属之间的矛盾并不是管理问题，而是那个经理人品的问题。当人品存在问题时，任何管理手段不但会失效，而且可能会起反作用。这时，如果你非要从管理角度来解决这些问题，如提高沟通能力之类，那么就钻进死胡同了。

管理起作用的前提是，管理者愿意将管理做好，如愿意把团队带好，愿意承担责任，愿意帮助下属等。如果不是这样，那么管理手段就很难发挥作用。在职场上，有些经理不是把下属当作团队成员，而是当作竞争对手。在招聘时，遇到比自己牛的人，能挡就挡住，实在挡不住，招进来了，就处处小心防范。对这样的人，越培训结果可能越适得其反。

是否可用管理手段解决，界限也是根据问题界定而变换的。别把什么事都往管理上推。对于不是管理问题的问题，管理就只能无可奈何。但仍然有很多企业在白花钱，费很大劲试图用管理手段去解决非管理问题，不是吗？

2

管理者可以只要结果，这一句话没有任何问题，问题是，你要获得结果需要奉献什么？需要付出过程。实际上，也就是强调管理者得做管理者的事情。这让我想到了一个最近接触的例子。

一家企业要上一套新的软件系统，大约是流程再造之类。来了一个上级的技术人员讲这套系统，着重是讲将来怎么实施。这个企业分管技术的副总以及技术部门的主管，还有几个年轻员工都来了。那个上级的技术员讲得非常差，连我都忍不住想打瞌睡。讲完之后，他让几位谈谈意见。

那个副总站起来讲了三点。一是这件事情非常重要，是集团要求，企业必须给予高度重视；二是相关责任人要重视起来；三是技术部门要认真研究，拿出意见来。他强调说，我只要结果，不要过程；技术部门给出的意见要清晰、明确。讲完后，他说自己还有会要开，有任何事情可立即给他打电话，然后就走了。

剩下一帮人继续讨论。讨论中，因为不懂，也谈不出什么所以然来。技术主管也觉得没劲了，就谈了几个意见，让几个年轻员工继续讨论，说自己回办公室处理一下文件，一会儿再来。

几个年轻员工呢，倒是有劲，趁机把大学学的内容复习了一下，与上级来的技术人员讨论得热火朝天。我在边上看得很热闹。我知道，年轻员工也是凑热闹而已，是拿不出可供高层会议讨论的意见的。

后来，技术主管没有回来，副总也没有回来。

过了几天，与那位副总聊天。副总讲：现在员工素质真不如以前了，到现在也没拿出个明确意见来。现在，老总要我出意见，你说我一个副总能亲自做那些事情吗？

我开玩笑说：不能，高层应该干高层的事嘛。但是，高层应该干高层什么事呢？不知道，反正不能干这种事，对吧？

与技术主管聊天。那人更潇洒，说到汇报那天再说，看领导怎么办。

管理者要做管理者的事情，我还是想起我讲的这句老话。自己不懂，也不想懂，还不想管理自己该管理的事情，那你要什么结果呢？

这事肯定没有结果，因为没有付出。但要付出什么呢？管理者当然要付出管理。

3

在2007年前后，山西曾发生过黑砖窑事件，是当时的新闻热点。

曾和一些朋友聊天，沿着黑砖窑事件展开，他们最后竟然得出一个"中国企业管理不规范"的结论来。作为一个管理研究者，好为人师的特征使得我每次遇到这样的情况，都想纠正，但却发现并不容易。人们甚至会沿着这个话题扯到自己的老板多么黑心，上司多么可恶，让你不由得无可奈何。

我想说的是，山西黑砖窑老板的问题不是管理问题，而是属于法律问题，至少不是纯粹的企业管理问题。不是管理问题，就不要用管理手段来解决。

谈论企业管理规范不规范，一个基本前提就是这个企业得愿意合法经营。只有在这个条件下，我们才能够谈其管理目的、手段和方法是否有问题。就像我们要说一个医生医术高明不高明，他首先必须是个医生，且愿意治病。在这个前提下，才能够谈他治病水平高低的问题。山西黑砖窑老板实际上就像是拿着手术刀的杀人犯，所以谈他管理规范不规范本身就有点跑题。它是一个法律问题。

将法律问题与管理问题混淆，常常是违法者的幌子而已。一个小企业老板，到了年底该给业务员发提成的时候，却以种种理由不给了；女员工在产假时，以各种理由提前待岗了，等等。这些问题实际上不是纯粹的企业管理问题，而首先属于法律问题。一些企业老板发现员工法律意识淡薄或者员工维权成本过高，就以违法的方式来完成自己利益最大化，还要冠以"个人目标必须服从组织目标"的大帽子，将法律问题转化为管理问题，那是骗术，不是管理技术。

将法律问题进行管理问题化、经济问题化的现象，已经屡见不鲜了。如一个人贪污受贿了，结果后来的探讨主流转向了机制的建设；一个人侵吞国有资产了，话题最后转向了委托代理机制上了，等等。进行管理问题的研讨无可厚非，而且是必要的，但将讨论话题掩盖了法律实质，却只会让有些人在偷着笑了。

我曾经接触过一个做贸易的老板，他要我帮着设计一个激励系统，因为他手下的销售员工积极性不高。我简单调查了一下，发现他总是在克扣销售员的提成，该给 5 万元的只给 2 万元。这种情况几乎针对全部销售员。我问老板不遵守合同约定的原因，老板讲："销售不仅仅是销售员个人的力量，更重要的是公司和团队的力量，所以提成不能给。"并请教我："团队精神如何培养？"我的回答是："没有最基本的合法经营，管理只是扯淡。"

管理是管理，法律是法律，两者不能混为一谈。从历史角度看，眼前出现的某些"果"必有"因",如某些企业腐败现象,必然有"公司治理"的因,但是谈到腐败的时候,更重要的是如何用法律手段惩治腐败。不能一提到腐败就往制度、机制上靠,引开大家的注意力。最后,重复一遍,山西黑砖窑老板的问题是法律问题,如果你非说是管理问题,那也是执法者的管理问题。

> 管理重思

为什么有些公司抓了管理后效果非常明显,而有些公司再怎么折腾管理却根本无效?为什么有些业务出问题,用管理就能解决,而有些业务出了问题,用管理解决不了?管理在企业运营中如何发挥作用?等等。

这些问题实际上牵扯到管理的边界问题,即管理能做什么,不能做什么。

对此,有必要明确以下几点。

1. 中文语境下的"管理"与西方不一样的地方

现代管理学中谈管理时,往往与具体的职能活动结合在一起,如战略管理、营销管理、生产管理、研发管理、人力资源管理等,也就是在某项具体活动中的管理,就算从科学管理时代就倡导将管理作为一门独立的活动,也是更强调管理与其他活动之间的分工不同,突出的是管理的实践性特点,没有隐含"等级"的概念。

而在中国人的语境中,管理往往被单独出来。虽然"分工不同,没有高下之分"的理念一直被倡导,但是提到管理与被管理,仍隐含着"等级"高低的概念。如果用行政管理相类比,管理者隐含的意思就是那些做"官"的人、管"人"的人。如果用军事战争相类比,管理者主要是指后方司令部和参谋部等的从事者。在相当一部分人看来,管理工作大致可以相当于团队管理、组织管理、人员管理等"管人"的工作,几乎等同于思想动员、明确目标、落实任务、实时监督、奖勤罚懒等动口不动手的工作。

2. 中文语境下企业活动的分类

著名战略大师波特将企业活动分为主价值链活动与辅助价值链活动,其中进货物流、生产、出货物流、市场、销售等活动位于主价值链，企划、人力资源、研发、采购等活动位于辅助价值链。

中文语境下企业活动分类与之类似，但也有不同的分类方法。譬如将企业活动分为前台和后台、一线和二线、业务和管理、机关和基层等，大致表达的意思是企业活动分为经营活动和管理活动，相对应的人经常被叫作"搞经营的""搞管理的"。近些年，随着股东会、董事会与监事会等法人治理理念不断普及，人们又将"董事会的事"与"经营班子的事"相分开。

简而言之，中文语境下的企业的活动主要分为经营、管理与治理三大类。经营主要是业务方面的活动，包括产、供、销等。管理主要是管人方面的活动。治理主要是利益相关者的活动，包括合伙人、资本、银行等。

我们的观点是，管理具有一定的现实性，必须尊重现实，逻辑必须统一。按中文语境下的企业活动的现实情况，那么整个逻辑都需要以此定义为基础，否则就容易出现边界模糊。

3. 中文语境下的"管理"活动与其他活动的边界

现实中有很多边界模糊的情况，如明明是法律问题却甩锅给管理，明明是人事斗争却说是管理等。除了这些之外，还有很多由于认识不清而出现的边界问题。

（1）管理不能替代经营，但我们常将"管理"替代"经营"。譬如产品滞销，那么问题可能出在产品定位、价格、渠道、广告、服务等方面，也可能是做出的产品根本就不行。这些经营问题的背后如果是人的问题，当然也可以通过换人等手段解决，甚至也可以通过制度、文化等管理手段来解决，但应该明确一个逻辑，那就是要分清主要矛盾与次要矛盾，如果主要矛盾是经营的问题，譬如得赶紧重新修订营销策略，抓紧拜访大客户，那么用中文语境下的管理手段，也就是所谓的思想动员、确定目标等一套管"人"的手段，不但可能是隔靴搔痒，而且可能是"瞎"折腾。

（2）管理不能代替治理，但我们常将本该"老板"做的事归到了中国语境下的管理。譬如，在我国企业的实践中，中小企业的融资问题主要是老板们的责任或者是股东们的责任。没有老板的出面，难以得到风险投资及银行的重视。这时公司的财务融资部门可以起一些辅助作用，如进行前期联络、资料分析、思路梳理、文件制作等工作，但到融资关键点时，尤其是人脉关系的调动，甚至作局、作势，还是得由老板或一把手亲自去做，没法安排给别人，也没法招一个高手来做，更不可能如甩手掌柜一般做所谓的"拍板"决策就行。

（3）管理的失误也不能推诿给经营、治理。如果一个公司没有做好，短期内看，主要有经营、资本、关键人员离职等问题，但从长期来看，公司如果没有做好，管理应该承担主要责任。这时的管理已经是非常广义的概念了，因为定战略、搭班子、带团队以及抓生产、做营销、搞资源等所有的事都是人做出来的。中文语境下的管理主要是管人，所以都可以归结为管理的责任，但是这一责任常常被推诿给了经营，甚至有时给了治理。譬如公司出台了一系列薪酬调整方面的制度，结果造成了营销人员满意度的降低，市场开拓力度明显减弱。按常理说，出台这个制度的人应该负一定的责任。可是，板子往往会打到营销团队负责人的身上，因为考核指标在他们身上，员工积极性的提升责任也在他们身上。员工对制度最多是私下抱怨几句，除非制度实在差劲到家，一般很少有人追究制度制定者的责任。然而，管理者的工作成果就是制度，成果出现次品自然应该由其负责。拿操作工人做类比，操作工人加工产品，加工出来的是不是次品，总有质量检测人员对质量进行检测。可是，一个管理人员出台了一个制度，谁又去当那个质量检测员呢？没有这个检测员，制度朝令夕改就会成为常事，管理就成了事实上的没有边界。基于此，企业管理创新可以探索，但真正实施起来应该持非常谨慎的态度。

3. 管理要从自己做起

阅读思考

1. 如何做一个合格的管理者？
2. 管理工作好坏如何判断？
3. 为什么管理者难以对自己进行管理？

管理随笔

1

这些看似非常简单的问题，应该足以供更多的人坐而论道。我这里不想条条框框地列出所谓的金科玉律，只想聊几件忘不掉的事儿。

第一件事是 H 总的事。H 总向我谈起下属时，那种无奈的眼神，让我至今记忆犹新。她是企业中的营销总监，直辖市场开发部经理。有个市场开发部经理，让她颇为无奈。他们公司是工程建设企业，招投标信息非常重要，忽视这些信息往往意味着忽视了机会。可是那位经理经常忽视。H 总非常生气，曾下了一道死规定，以后要及时跟踪信息，谁误了事一旦查实要如何云云。命令下了之后，这位经理的确很积极了一段时间，会及时把追踪结果上报，但后来，那些信息就让人不忍卒读了。那都是些什么信息啊，开始的时候市场开发部经理还给整理一下，后来直接就是从网上下载，另存为 html 格式的网页，一大堆发过来，摆出一副爱看不看的架势。H总很生气。那位经理也感到冤："你作为管理者，得把责任给我们界定清楚。你要信息，但没有提出信息的等级要求，我给多给少、给好给坏，没有人给我规定。你怎么能怪我呢？"时间长了，两人就有些不合。

对于这种情况的管理办法，企业里我听到最多的就是要"界定好责任"。但是，像这类收集信息的事情能界定清楚责任吗？挺难。

第二件事是来自我最近接触的一个企业，也颇有意思。这家企业想搞真正的绩效考核。我在他们企业进行访谈时，从大老板到二老板到部门经理再到班组长，都非常清晰地向我提出这个要求。许多人的眼睛里甚至饱含一种非常向往的神色。

我颇为感动，非常真诚地、认真地与他们探讨绩效考核的事情。当他们极其认真地强调考核的重要性，强调要对工人每项工作都考核到秒级的时候，我提出了一个问题："您觉得应该怎样对您的工作进行考核？"这个问题提得真是不合时宜，当很多人想着怎么"收拾"下级时，并没有想到上级怎么收拾自己。于是，有些人当场脸就绿了。

说到考核，总是想考核别人，这似乎是一个常态。在企业中，说到管理时，总是首先想到要收拾别人，而没有想到怎么收拾自己。这种做法对吗？换句话说，管理到底是干什么？

第三件事是与C企业有关的。有一次，我去C企业与高层座谈。这个企业员工的事情相对简单，就是领导布置什么就做什么，做完拉倒。但是中间一群管理层该做什么呢？上次我曾经专门来讲了如何制订工作计划的课程。根据与老板的"密谋"，我给他们布置了作业，要他们写出下半年要做的事情。当我去"收作业"时，发现他们写得真叫五花八门，许多是从网上下载的工作总结及工作计划之类，有的甚至从核心竞争力到竞争优势一路扯开去。我开玩笑说，你说不清你下个月做什么，也说不清你明天做什么，我有什么理由相信你真能做到什么"提高核心竞争力"呢？

当然，我想说的不是竞争优势与核心竞争力的关系。我经常观察，也一直纳闷的问题是，企业中层干部是干什么的呢？

这几件事，让我不断琢磨一个问题：管理是做什么的？后来几年期间，我到过若干大中小企业，一直观察并思考着。我发现，很多时候，很多管理者并不知道自己做什么，只是被动地一个会接着一个会地开啊，忙啊，到底忙什么了，不清楚。

2

我喜欢与各个量级的企业经营者聊天。

每次聊天时，我的思绪总会在某个瞬间逃离聊天的场景，站在第三方的角度进行观察。很多时候，我发现聊的内容、方式、逻辑、变换、历程、情绪等，与过往的聊天都格外相同。人们用各种方式表达管理别人的困难、困惑、探索、成功、失败，或者感叹市场机会被下属忽视、生产成本被下属扩大、企业文化被别人搞乱，或者感叹执行力不高、制度形同虚设等。我这时常会想起牛根生的一句话，管理别人最难，管理自己最简单，为什么要舍易取难呢？不如从管理自己开始。这句话精辟之至，令人叹服。

我常听到管理者感叹，现在人们浮躁，年轻人素质一代不如一代、责任意识越来越不强，等等。但是，我听不到他们谈自己的责任。我常想问一句，如果员工都自动自发了，要管理者干什么？

管理者要干的事就是管理工作。生产工作任务完成与否可以一目了然，销售员业绩可以画到墙上，管理工作做得好坏也应该有个裁定才对。可现实中，管理工作的履行状况常常易被混淆、忽视。譬如，上午出台一个制度，下午说根据大家意见，此制度作废，另出台一个制度。工人做出废品是要扣钱的，但是在管理者这里却不必为错误的管理行为付出代价，甚至这几天因这事连续加班还会有加班费呢。

管理者有足够的机会为自己找到借口。

做好管理工作的确有难度。它常常是两难的选择，你不能简单地认为自己想要的就一定会实现。一方面，管理是理性的，它必须客观地对所处的环境进行分析，客观地进行制度设计并施以管理方法。很多时候，我们简单地将执行效果差归因到员工身上，恰恰说明了我们在做管理工作时，大脑过于简单了。另一方面，管理又要在一定程度上是感性的，它要求管理者必须认清楚他所管理的对象主要是人，要按照人的特点对"人"的角色进行管理，而不是将人当作机器。管理的理性与管理者的感性相结合，决定了管理工作不是那么容易做好。

管理者管好自己更是难上加难。从本质上说，操作性工作的好坏相对容易判定，因为有市场标准；一般的管理性工作的好坏却不容易判定，因为很难有市场标准。难以界定管理工作的好与坏，约束力自然就会少了，管好自己的动力也就小了。这也是一些垄断行业的个别公司高管，甚至是个别更小的头目，看起来像土皇帝一样的原因。但其实，每个公司或多或少都有类似的情况。让管理者承担市场压力是根本之道，但这又不那么容易做到。

3

春节期间见到了许多朋友。昔日痛骂领导无情的朋友也一个个走上了领导岗位，甚至有的成了大小不一的老板。可能真是屁股决定脑袋的原因，人们开始谈论"人才难招""人才职业化不够""企业管理难"的话题了，而似乎不久以前，还在说什么"工作越来越难找""老板越来越黑心""只要舍得钱怎么都能管好"。

在这种转变中，话题自然离不开一些热门或不热门的管理方法或工具。对此，大家表现出来别样的自信。一个老板朋友对我说，国外的质量管理工具根本不是那么回事，譬如ISO9000、六西格玛等工具在我们公司里都用了，就是没有效果，说明那些工具到了中国就不行了；一个做高层管理的朋友说，我们上了平衡计分卡，那玩意听起来很美，但真正实施后发现落地很难，看来不适合中国；还有朋友讲，年年搞绩效考核，年年走形式，绩效考核根本没用，不如凭感觉发钱实在。这些朋友得出的一个共同结论就是西方的工具到了中国就不行了。

听着类似的言辞，我不知该如何评说。似乎某位名人曾经说过，许多走向管理岗位的人实际上只是重复着以前遭遇到的糟糕的被管理经历而已。以前非常痛恨那种动不动就扣钱的管理政策，后来做了管理者了，常常能擎起的大棒还是这一政策。许多以前骂老板黑心的人，做了老板可能更黑心。随着位置的变化，人们常常只是较为轻易地转了下屁股，本质并没有改变。

屁股转变了，但是对管理工具和方法的理解却不一定提升，只是增加了自信而已。用了ISO，没有效果，不去思考自己是否认真按照ISO执行了，却自信地认为是ISO没用；用了六西格玛，不去思考自己是否真正学会了六西格玛，就自信地否认这一工具，未免太可笑了。

在这些人的逻辑中，有个前提是：我做的是对的，所以，没有达到管理预期目标，这些工具就是错的。说到平衡计分卡，一个朋友说那还不简单，不就是将过去的指标分成四个层面归类一下列成表吗？没用！当自己表面用一个管理工具实质上却没有真用时，结论下得是否太仓促了？

在我做咨询过程中遇到过太多这样的企业。他们听说了一个管理方法，甚至只听说了个名词，上网随意搜一下，就开始实施，无效了，不去反思自己是否真正领会了方法的真谛，就直接否定了它。"那些方法都试过，没用"，是我听到的最多的话。

画虎不成反类犬，还自信地以为自己画艺很好，怪虎长得像犬，未免可笑。

我笑着反问了那个说平衡计分卡无效的朋友："平衡计分卡没做成，公司没有罚你吗？"他愕然道："那方法不行，也不是我的错。"我开玩笑说："你公司真够宽容的，管理者不必对管理行为负责，你可以尽情折腾吧。"

我一直认为，管理之所以成为一门学科，自然有其内在的必然逻辑。作为实务界人士大可不必盲目求新，紧扣一两个工具，弄清其内涵与外延，扎扎实实推行到见效才是正道。狗熊掰棒子的故事人人皆知，但在公司里，人们还是玩着那种不求甚解的做法，东一榔头西一棒子，这不应是真正管理者的行为。换句话说，折腾谁呢？

> 管理重思

劳动者本身是平等的，但是很多管理者还认识不到，潜意识里把自己当成"干部"，把下属当成"群众"。这种非管理思维才是"管理是管别人，不是管自己"问题的根源。针对这个根源，才有了"管理要从自己做起"的对策。

这个道理不必多讲。

刚才说到"非管理思维"才是问题的根源。那么，什么是管理思维？

管理思维是一种思维方式，这种思维方式以"目标""对象""方式"为关键词，其中的核心是要考虑到"人"的要素。如果回过头来看所谓管理者或管理的概念，我们会发现，不论哪门哪派管理学，都会提到"目标""资源""协调"三个关键词，其实管理思维的关键词就是根据管理的三个关键词而来的。

管理思维的三个关键词"目标""对象""方式"，实际上主要回答"为什么做""针对谁""做的方式"这三个问题。

（1）目标。为什么要做一件事？这是管理工作必须明确的方向问题。如：要解决什么问题？人的问题还是事的问题？为什么要做，做的意义和必要性？目的是什么？做了后会影响到哪些事、哪些人的利益？等等。围绕目标进行深度思考，并在工作中不断准确把握目标，让所有的行为不离开目标，就是所谓的目标导向。在工作中，我们强调每项工作都得有结果，就是强化目标的概念。管理工作的目标首要的是"事"的目标，同时兼顾"人"。譬如公司进行人力资源体系改革，首先要考虑的是这个改革能否有利于公司目标的实现，如何实现这个目标等，首先考虑的是"事"。

（2）对象。针对什么人？针对什么事？这是管理工作必须明确的对象问题。如：解决谁的问题？人的问题，还是财、物的问题？营销队伍的问题，还是生产队伍、研究队伍的问题？研发系统的问题，还是营销、生产系统的问题？是动制度，还是动文化、动人事？考虑管理工作对象时，首要的是考虑"人"，同时兼顾"事"。譬如公司进行营销渠道改革，由于营销渠道直接涉及许多人的切身利益，甚至涉及的利益非常大，这时考虑"人"的因素就远比"事"的因素要大得多。从"事"的角度可能就是一句话，从由多级代理变成少级代理、由代理制变成直销制、从线下转到线上或由线下订货转成直播订货，等等。往往就是运用一个策略或将几个策略结合，要用 PPT 阐述也仅需数页，配套的制度、文件也不过一本或几本而已，涉及的商流、物流、资金流、信息流等也可以非常智慧地重构。但从"人"的角度就要复杂得多，可能因此涉及很多代理商、物流商等相关方的利益，甚至会涉及包括公司股东在内的很多人的利益，可以说涉及商流、物流、资金流、信息流等每项工作中的每个环节都有人的利益存在。退一万步讲，一切都是阳光的，没有任何拿不到桌面上的利益链条，可是谁又能保证这项改革不会涉及一些人的"期望"，譬如政策变动会造成一部分人升迁无望，一部分人面临失业。如果不考虑这些利益因素，这一改革肯定寸步难行。

（3）方式。这是管理工作必须明确的实现途径问题。如采用计划、组织、领导、控制等某一个还是某几个方式的组合？构建利益机制使多方平衡，还是以简单、粗暴的方式强制执行？时间节奏如何把握？等等。考虑管理工作的方式时，最重要的是人与事融合，也就是既要考虑"人"性特点及群体规律，又要考虑"事"的规律。公司要进行组织结构调整，由原来的直线职能制转变为所谓的阿米巴模式。在确定目标、对象之后，就需要考虑如何实现的问题。不论怎么变，最终必然是某些人的岗位会变换，某些经营管理流程会改变，利益机制的调整会影响到某些岗位及某些人，如何把这些人及事转变到公司期望的轨道上来，可以先悄悄试点再推广，也可以先大张旗鼓宣传再步步推进，还可采取休克疗法一夜之间完成。在这个过程中，大家眼睛会齐刷刷地盯着"利益"二字，能否设计一种利益机制来漂亮地完成向阿米巴模式转变（事），还能够赢得更多员工的心（人），是考验管理者智慧的难题。

再回到管理要从自己做起这一话题。我们可以倡导这一理念，并要求管理者能够以身作则，但真要解决这一问题，还是需要打造一些机制或制度，尤其是层层分解的责任机制，如下级管理者不这么做，上级管理者就要管理；流程环环相扣的倒逼机制，如上道工作不如此做，下道工作就会受影响，上道与下道都不这样做，就有相应的监督机制启动。总之，得靠机制来迫使管理者不得不以身作则。

4. 管理不能浮躁，不能虚假

阅读思考

1. 浮躁的管理有哪些弊端？
2. 管理者应如何防止虚假的管理？

管理随笔

1

我一般不愿意与不同路子的人聊所谓的管理话题，因为那样特别累，也特别傻。在别人急着要下班、要去酒吧约会、要急着去玩各种现代游戏的时候，你却在那里唠叨着，讲着不着边际的故事，的确有些无聊。

某天去Ｃ公司与高层一起沟通管理问题。去之前，我在网上与几位朋友聊了如何沟通的事情，最普遍的看法是，讲观点要鲜明，再就是讲一些故事，那样就会非常有趣且有震撼力。

尽管从年轻时就开始站在数百人的讲台上"宣讲"，"宣讲"这活儿对我来说已经没有什么问题了，可我还是非常谨慎，对每次"宣讲"都认真准备。那种举一两个所谓的寓言故事，折射出一些道理的培训或沟通，我不习惯。感觉就像听相声，这哥们儿能侃，仅此而已。

然而，这真是一个非常浮躁的社会，人们更希望听一些非常庞大的题目，聊一些心灵鸡汤的话题，而不愿听你实事求是的唠叨。管理上的心灵鸡汤并不难做，只需要根据人的特点加工一下就行。比如给老板讲的时候，就站在老板的角度来指出员工的不足，如强调员工的执行力不强、职责不清、流程不清等。错误总是别人的，成功都是自己的，你看老板们有共鸣不？而你给员工讲时，就站在员工的角度谈公司的不正规，对比讲GE、IBM之类多么正规，领导多么会激励人，管理者多么牛，也会引起强烈共鸣。

有用吗？

很多时候，人们总以为企业是最讲实际的，事实上很多企业都有浮夸的通病。

本来是讨论怎么将市场做好，可是却扯到业务员的积极性上，接着会继续扯到中国人的劣根性上，再接着会来一个中美的比较。不着天不着地地海阔天空、古今中外扯一回，对改变企业管理现状有用吗？

再回到与C公司的沟通上来。当天来开座谈会的C企业的高层们我都非常熟悉且认同。认同了，就可以在一起谈。座谈不是培训。在为这次座谈会进行准备的过程中，我主要力气竟然放在了如何让大家的讨论不跑题上，而不是内容上，这让我感到很沮丧。

这次座谈会的目的是推动高层做出年度计划。座谈会开始以后，我首先给他们看了一个同行业的标杆企业的计划管理。这是一个非常详细的工作例子。结合这个例子，我逐个分析C公司各部门的情况。看完之后，让他们讨论总结，结合自己的情况理理计划的思路。总结时，大家竟然说到了"员工素质低"，也感叹别的公司做得真好，基于事实、可量化、有稽核点。话题偏了之后，我赶紧转到"理论"上，引导大家讨论别人做出来的年度计划背后的方法是什么，结果又说到了中国式管理的话题上。跑偏了拉回来，拉回来后再跑偏，最后总算没跑偏太远。

在座谈会结束后，我提出既然高层学习了，就要先自己操作，自己会操作了再往下推。之前这家企业的习惯是，拿到会上布置的作业后，高层会安排中层去做，中层再安排基层去做，然后将作业层层交上来，算是完事。如何去做，安排的人自己未必知道，甚至未必想过。对这种做法，普遍的理由就是管理者就要通过别人来完成任务，而不是亲自去做。我尝试着打破这种常规，虽然知道要完全打破也是很难的。

浮夸的时间长了，就会形成路径依赖。喝心灵鸡汤挺好的，很多公司和很多人都在喝，社会上有很多人在卖，皆大欢喜的事，我何必这么较真呢？我也觉得自己有些过分。

2

曾经讲过这样的一句话："许多人在短时间内思考自己企业的总量，比别人一生思考的都多。"本来只是一个思维碎片而已，没想到，引起一位房地产界朋友的共鸣。他也曾经以特殊的方式表达过类似的意思，而表达的方式更有趣一些。

这位朋友经猎头推荐去面试，首先见其中一位副总。可能是副总对将要空降的精英有些排外，十多分钟的面谈竟然有五六个电话打断。这种行为语言明摆着是不乐意精英加盟的。对于这样的企业，朋友当然也不会有太大的兴趣了，但既然来了，就礼貌地完成程序算了。副总面试完之后，一起去见董事长。在朋友与董事长的谈话时，那个副总又在旁边不断地打电话。然后，他又直截了当地说："你总共才十多年经验，显然不足啊。"

听到这句话，朋友不急不忙地说，经验与年限之间固然有联系，但并不等于有了年限就有了经验。朋友讲道：一个士兵跟着拿破仑南征北战了好多年，后加入的士兵都升官了，可这个士兵一直没动。这个士兵问拿破仑为什么。拿破仑听后，指了指身边的一头驴说："这头驴一开始就跟着我，但现在还是一头驴。"

朋友接着说道，企业管理能力和水平的提高并不是因为在企业里工作了多少年，也不是因为在管理岗位上待了多少年，而要看真正思考过并解决过多少管理的问题。

听完他的这个故事，我不由得笑了起来。

笑完之后，我想起曾经去过的许多企业。国有企业里许多管理者是不看管理、不学管理、不懂管理，只看人事关系，搞人事斗争非常老道。民营企业里许多管理者也不看管理，而是看老板，老板让怎么做就怎么做，多年如一日。这样子能够增加管理经验吗？无论是国有企业还是民营企业，许多管理者实际上并没有怎么思考和解决管理问题，而是按部就班地过着一天又一天。

当管理者不去积极履行管理职责时，其实与普通的员工并无二致，会被大量的琐事缠身，而这些琐事本来只是属于员工层面的事情。

当管理者不能够积极地履行管理职责时，再小的企业也会得大企业病，大企业更是举步维艰了。

企业必须注意那些长期待在一个管理岗位上的人。长期待在一个岗位上不动，要么是组织忽视了他的才能，要么是他实际上只是增加着工作年限而并没有提升管理能力。许多时候，不是这些人想不出管理办法，而是根本没有去想。试想，如果长期待在一个管理岗位上，整天思考并着手解决管理问题，不可能不提高管理能力，也不可能没有效果的。

有些民营企业的管理者可能会认为，自己不是没有思考管理问题，而是老板不放权。他们认为，由于老板只给责任不给权力，因此一些事情搞不开。而老板们却常常不这样认为，结果就成了管理层级间的相互推诿。

那么，如何才能促使管理者思考和解决管理问题呢？我认为，不能靠大会小会讲，还得靠机制。而机制的构建，也得学点管理知识。

我再举一个客户的小例子。某中小民营企业的管理者认为老板不放权，老板认为自己早已经放权了。两方观点不一样，外人也说不清谁对谁错。我讲了半天通过构建机制解决，他们半信半疑，我只得具体提了一个非常简单的解决办法。我的提法是，以后合理化建议不要先提给别人，更不要先提给领导，而是先提给自己。每个人每个季度根据分管的工作提出一个管理改善提案，从理念的提出到方法的制定再到具体执行计划的详细列出，按权限报领导批准后执行。不多，一个季度一个。如市场部经理可以提出一个"AA行动"夏季销售的策划，行政部经理可以提出一个企业文化的行动方案，等等，方案必须经得起管理会议的讨论。这样一来，许多人开始急了，这才发现过去随口给领导的建议要化为行动其实并不是件容易的事情。给领导提个理念，让领导去化成行动，那多简单？当从"考"领导转到"考"自己时，管理者意外地发现领导放权了，领导也发现下属开始思考管理问题了。实际上，我提的只是加强计划管理的方法而已。不过，这也难为了有些管理者，平时可以给别的部门提无数建议，轮到给自己提建议还要执行时就难了。当然按照我的提议去做的，后来都收到了良好的效果。

所以，若不能够思考和解决管理问题，管理者只是在增加工作年限，并不会增长管理经验。

3

管理是行政式的管理。正因为上级与下级的不同层级，才有了组织。但是，好的管理却应将行政特色降到最低，让市场化特色最强。市场化特色，就是尊重管理本身的规律，按规律办事。越按规律办事，事情越好办，管理就可能会越好。

管理要尊重的基本规律有很多，譬如以下几个应尤其注意。

第一是市场经济规律。市场经济规律的最基本内容是等价交换，换句话说，要给买方一个理由，要给被管理者一个理由。然而，许多管理者往往做不到这一点。一次讨论外地员工补贴问题时，某人提出了一个别人无法驳倒的但令人不爽的理由：在外地工作，也是工作，如果连这点奉献精神都没有，那公司以后还敢用吗？这话说完，别人无法反驳，但人们觉得不大舒服，原因就是它违反了等价交换的规律。

第二是尊重企业成长规律。企业成长规律最根本的一点就是进化。进化是一点点进行的。很多时候，出台一项管理政策，总想要最好的、最牛的，尤其是某些国企里，总想掀起一个高潮。但是落后就是落后，不是吹吹就可以改变的。浮夸风在企业里很容易产生，尤其是在管理当中。因为给员工信心的同时，很容易扩大自己企业的管理实力，时间长了，连自己也信以为真了。

第三是尊重人性的基本规律。人性的基本规律最基础的一点就是趋利避害。这一点又有不同的表现。有人在意物质的利,有人在意名声的利;有人在意现在的利,有人在意以后的利。作为管理者,就需要把握人性最基本的规律,按照规律办事。如果不按人性规律办事,也可以,借助组织层级制给予的权威也是可以做到的,但那不是好的管理。

管理重思

都说机制,上述管理随笔中也说到了机制。

那么,机制是什么?

这是个有趣的话题。

机制原指机器的构造和工作原理。我们要搬一块大石头,由于力气不够,压根搬不动。这时,我们可以找一个支点,然后用一根杠杆,一端撬在石头下面,在另一端用力,其中关键的"诀窍"在于石头要尽可能离支点近,用力点要尽可能离支点远,基本原理就是用力的大小和撬起石头力的大小与各自离支点的距离成反比。这就是一种最简单的杠杆机制。

如果把这种杠杆机制用到管理上,譬如用在发工资中,人们发现工资中固定工资与绩效工资的比例对员工的积极性以及公司的效益都有非常大的影响。譬如全按固定工资发放,大家干好干坏都一样,能干与不能干的都一样,员工积极性不高,公司的效益很差;一部分按固定工资发放,另一部分按绩效工资发放,这样让干得好的、能干的、干得多的人会多得工资,其他人少得工资,能提高大家的积极性,企业效益反倒能变好。这种固定工资与绩效工资的工资结构设计在企业管理中就叫激励机制。当然,这只是激励机制建设中的一项内容。

管理机制设计的目的是"人"能够高效完成"事","事"能让"人"感到有成就,其关键在于对人性的透视。有一家企业请一个职业经理人做总经理,采取年薪制并明确了考核指标。年薪300万,平时发72万,年底考核后发144万,延期1年考核兑现剩余部分。职业经理人觉得合适,他自己努力一下完全可以完成考核指标,所以积极性挺高。企业也觉得合适,企业董事长算了一笔账,这位职业经理人来了之后,前期可能需要熟悉公司的情况,最多过半年就可以为公司创造效益了，创造的效益可以覆盖拿到手的工资和奖金。这样相当于公司前期先出了36万，剩下的264万工资都是职业经理人自己给自己挣的。当然会有风险，风险就在于公司的平台支不支持职业经理人一年为公司创造大于300万的效益，或者看走眼了那个职业经理人根本没有足够的能力。这种激励方式，学名叫高管激励机制，仔细琢磨这也是一种杠杆机制。不同的是，杠杆的支点是物体，管理机制的支点是人性。

管理除了激发人的积极性外，还要约束人的盲目性。这一点与机械的机制也有异曲同工之妙。在机械设计中，为了防止出现意外情况，往往会设计一些保护装置，譬如用热敏电阻做成的防过热电路系统。热敏电阻是一种元器件，温度变化，它的电阻也会随之变化。电路正常工作时，热敏电阻的温度与环境温度相同，电阻较小，不会阻碍电流通过，可以忽略不计；当电路出现故障时，它会发热、温度上升；当温度超过安全值时，电阻剧增，回流中电流又会迅速下降到安全值，从而起到保护作用。管理中的约束机制也是同样的道理。通过设计一种保护机制，从而约束人的贪婪，譬如实时监督机制、定期巡查机制等。

打造机制的能力与水平能够反映管理工作的能力与水平。譬如，针对员工考勤情况，最笨的方式就是管理者站在办公室门口，像盯贼一样盯着员工。至于公司构建何种机制，能让员工卖力地工作，就各有各的办法了。譬如，有些公司构建了愿景激励机制，让大家相信公司会有个美好的未来，能够实实在在地算出自己的收益，激发了员工成就一番事业的雄心；有些公司构建了以结果为导向的弹性工作机制，完成自己的工作任务，时间自由安排；等等。总之，都在寻找用机制来解决人为管理的问题。

5. 提升执行力关键是管理者要负起责任

阅读思考

1. 提升执行力的关键在哪里？
2. 为什么执行力难以提升？

管理随笔

1

一位同事在聊天时指出执行力实际上是伪科学，另外一个同事则讲他根本不看这些宣扬执行力的快餐性图书。执行力真是个不好说清的话题。

朋友S对我讲，她的老板也在与她商量如何提高员工的执行力。老板认为，员工素质太差，许多本该搞定的事情一直无法搞定。S则强调，老板也有问题，不能只怪员工，管理者也应该有管理者的责任。

当企业里出了问题时，我们常常看到这样的怪事。高层怪中层没有执行力，中层怪基层没有执行力，基层又怪高层没有魄力。于是怪到最后，突然有个大师出来说，用执行力理论改善，结果一群人在一起热热闹闹地讨论起了如何提高执行力。在这场讨论中，职位越低越没有发言权，职位越高发言权越大，于是讨论的结果，包括奖惩，都是针对基层的。员工虽然没有发言权，却有"用脚投票"的权力。就是根本听不懂你满嘴胡言乱语，手里的活还不得不干时,"你说你的,我做我的",一切照旧。当然,整得过火了,也会激发某些人"此处不留爷,自有留爷处"的雄心,潇洒离职。老板兴致来了想起要提高执行力时,也可能一人送一本励志书,然后做着员工执行力大大提升的美梦。他可能不知道或假装不知道,没有人会真把那些书当回事!

也有些人特别是培训师,会不遗余力地讲着执行力,什么执行力有大小、方向与作用点,像模像样地用科学的方式讲解着这个让人头痛的课题。将物理的、化学的、天文学的知识运用到管理上,是许多人包装自己的绝活。

我也曾经讲过提高组织能力的课。有段时间,每次上课时,都会有学员讲到执行力,动不动就扯到物理学的内容。我就很纳闷,经常想问他们,总谈提高下属执行力,凭什么认为你是管理者了,你的执行力就高了?凭什么你是老板,你的执行力就高了?你知道力的大小、方向、作用点之后,就可以提高执行力了?这样的话在脑子里过得多了,偶尔也会说出来,学员听完之后直喊好,说又是一个好的执行力学派。我无语,于是后来不仅不讲执行力,干脆连组织能力提升的培训也不做了。不做这方面培训,便可以经常谈这个话题了。这是题外话。

要说执行力,一个层面有一个层面的执行力。每个层面的执行力都是表现出来的最终结果,有果必有因,后面的因复杂着呢。如果你的"自动自发"不是天生的话,那么就得学习了。学什么呢?烧饼店里的师傅打的烧饼质量总不过关,那就学习打烧饼;工厂里的工人做出产品质量不过关,那就学习提高产品质量的技术。不是技术的原因,那就找别的原因,该提高什么就提高什么。同样,对于管理问题,就要向管理要执行力,不会管理的,认认真真学就是了。

一般来说,基层员工要着重提高职业化水平,中层管理者要提高管理能力,高层管理者要提高迫使企业文化不断进化的能力。职业化水平是基础,是企业里每个员工包括老板都需要提高的。一个连最起码的职业化水平都没有的老板,自己本身常常就是管理活动的破坏者,那么你要求下属提升执行力也只能是一厢情愿。

我们目前强调更多的是员工的责任,往往忽视了管理者的责任。让管理者负起管理责任是目前企业提高执行力的重要环节。

让管理者负起管理责任，学会用管理的思维思考管理问题，用管理的语言描述管理问题，用管理的手段解决管理问题，这样企业才能在良性的轨道上发展和进化。如果你不能找到其他可控制的进化办法，那就要向管理要执行力。

海尔曾经的车间纪律就是"车间里不准随地大小便"。你可能会羡慕海尔后来攻城略地的潇洒，可如果你忘记了他们今天的成绩就是在"车间里不准随地大小便"的基础上发展起来的，那么你再要求"自动自发"，也只能是白搭。要求只是要求，管理者要做的，只能是用管理手段去解决管理问题。

企业的发展是一个渐进的过程，增强企业发展的生命力的办法，就是耐心地用管理手段不断提升。管理者的责任就是管理，让管理者负起责任是执行力的关键环节。当然，你要说某位大牛人不懂管理照样把企业做大了，我也没有办法。但是你要明白一点，你是不是天生的牛人？

2

最近，我一直试图跳出管理的圈子去思考管理的价值。之所以有这个想法，是因为很多时候管理的价值都被一种自说自话的逻辑所解释，但这种逻辑并不一定被管理的对象认同。也就是说，我们用了很多语言解释了管理的价值，但是员工们并不一定承认。

自说自话的逻辑有很多，通俗一点的，譬如，用三个和尚没水吃的例子来说明协同的作用，1+1可以大于、小于或等于2；用"兵熊熊一个、将熊熊一窝"来说明，领导对一个团队是多么的重要；等等。理论一点，又譬如用交易费用理论来说明组织成本与市场成本的均衡点决定了企业的边界，管理的价值就在于降低内部交易成本，等等。

从不同角度、以不同方式进行的解释，似乎论证了管理的价值，让人们不得不认可。而凡是不认同的，常常被看作跟不上组织成长的步伐，需要洗脑。

我走动在不同企业的时候，常常有意识地接触基层员工，发现对于管理的价值，他们有自己真实而矛盾的理解。他们基本上都认同管理的价值，但是对于为实现管理的价值所进行的一些管理改革工作却不理解。譬如，对于高管股权激励，从理论上来讲有很多道理，如委托代理理论及激励理论等，但员工对某些人拿股权激励却并不理解。"凭什么你靠关系当上了领导，原来叫局长，现在改制了摇身一变叫高管了，你就要拿高薪？"我用管理工具解释不清，心里感到这不是管理问题。有趣的是，在学术界还在用实证方法证明高管薪酬与公司效益正相关的时候，各国开始降低高管的薪酬。再譬如，与员工更密切相关的薪酬体系。现在大多数企业的薪酬设计都是基于岗位价值的高低。管理有价值，所以管理岗位要体现管理的价值，这点老百姓认同。可是当管理岗位的工资明显高于一线工资时，许多人就不理解不认同了。"整天坐机关，闲着，还拿那么高的工资？"

是员工的理解错了吗？我看未必。员工为什么会有这样的理解，可能有很多原因，但关键的一条就是管理者的价值未必等于管理的价值。相当多的管理者只有管理者的名，并没有真正履行管理的责任，也并没体现管理的价值，这才是问题的根源。

说到这里，有人可能会反驳，管理价值通过岗位价值来体现，按岗设薪，不是按人设薪，你一定把概念搞混了。我没有混淆概念，相反是在现实操作中人们常把概念混淆了（这里说到三个概念，管理的价值、管理岗位的价值和管理者的价值）。人们常说薪酬针对的是岗位，没错，可是应注意到，在很多市场化还不彻底的企业中，这些概念有很大的差别。譬如，一个掌管着数百千亿资产的国有企业的副总岗位，管理的价值非常大，这是从市场化角度来说的。可是从组织角度来说，副总的那个岗位的实际价值可能很大，也可能就是零或很小。什么情况下为零？在用人能上不能下的情况下，不能给这个副总降职，就只能设个闲职，那时的岗位价值几乎为零。换句话说，管理岗位本身不市场化的时候，谈市场化薪酬肯定不合适。

再进一步来讲，人就在岗上，理论上的岗位的管理价值也未必就能完全发挥出来。有些岗位的管理价值由于管理者的才能限制而体现不出来。譬如，有些岗位听起来价值很高，组织期望也很高，但岗位上的人才能有限，那么这个岗位的价值就体现不出来。有些岗位的管理价值，在公司所处的管理阶段，作用根本就不可能发挥出来。具体例子就不必多举了。很多时候，不是他们不想做，是公司发展的阶段决定了他们不可能做。因此，在薪酬设计时，对岗位价值评估后，有几家企业会对人员数量、质量进行认真评估，多退少补、优胜劣汰呢？所以，人员没有市场化的时候，谈论岗位市场化薪酬肯定不合适。

打这样的比方。如果管理的价值相当于一个人站在凳子上可以达到的高度的话，现在问题是那个凳子的摆放本身就有问题，站在凳子上的人身高也未必符合要求。这时候，这个人口口声声要按市场化规则拿薪，并拿姚明作为对标对象，声称姚明站在凳子上值多少钱，我们也不能差太多云云。曾经一些地产国企的老总就在喊，你看万科老总的工资多高呢，我们不要那么多，拿个零头还不行吗？一些央企老总在喊，我管这么大的企业，国际同行拿美元高薪，我们不要那么多，拿个零头还不行吗？这是笑话般的现实。

这是转型期间特有的问题。岗位不是市场化形成的，人员提拔也不是市场化形成的，说所有人都不该拿市场化薪酬肯定会冤枉很多人，但要全拿市场化薪酬肯定会纵容很多钻空子的人。不是市场化的用人，却要市场化的薪酬，这个逻辑常被人们有意或无意地忽视。于是我们就会发现，管理人员尤其是高管人员，工资涨得比一般员工要快得多。

管理重思

先探讨一个问题，执行力是不是一个伪命题？

有人会说，显然不是伪命题。你看华为公司，任正非指到哪儿，下面员工就会像狼一样冲到哪儿，他们号称要打造狼性文化。你再看咱们公司，任务布置了若干遍，催了员工若干次，员工就是不动，简直就是没办法。

有人会说，这显然是半真半伪的命题。同样一群兵，有些人带，就能干得风风火火；有些人带，就是一群散兵游勇。"兵熊熊一个，将熊熊一窝"，所以不仅是执行力的问题，还有领导力的问题。

有人会说，这显然是伪命题。正规军与杂牌军的区别不在于执行力，而在于正规军有一套非常正规的规则，而杂牌军没有。华为公司的执行力是高，但多年前华为花费数十亿请IBM公司为其提供咨询，打造那一套规则才是关键。

讨论孰对孰错没有意义。如果执行力是科学，执行力不高确实是问题的本质，那么向管理要执行力。如果不仅是执行力，还有领导力等各种各样的力是问题的本质，那么向管理要执行力。如果执行力只是表象，管理才是背后的本质，那么还是向管理要执行力。

总之，向管理要执行力。

这就牵扯到两个问题：一是为什么管理能够解决执行力的问题？二是怎么向管理要执行力？

1. 管理的价值就在于大众所说的"执行力"

所谓执行力，不外乎两层含义。

第一层含义是说别人的执行力。

你发出了命令，别人能够完成。如果要强调完成程度，可以在前面加一些形容词，如不折不扣地完成、高效率地完成、舒心地完成，或者说"没有任何借口""我只要结果，不听解释"。

这里面就牵扯到三个方面的问题。

一是员工的个人习性方面。有些人天生就是拖拉，事情不到最后一刻不行动；有些人天生就是好吃懒做，爱占便宜；有些人天生就逆反，别人下命令他就会烦。对于人性的管理，需要针对人性的特点采用不同的管理方法。管理学搞了百余年，就一直在折腾人性这点事；中外哲学家搞了数千年，也一直在折腾人性这点事。别人都没折腾清楚，说明这事不容易，这也才是管理存在的价值。

二是员工的素质能力方面。人的素质能力有高有低，人的特长千差万别。管理要做的事情就是让合适的人，在合适的岗位，做合适的事，人和事相匹配。这一点不用多谈。

三是管理者的管理能力问题。最常见的问题是瞎指挥、懒政。公司市场占有率低了，上面发话下死命令："千方百计把占有率提到百分之九十以上。"至于如何拿下这个目标、应该有哪些资源调配，都成了下属的事情。这种瞎指挥、懒政，不是管理。管理是做事中管人，管人中做事，离开做事谈管人，或离开管人谈做事，都不可取。

第二层含义是说自己的执行力。

自己想做的事情，就一定要做，再苦再难也得完成，这就是执行力。自己想做的事，光想了，但就是懒得动，稍微变化一下就懒得做了，就是没有执行力。

说自己的执行力时，常常面临的问题是知行不合一的现实。

我们总会为自己的执行力不足找到多种光鲜的理由。我们总会把错误推给别人，成绩留给自己。我们总是觉得别人的支持不够，自己的努力过多。

你是这样，你的上级是这样，你的下属也是这样。

人都是这样。

2. 向管理要执行力

知行合一对所有人都是一个难题。

在组织中如何破解这一难题？

答案是向管理要执行力。踏踏实实地提升管理，关键是要让管理者负起管理责任。对此，需要注意几点。

一是注意防范滥竽充数的现象。管理是一项活动，像企业中如生产、营销等活动一样，都是一项实践活动。实践活动，最重要的价值体现就是能产生成果。管理的成果不是花里胡哨的理论，而是在实践中支持公司目标的实现。由于管理是否能支持公司目标的实现往往受相关因素的影响，所以管理工作最容易滥竽充数。因此，我们需要对滥竽充数的现象充满警惕。

二是注意防范"会哭的孩子有奶吃"的现象。我们在管理实践中，还要特别警惕中国人常见的"会哭的孩子有奶吃"的现象。有些管理者总是能够制造出危急事件，引起包括领导在内的各方关注，并在解决危急事件后，得到更多的奖励。那些默默无闻的管理者，所管辖的范围平安无事，反倒容易被人遗忘。

三是注意防范"刑不上大夫"的现象。"刑不上大夫",说是古代大夫以上阶层享受一些"特权"。然而在现代企业中,往往也会存在类似的现象,譬如某些企业领导层在自己的地盘可以不受制度约束。

管理的本质是为了提高效率,而管理的最高境界是不用管理。当达到最高境界时,管理不仅效率最高,而且成本最低。以此为目标,管理者更要负起管理责任,不断提升管理能力。

6. 职业素（塑）什么质

阅读思考

1. 职业素质的关键点是什么？
2. 怎样从长期角度培养职业素质？
3. 怎样理解管理人员所需的基本技能？

管理随笔

朋友F的一条微博，让我这两天一直思考职业素质的话题。

F周六在家闲着无事，孩子出去了，自己便拿起一个心里美萝卜刻了朵漂亮的花。当看到这条微博的时候，我正在急匆匆地查找着什么资料，或许要赶写一份报告，或许是正在斟酌一句话该如何表达。具体什么事情，记不住了，只记得那一刻我钻进一件事中，钻得很深。在我无意中看到这条微博时，我真的被那种美给震撼了。你可以想象，一个人正把自己绕成一团麻，而且在拼命挣扎时，就像在长长的隧道中拼命赶路，阳光突然扑面而来时的感觉。

那刻，我突然放下了心上的一切，被那个美给吸引了。

萝卜花瓣片片，每片与第一片都有不同，或皱褶，或皱褶上的纹路，或纹路上的分叉，或分叉上的深浅浓淡。

"细节决定成败啊！"我不由得感叹："细节上能处理得这么好的人，才是人才！"

可第一反应之后，我又在反问自己，真是细节决定成败吗？为什么有人能够将细节做得很好，有人不能？这样，我的思考由萝卜花慢慢转到了怎么才能做好一份职业上，随后又转到了职业素质上。学管理的思维，就是这样转来转去，成为职业病了。

职业素（塑）什么质？这个话题，够人们谈个十天八天的。几乎每个人都可以就这个问题谈出自己的观点。素质模型之类的学科，也在科学化地研究这个话题。我似乎觉得职业素质的本意被曲解了。社会里对成功的追逐，常常会戴着有色眼镜来提取成功要素，再把这些成功要素变成快餐式的成功秘招，然后一帮根本不喜欢也不愿意刻萝卜花的人，自以为掌握了成功之道，开始行走于职场江湖。

爱是一切职业素质的前提，没有爱谈职业都是对职业的亵渎。

在爱的前提下，我从萝卜花中得到了这样的启示，职业素质等于天才的手艺加上唯美的心态再加上沉稳的性格。

天才的手艺是基础。也就是说，要有做好一件事的技能。对缺乏雕刻技能的人来说，打死也刻不出好的作品。每一个职业，都有其要求的基本技能。这是谁也无法回避的。做钳工的得有钳工的技能，做车工得有车工的技能，做管理的得有管理的技能。这个技能不仅是岗位要求的技能——如果仅限于岗位所要求的技能，那就过于局限了——还要是从事这个职业必要的技能。从职业角度看技能，才可能更长远考虑问题，才有意义。

唯美的心态是保障。唯美的心态与我们常说的结果导向表面上是矛盾的。从公司角度，那当然是要结果了。没有结果，只在沉浸过程，会导致效率低下。但从职业角度，凡事都有其道，如果缺乏唯美的心态，仅仅追求所谓的结果，是不可能做到细节完美的。这两个导向看似矛盾实则统一。职业在具体的事情上，要做到以结果为导向，但在一串串事情上，却是要做到一次比一次好，不断追求。六西格玛管理中所谓的追求完善、容忍差错，就是这个意思。一件事可以不完美，两件事可以不完美，但是却在不断逼近完美。这就是唯美的心态。

沉稳的性格是关键。在这个浮躁的社会中，沉稳的性格尤为重要。很多人有技能也有追求完善的心态，但就是受不了外界的干扰或者内心的干扰，短期目标常常扰乱了长期的部署。于是，在面对萝卜花的时候，像我一样，在感叹美的同时，也会说"等有闲的时候，我也去做我喜欢的"。结果是，永远也没有闲。对待职业的时候，也常常会说，等有闲的时候，得好好学习一下某某知识、某某技能，结果是计划年年定，年年花相似。公司的领导也是这样，不信你看看公司的年终总结与下年计划，是不是年年相似呢？这样的人叫没有沉稳的性格，这样的公司叫没有沉稳的文化。

职业素（塑）什么质，"塑"的就是天才的手艺、唯美的心态和沉稳的性格。天才的手艺，有天生的成分，但也可通过后天的提升。唯美的心态，追求完善却容忍差错的心态，有先天的也有后天的，也是可以改善的。沉稳的性格，却是有点意思，你可以风风火火，可以口若悬河，也可以沉默无言，但是沉稳不沉稳却是自己知道的，更多可能是后天的因素，是可以修炼的。

管理重思

管理随笔中提到职业素（塑）什么质时，谈到天才的手艺、唯美的心态、沉稳的性格三个关键词。听起来似乎是那么回事，但接下来的问题是，这样的总结是否全面，是文学作品的有感而发，还是管理真谛的别样表达？再具体点，如果管理也是职业，那么管理素质是否也是这三个关键词？

沿着这个问题往下思索，有了以下想法。

（1）管理是一门手艺。在管理者眼里，一个企业就是一台机器，一台由人组成的会赚钱的机器，甚至再俗一点是一台钱生钱的机器。这时，这个管理者就像是机器操作工，工人师傅有操作机器的手艺，管理者也应该有操作企业的手艺。从这个意义上，管理既是科学，也是艺术，更是一门手艺。

手艺是技能、经验与悟性的结合。技能可以来自学习，向师傅学习或者向书本学习，也可以自己琢磨总结，能够解决"会"的问题。经验意味着时间的沉淀，需要在实践中一遍遍重复，解决的是"熟"的问题。悟性既有先天的，也有后天的。有些人天生对某件事有感觉，有些人做了一辈子也没有感觉。有人悟得快，有人悟得慢。悟性解决的是"通"的问题。

（2）管理的美学是现实性。关于何谓美，众说纷纭。艺术中的美有艺术界的说法，如美在流动、美在自然；科学中的美有科学界的说法，如数学的美在于逻辑，在于简洁。管理学的美呢？

管理学的美可能体现在其现实性上，就是不空谈优势与劣势、机会与威胁，而是紧紧立足现实寻求进步，而且连进步都是现实性的。以大型购物中心常见的电影院管理为例。它坚持"顾客就是上帝"，紧盯每一个顾客的需求，非常努力地在观影体验、休闲等待、零食套餐等方面下功夫，力求做到每个细节都非常完善。然而，再怎么努力都做不到百分之百完美，总有一些细节会出问题。一个细节可能是偶然误差，多个细节重复性出现一定是系统性误差。我们不会简单地把一切归结为"员工不用心""制度不完善"甚至"顾客素质千差万别"，而是不断寻求突破。终于有一天，与一家知名影院进行深度交流，才知道原先的管理根本谈不上管理。这家知名影院之所以客户体验感好，理念上并没有什么特别的，都是高度重视"客户体验"，但在理念落地上却完全不一样。在咨询机构的帮助下，把所有可能影响客户体验的项目都数据化、标准化，如荧屏后的天地墙尺寸，座椅的排距、坡度和角度，甚至设备的最佳检查频率等，而且这些数据随时间的积累还在不断优化。

我们追求完美，就是在一点点逼近完美，不断向更好的管理学习；我们容忍不足，就是知道管理需要一个台阶一个台阶地提升。这就是管理的现实性。

（3）管理需要耐性。管理就是与人打交道，其价值就体现在：有了管理，1+1会大于2。人本身就很复杂，所以需要有耐性。如果人不复杂，还要管理干什么？这个道理并不难懂，然而现实中很多人喜欢抱怨，说什么现在新时代的年轻人，太难管了；说什么现在精致利己主义盛行，年轻人变精了；等等。其实这种抱怨非但没有任何意义，反而反映了很多人对管理缺乏基本的认知。管理干的就是协调人的工作，就像外卖员送的就是外卖、火车司机开的就是火车，可以抱怨工资高低，但谁会抱怨客人点了外卖、有人发明了火车？所以，管理工作永远不要抱怨人。

下面着重聊一下管理作为一门"手艺"，应该具备什么样的"技能"？

拿吹糖人手艺类比。吹糖人是一门手艺，需要相关的基本技能。有了这些基本技能，后面不断重复练习，再加上悟性，最后才会掌握这门手艺。

管理需要具备的基本技能有技术技能、人际技能与概念技能。一个人在奶茶店当店长，需要懂得做奶茶，了解奶茶制作的工艺、行业的惯例、配置技术，并会使用奶茶机做奶茶等，这是技术技能。他还需要与老板沟通，与城管、工商等检查员对接，他得给下属布置任务、发出命令，有人请假他得协调别人替岗，员工与员工吵架他得调停，等等，这是人际技能。他能从顾客的来来往往购买中，在大脑里形成一个"顾客购买偏好"的概念，并能看到不同年龄段、不同职业甚至不同气质的人在偏好方面的不同，并结合这种对"偏好"的认知来决策该生产什么奶茶、该如何卖，这就是概念技能。

大家平时争论较多的"外行能否领导内行"，实际上讨论的问题是不同级别的管理者在技能方面的侧重。所谓内行与外行，主要说的是技术技能。不会做或没做过奶茶，就是外行；会做或做过就是内行。一般来说，基层管理者、中层管理者和高层管理者都需要具备技术、人际与概念三种技能，只是在不同层级侧重不一样。越是基层管理者，对技术技能要求越高；越是高层管理者，对概念技能要求越高。

一个基层管理者向中层管理者职务升迁，最重要的是人际技能的提升。中层管理者要实现组织交给的部门任务，对上有领导，得听懂领导的指令，汇报清楚部门的情况，能争取到上面的政策支持、人力支持、预算支持；对下有员工，能分配任务、监督执行、做好考核，还得时时关心员工的心态、调动员工的积极性、做好小团队建设；对左对右还有别的部门及中层经理，需要配合别人，也需要争取别人的配合。这些都需要人际技能。然而，最难提升的是概念技能，也就是对复杂化情况进行抽象和概念化的技能。这种能力要求管理者从操作工的视角转变为全局的视角，将组织看作一个整体。譬如，一个客户退了货。操作工的视角是退了货也退了钱，这事就结束了。全局的视角是最近一系列退货现象共性的规律是什么？是产品质量的问题，是竞争者价格战，还是消费者趋势发生了改变？这种思维可能会被有些基层员工看作没事找事，太"虚"了，但未必是"虚"。基层眼中的"虚"，在中高层眼里可能就是"实"。基层的"实"；在中高层眼里可能就是太"具体"。我们工作中见到的，上级要来检查时，大家集体讨论汇报稿如何"拔高"的现象，就是要进行概念化提升。概念技能涉及抽象思维与判断，是决策能力的重要支撑。越到高层，越需要更多的决策。西蒙说管理就是决策，主要就是因为管理需要从众多备选方案中进行选择，这种选择主要涉及概念技能。

概念技能的提升是个无止境的过程，最高境界往往到了"商道"层面，这是影视剧中塑造角色最喜欢打造的点，也是中国管理界造神运动最喜欢宣传的点。不过，需要注意的是，纯玩概念的概念技能不是真概念技能。真概念技能是既能看到无形的道，也能看到具体的物，可以与高层论道，也可以与基层谈物。

7. 有钱也招不到"鬼推磨"

阅读思考

1. 人才问题上为什么要让目光向内看?
2. 是什么模糊了会管理与会赚钱的界限?

管理随笔

1

不像若干年前,现在民企老板们"有钱能使鬼推磨"的霸气明显少了。少归少,在公司愿意出也能出得起大价钱,却仍然招聘不到合适的人时,一些民企小老板心中还会重现此念头,心中暗暗质疑人力主管的招聘水平。大老板虽然经历的事情要多些,但在很多人心里也还都留着此类念想:"招来高手,公司就能来个天翻地覆的变化。"然而,事实却总并非如此,招个能人真的比登天还难。

有个民营企业老板,非常看不上现有的员工,觉得他们视野太狭窄,水平太低,渴望有着高素质的人才进来。经朋友介绍,他认识了一位行业里的人才,在外企工作。他信心十足地想挖这位人才加盟,愿意付的薪水是这个人当时薪水的三倍甚至更高。但是,跟踪了三年下来也没有达成目标。尽管自己愿意出很高的薪水,但人才还是不愿意来。

对那位人才来讲，我想至少有以下几个因素使他选择不考虑这家民营企业。

一是民营企业的职位缺少国际化元素，更多的是乡土气息。这一点不管愿意不愿意听，往往是事实。乡土气息过浓意味着人才流动性的潜在资本减少，无形资产存在贬值风险。原来还能找到月薪三万的工作，到你这干两年，出去后只能找到月薪三千的工作了，还有价无市，谁愿意来啊？

二是职位专业性水平太低，专业水准存在降低可能。民营企业的职位所负责的范围往往很广，那些职位说明书的内容很容易被老板的意志左右。相应地，职责过于丰富，专业性往往不强，从而导致存在专业水平降低的风险。专业水平降低了，职位可替代性就增强，专业价值就贬值了。

三是职位的发展空间有限。一个公司，最上面就是老板，你稍微努力一下就达到了天花板。达到了天花板，怎么办？跳，还是留？职位的长期资本收益看跌，自然要做一下减值准备。

当然，人才市场上满嘴流行词但干不了事的人才也真不少，他们专盯着土老板们对洋人才的贪婪，来回跳，越跳薪酬越高。

我经常说一句老板们不爱听的话，那就是企业所获取的人才与企业的发展状态是相对应的。通俗一点讲，你是什么样的企业，就只能找到什么样的人才；有什么样的人才，就有什么样的企业。这中间必然有一个连续的过程，别指望一下子找来许多高手，企业就发生翻天覆地的变化。且不说人才能不能来的问题，单是人来了，也还有个能不能留住的问题。招得到招不到，留得住留不住，用得好用不好，都与企业的人才环境密不可分。而人才环境又不是一日两日可以改变的。

别老盯着外面，把目光放到企业内部，踏踏实实地发展现有人才才是正策。踏踏实实地发展现有人才，才能踏踏实实地持续完善人才发展环境，也才能准确地判断自己的人才需求。知道现有人才缺什么、不能干什么，高手能带来什么、能干什么，这样才能切合实际地招到与自己企业相符合的人。否则，不知道现在的人才缺什么，只笼统地知道缺少执行力、战略眼光之类，分不清是人的问题还是人才环境的问题，总想着招个人来解决问题，实质上是一种逃避。如果是人才环境出了问题，现有人才在这样的环境下发挥不出才能，那招来的人也发挥不出才能，招聘必然会失败。许多民营企业就是这样，招人又总觉得这不合适那不合适，根源就在于没有认真地盯向内部，没有找到缺人的真正原因。我曾经看到过这样的企业选人标准：专业不对口不要，专业对口了行业不对口不要，行业也对口了，但人才原来所在公司与自己的盈利模式不同也不要……自己根本说不清想要什么样的人，把招聘面试当成了赌博。

民营企业招人的确会有难度，这是社会大环境造成的，我们能做的就是正视这个问题，让目光向内看，起码要知道想招什么样的人、能招到什么样的人。当然，不仅要知道这些，还要知道如何培训、提升内部人员的能力素质，知道如何开发人才。否则，光靠招聘，成本也会非常高，"有钱未必能使鬼推磨"，而且"花了钱也未必能使鬼推磨"。对于大多数企业来说，把目光盯到内部可能才是正途。

2

这些日子去过几个企业。这几个企业有个共同点，似乎每个人都特别愿意跟我谈管理。可能平时与别人谈管理话题有些放不开的缘故，碰到我这个从事管理研究并做管理咨询的人，都有着说不完的话。

"有奖有罚""执行力"是他们口中常常冒出来的词。越是进化阶段低的企业，这些词出现的频率就越高。似乎每个人都能够对此发表一番评论。可是如果你要追问一句，怎样才能做到有奖有罚，怎样做才能有执行力，他们就会尴尬，以为你在抬杠。因此，你的最佳选择就是附和。

我曾看到一个发展非常迅速、效益非常好的企业，就潜伏着承包制的管理模式。这个企业似乎什么都在承包，都核算为钱。甚至一些文案类职能工作也在承包，只是换成了"管理奖"之类的说法。然而，当年改革开放过程中存在的"一包就灵"的问题，在这个企业中也明显存在着。譬如，只能承包"利"而承包不了责；集体知识的无积累，构成了企业发展的瓶颈；各自为政的危害，让承包最初的激情慢慢退化。这些问题成了企业上下热议的话题。

企业之所以能够存在，就在于以企业形式存在的内部交易成本要小于外部市场的交易成本，企业的边界就是两者相等的理想状况。当无限制承包的时候，交易成本自然会上升，企业追求做强做大也只是一个梦想。

一个中型企业的老板朋友边打着麻将边给我打电话，问我能不能帮他设计一个制度，让那些懒家伙变勤劳了，自己不用再操心公司就可以自主运转。我严肃地讲，在北京有一批像你这样的老板，命里注定就是劳累的，你只要不努力，立马会关门大吉。他问为什么。我说你根本上还只是在做生意，还谈不上经营企业。其实，我本来是想说，从本质来说，你和街上卖红薯的没什么两样，你没有做企业的理想，更多的是投机主义；你没有把企业看作用理想来组织一帮人的平台，传统的封建地主的思想还在你脑海里停留着。要管理企业就必须按企业的规律进行，就必须符合管理的规律。用培养孩子来打个比方。自己有了孩子，不打算精心呵护，却想找到一个管理方法或者用钱搞定，让孩子自动自发长大成才，这不可笑吗？不是所有人的孩子都是天才，也不是所有的生意点子都是天才的创意。孩子需要呵护，企业也需要呵护。这是无法逃避的责任。

管理是模糊的，它模糊了会赚钱和会管理的界限。在转轨的社会里，机遇有时会垂青有心人，但很多时候会更偏向于关系资源型的人。依据个人积累的一些关系，再加上勇气，许多人可能会赚一大笔钱，但那最多只是生意层面上的，并不代表管理一定厉害。只有那些真正明白自己财富和管理之间相关性的人，才能算在做企业。而真正做企业的，有几个不是战战兢兢、如履薄冰的？稍微赚一点钱，就以为自己是管理牛人的人，企业规模稍微大一点必然会遇到瓶颈。

管理的提升离不开制度化，而制度化本身也是不断进化的。它的进化体现为理念上的进化，譬如基于大锅饭制的制度化，就不如基于承包制的，而基于承包制的就不如基于现代企业制度的。对管理理念缺乏基本的是非判断，模糊得分不清好坏，实践上已经证明走不通的管理之路还要重走一遍，这样的企业能搞好吗？

将目光向内，界定清楚自己企业真正处于的管理阶段。是蓝田人的阶段，就不要用山顶洞人的管理方法；被证明了不能用的管理理念、方法，就尽可能少用。如果短期内一定要用，也要明白不利之处如何规避。理念上，还是不要太落后为好，边打麻将边办公毕竟土了点吧。

管理重思

目光向内，不仅仅是说目光盯向内部人才培养，更主要的是强调要实事求是地提升自己的管理，而提升管理绕不开机制、制度化。机制已经重思过了，这篇重点对制度化进行一些探讨。

我们谈管理，先要重新明确一个基本前提，因为这个前提在前面篇章也多次提及，所以叫重新明确。之所以要重新明确，是因为这个基本前提非常重要，那就是：我们所谈的管理学科都是以实现组织目标为出发点，而不是以实现个人目标为出发点。换句话说，都是出于公心，而非私心。出于私心目的时，管理学所教给大家的一切都会失效。如果出于私心，如明确属于领导任人唯亲、想提拔自己的人，却还要从胜任素质模型角度进行人员测试设计，还要形成规范的制度与流程；明明是领导想给自己涨工资发奖金，却一定要从股权激励的必要性角度进行研究，还说要长效机制，那么再简单的问题，在管理学中都没法给出答案。

制度化不能成为受个人利益操纵的工具，否则谈制度好坏，根本没有意义。如果将制度化管理看作理性思维的话，那么这种情形则是披着理性思维外壳的人治内核。确认了这个前提，我们就来说制度化。

制度化是一个非常广泛的概念，用在不同的语境中，可能会"被走样"。要注意以下几点。

其一，制度化要"恶"，也就是制度化要把人性中的"恶"，考虑得全、深、准。反例是，有些企业搞管理人员提拔时，往往有个群众评议。这时，有些人为了争取群众评议的"票"，采取各种方法拉票，甚至采取许诺、发红包等方式。有些企业搞预算管理，下年度经费在本年度经费基础上有所调整。某些人或部门为了下年度的经费不被调减，到年底突击花钱，该花的花了，不该花的也花了。很多现象到现在已经成为整个社会见惯不怪的现象，却很少有人反思"制度"的问题。

其二，制度化要"真"，也就是制度化有清晰的链条，防止出现一些死结。反例是，有些企业制定制度，对制度目的、适用范围及管理机构、流程等每一部分都写得很好，按照制度这一步做什么，下一步做什么，都非常顺畅，但到了与大家利益密切相关的关键处，总要加一句"领导批准的除外"。好好的一个制度，因为这一句话泡了汤，露出了"虚伪"的面目。当然，它与假借制度化来达成私心目的不同，它只是不会做制度，做出来的水平低。

其三，制度化要"实"，防止犯一些低智商的错误。反例是，有些企业从网上下载一些制度，或者买一套制度模板，交给几个笔杆子，甚至是一些刚毕业的新手去改，然后很快就发布了，号称全公司建立了制度。结果这些制度与公司的实际情况相去甚远，然后就号称制度没有执行力，再搞声势浩大的执行力动员培训。我们能否实事求是地去认真看一遍那一行行叫作制度的文字，再做评论呢？更有甚者，从别的公司拿回来的制度连基本的名字等内容都没改过来，也敢号称制度没有执行力，这种低智商的游戏实在让人不知如何评价！

企业制度化管理的建设是一个完整的过程，包括制度制定、实施及优化等过程。

制度制定是其中非常重要的环节。它需要调研管理问题，拟订管理解决方案，构建相应管理机制，最后才是制度的文字编写。机制是需要用心去设计的，目的是解决一定的问题。譬如，据说国内某知名房地产公司创始人杨某，面对薪酬制度激励不足的问题，请了若干专家咨询机构，但拿出的方案总不能令他满意。一急之下，年纪已经不小的杨某自己闭门思考，几天后拿出著名的跟投激励方案。这一方案接近极限程度地激发了房地产经理们的贪婪，刺激了企业的发展。后来的情况大家也都知道，有很多"抄作业"也实施跟投制度的企业因过于膨胀而走向灭亡。

制度实施是难度最高的环节。制度实施涉及人，需要结合组织的特点进行整体规划。有些企业的制度里，明确写着"人才能上能下"，并有若干个配套文件，但迟迟实施不了。除了制度设计不够精准，主要是对实施中遇到的难题估计不足。事实上，从20世纪七八十年代起，我国进行国有企业改革时，就提出过"人才能上能下"，出台了若干个政策。但不同企业搞过若干个试点，尝试过若干种方法，到现在还没有完全解决。虽然没有完全解决，但很多企业还是探索出了一些好的做法，如"新人新办法""竞聘上岗制"等，总之在尝试中推进实施。我们所谓的"能上能下"制度，如果不汲取这些优秀实施经验，自己还不具备超级智慧，注定只能束之高阁。

制度优化是一个持续的过程。制度实施后往往有三种情况。一是不痛不痒，有等同于无，也就是实施后企业没有什么反应。这很可能是制度设计有问题，要么未触及根本问题，要么根本不需要这项制度。二是实施顺畅，实施效果明显。这一般能表明制度适应实际情况。这时需要注意人性的变化，也就是"上有政策，下有对策"的情况，也有防止政策导向引出另外的"恶"，如国内很多地方关于商品房限购的政策，引发了很多假离婚事件。三是实施后企业确实有反应，但是要么实施不顺畅，要么实施效果不达预期。这时如果实施策略没有问题的话，需要注意制度设计的问题。如国内为了进一步规范发挥交通信号灯的作用，曾计划推出"闯黄灯就扣分"制度。这项制度在一片骂声中结束，就是因为制度设计不符合实际。

企业管理者在打造制度化管理时，必须按照企业运行的规律，像手工制作陶器一样，小心、静心、潜心地感知每个小小的变化，随时不断调整。制度化管理是打造优秀企业必经的过程，但这一过程又是非常复杂的过程，需要用足够的耐心，一点点去打磨。

8. 数字经济下管理会有什么变化

阅读思考

1. 传统行业的管理受到哪些挑战？
2. 如何建立数字时代的管理？

管理随笔

很多传统企业面对令人眼花缭乱的新商业模式，真是羡慕嫉妒恨。其实，对于传统企业来说，可怕的不仅仅是数字经济时代对商业模式的挑战，对内部管理模式的冲击才是最可怕的。对企业内部管理的冲击，将会使传统企业的根基逐步消融。如果不及时转型，传统企业很可能就像温水煮青蛙一样，在不知不觉中死去，还不知死去的真正原因。

当然，我这里所说的传统企业内部管理，是基于管理方式的传统与否来谈的，不是简单基于所从事的行业是传统还是新型来谈的。很多所谓的新型企业，采取了所谓新的盈利模式，但内部管理还是一个人扯个大旗、拉三五个兵，未必就是如他们号称的新型管理。

如果说在传统互联网时代，互联网还可看作一个工具的话，那么到了数字经济时代，数字革命将彻底改变人们的思维。数字经济已经代表着一个时代的到来。对于数字经济时代的特点及其商业模式的讨论，不是本文的重点。本文单就数字经济时代的到来对传统企业内部管理的冲击进行讨论。

我认为，数字经济时代对传统企业内部管理的冲击，人们直接能够感受到的，将体现在以下三个方面。

一是对传统企业的命令链的冲击，也就是决策模式的冲击。任何企业都有自己的命令链，从董事长到总经理，再到业务板块，最后到一线员工，每个环节的管理活动基本上都有计划、执行、检查、反馈之类的活动，这些环节层层相连就形成企业自己的命令链。数字经济对传统企业的冲击将作用于此。在传统的管理模式下，我们常常将决策层看作大脑，将执行层看作手足。执行层在遇到问题时，先在自己的权限内进行解决，超过一定权限，就要请示上一级，上级收到问题后，又要请示再上一级，最后到达董事长等决策层。在这样的管理模式下，以客户为导向必然会让位于以领导为导向。当客户与领导发生矛盾时，任何一个理性的人都会选择领导这一边。就是一些做得好一点的企业，也只是更加强调客户导向而已，但很难彻底做到。

举个现实中看到的例子。面对数字金融的冲击，某券商急切地想转型，于是准备对网站进行所谓的"改版升级"。数字经济时代是个以客户体验为中心的时代，很多新公司为了一个看似非常简单的应用界面可能会进行成千上万次的测试，而且还要根据客户体验进行实时改动，可谓为了客户体验费尽心思。而某券商的做法是什么？起点是领导指示，必须要在某月某日之前完成上线工作。领导指示完交给部门经理，部门经理又责成某员工组成项目团队，然后这个项目团队做几个方案，几个通宵完成，以PPT形式向部门经理汇报，部门经理指出问题进行修正，然后向领导汇报，领导定夺。在这个过程中，甚至经常会出现员工提出的意见，部门经理否决了，结果到了领导那里又被肯定了的情况。方案定夺后，找程序员、美工甚至采取招标形式，然后再汇报、定夺、上线。然后，效果不好，又开始找问题，一切重来一回。遇到负责任的员工，也会组织问卷调查。问卷调查也是有程序的，即要先汇报调查目的、思路、费用等，层层审批，审批后才可以实施。我们不去从数字思维之类宏观角度讨论，简单地从命令链角度来看，这里的问题本质上还是传统的以领导为导向的命令链。在数字经济时代，当市场上纷纷采取以客户为导向的命令链时，以领导为导向的命令链上的人员，将会越来越郁闷。这种传统决策模式将必然受到强烈冲击。数字经济时代，要求我们真正以客户为中心。以客户为中心这话喊了不知多少年了，而我们传统的命令链却仍然是以领导为导向的。在数字经济时代，这些只能终结。

二是对传统企业的人员管理模式的冲击。现在一些新企业号称"零管理"，很多传统企业很奇怪。实际上，零管理未必是没有管理，而是没有传统那一套管理。这就给传统管理者提出了一个问题，在数字经济时代，传统意义上所谓的管理有什么用？这个问题将一直冲击着传统企业，其中，人员管理将更是首当其冲。

人是最复杂的动物，也是最难管的动物。可再难管，在传统的时代，人还是能够管。有些人说传统管理就是管好两条。一是管好"票子"，也就是管理好薪酬。于是你会发现绩效考核是个热门话题。"三条腿的蛤蟆难找，但两条腿的人还是好找"这类话，在过去也经常在我们耳边响着。即使现在不说了，但是在思考问题、解决问题的时候，还是会有人工成本增加会导致利润减少的思想。人还是被当作一个人力市场上的商品。一些管理好一点的企业，大力开展诸如宽带薪酬之类的设计，也基本上是这个思路。二是管好"帽子"，也就是管理好职位升迁。越是传统的企业，尤其是国有企业，越好这样做。所谓的激励就是始终让一串葡萄在你前面晃着，让你不由得往前走。于是，你会发现开展职业生涯设计体系建设的公司越来越多。但究其本质，传统人员管理，还是将人看作一个可以被激励的工具。

进入数字经济时代，很多人感到这两招的作用在减弱。人越来越复杂了，好像对"票子"、对"帽子"都不那么感兴趣了。那人们对什么感兴趣呢？这是一个没有问题的答案。但有一点是肯定的，人们更崇尚自由、平等、开放，人们要的不是你给予的自由、平等、开放，而是真正的与管理者之间的自由、平等、开放。这就有些难了。如果仔细想想"票子"与"帽子"管理方式背后的逻辑，可能就会明白其中所隐藏的矛盾。用理论一点的话说，"票子"与"帽子"管理的前提假设本质上就是信息不对称，传统企业管理者层层加码的权力来源本质是管理者拥有稀缺的信息与资源。信息不对称给了管理者权力。但是，信息不对称常常会带来"水分"，即管理者所拥有的权力大于管理者的价值的"水分"。很多号称新型管理的企业，本质上就是要挤掉这些"水分"。在数字经济时代，信息越来越充分，于是便产生一个致命的问题，在新形势下，管理者的价值到底是什么？

先说一下采用新商业模式，但管理模式还非常传统的企业。这些企业在数字经济时代，面临的挑战会非常大，因为他们实质上也是传统企业，只是做新生意而已。这些企业往往号称有非常新的商业模式，能颠覆传统行业。事实上，在数字经济时代，商业模式之类的讨论确实非常重要，直接决定了企业的未来。但是商业模式之类，几个绝顶聪明人总还是能讨论出来的，而管理模式，尤其是人员管理模式却不是那么容易转变的。经常听一些数字经济界名人或正在走向名人路上的非名人谈新型企业的人员管理，听他们用名词套名词讲的一些美丽的故事，但我从一个管理专家的角度去判断，那些人只是对着镜头讲故事或者靠想象在说话。因为明眼人一眼就可以看出，他们企业内部人员管理仍然还是传统管理那一套，更为甚者，可能还处于夫妻店或包工头的水平，理想就是像奴隶主一样，自己可以周末轻轻松松到海滨度假，而员工仍在公司或家里像奴隶一样灯火通明地加班。这样说，似乎对这些新型企业老板们有些不公平，因为现在他们确实过得并不容易，多种压力都压向了创始的几个合伙人，但是我们仍然需要以理性的方式对待管理问题。

在听这类新型企业的老板们讲自己管理如何创新的时候，我常会不由得想起多年来的一些场景，想起在那些场景里，我与传统企业创业者们的谈话。过去的场景与现在的场景相比，所谈的内容只是换了名词而已，本质并没有改变，尤其是关于人员管理的观点更是没有实质性改变。过去人们大谈自己如何笼络人才，如何三顾茅庐，现在则是谈自己如何股权激励，期权与期股如何设计等。

不过确实有真正推动人员管理模式改变的新新人类领导者，而且越来越多。他们对事业高度痴迷，他们在骨子里更认可数字经济所倡导的无边界、包容、平等等理念，在行为上也积极向此理念看齐。这些人才真正让人敬佩，这些人的企业才是对传统管理模式冲击最大的，因为他们知行合一。

三是对传统企业组织模式的冲击。一般来说，组织就是人、财、物等资源的组合方式，表现出来的主要是诸如部门设置、岗位设置等内容。传统组织的核心是集分权，基础是责权利。一个好的组织往往就是责权界面清晰的机器，每个部门是机器的一个零部件，每个岗位就是一个零件，每个人都是一颗螺丝钉。这种模式的特点是适合正规作战、批量生产，领导指到哪打到哪；缺点是优胜劣汰的法则更多适合公司与公司之间，却未必适合公司内部的部门与部门之间、个人与个人之间。就算有优胜劣汰的评价，也是间接的，是由人为因素参与的评价。现在一些新型公司开始试图建立新的组织模式。譬如，在内部搞若干个项目，你有本事提出创意，你就来搞个项目，对公司来说，将来哪个项目成功了，就发展哪个项目，失败了，就淘汰。这种方式大大激活了企业的活力。与传统企业相比，数字经济时代要求组织更加柔性，也要求优胜劣汰之类法则在企业中应用得更为彻底。这就给传统企业的组织模式带来了冲击，传统的僵化的组织设计、细化的岗位责任、烦琐的流程设计，又该如何应对呢？这的确是一个令传统企业痛苦的话题。

这里所说的数字经济对传统企业内部管理的冲击，还有一些值得进一步深入思考的问题。其中一个问题是，这种冲击是暂时的，只是新型企业的宣传噱头，还是持久的？譬如，号称打破传统命令链，又怎么能保证公司资源的统一调度与保护？在创业环境好时，很多人完全可能出来自己做企业。这对个人当然是好事，可是对行业来说，必然出现一大批小企业总也长不大。号称零管理的企业的本质是什么？别说我们只招价值观相同的人，也别说自己企业有独特的文化，这话很多传统企业说了很多年，问题是如何做到的？是因为公司里年轻人多的缘故，还是别的原因？又如，当企业内部体现了市场化时，公司存在的价值又是什么？按科斯的理解，企业存在的价值就是按企业这种方式存在的交易成本，要优于以市场方式存在。当然，也可以说新的管理模式优化了组织，降低了内部的交易成本，但那也只是传统管理方式的基础上的一种优化而已，怎么就能算是新型管理模式？等等。很多问题实质上也是值得新型企业去思考的，如果不找到根源，那些号称新型管理的企业，也只是规模小的时候在管理问题上相对自由，等规模大了，也就可能只能回归传统，对传统管理模式的冲击则不会持久。类似这些问题更需要传统管理模式的企业进行思考，因为类似这些问题的答案很可能会影响到传统企业的生存与发展。

> 管理重思

数字经济对企业管理的影响非常深远，要下一个确定的结论，恐怕还为时尚早。回头看二十多年来从互联网到数字经济的发展，有以下几个可供参考的观点。

1. 数字经济时代，数字技术确实正在改变着管理

主要体现在三个方面。

（1）数字技术让好的管理理念成为现实。从客户就是上帝、以客户为导向到用户价值驱动等强调用户的理念一直都有，但在传统经济环境下，这些概念很容易被当成"营销"的工具，因为在厂商与客户的博弈中，客户往往处于劣势。由于技术的限制，客户很难做到"用脚投票"。在数字经济环境下，一方面，数字技术让客户在与厂商的博弈中有更多机会增加话语权，实现"用脚投票"变得更容易；另一方面，数字技术也给厂商更多的方式去实现以客户为导向。一些适应技术变化趋势的企业，较早地实施了用户价值驱动，获得了先发优势。随着技术的变化，将会有越来越多好的管理理念真正转变为现实，管理也将发生相应的变化。

（2）数字技术促进了组织新物种的出现。数字技术让供端与需端结合得更为紧密，让竞争与合作的界限更为模糊，让产业与金融相互融合为一体，让商业世界的人、财、物等资源的连接更为高效。这一切将重新界定行业与行业之间、公司与公司之间、公司与员工之间等组织外部与内部的边界，从而会生成一些有传统企业组织模式的新组织形式或新物种。这时，扁平化组织、弹性工作制等组织管理方面的变革，柔性化生产、程序化生产、模块化产品、用户导向营销等经营管理方面的变革，以及股权复杂化、有限合伙制等公司治理层面的变革，都会不断涌现。

（3）数字技术在解放人的同时，也可能会固化人，人有可能又要变回机器。大量的机器人会代替人，将会把人解放出来。然而，在一些非得人参与或者暂时还无法被机器替代的岗位，数字技术会逐步取代人的思考，这些人将变成被人工智能或其他技术控制的机器。这不由得让人怀疑泰罗科学时代又要回来了。在科学管理时代,泰罗通过建立一套管理体系,让流水线成为现实,人事实上就是流水线上的一个机器。然而,到了数字时代,人们发现技术替代管理以后,少了管理人员的参与,反而更方便、更快捷、更公平,因为参与的管理层级越多,环节越多,人为干预的可能性就越大。于是大量基于技术替代管理的尝试正在开展,如一些运作人工智能技术运营的便利店,人的每一项工作都可由人工智能远程控制。机器代替了人的许多岗位,许多岗位上的人又要变为机器?这是一个细思极恐的问题。

2. 商业永远是商业,但具体的商业逻辑已经发生改变

很多人悲观地感叹,曾经的屠龙少年终成恶龙。一些号称颠覆时代的商业模式,到头来"颠覆时代"的口号也只是抢占市场的一种方式,一切并没有变化。新型经济粉墨登场,核心的驱动因素是数字经济带来的产品与服务创新。新型经济往往以行业替代的方式出场,号称颠覆原有行业,最终落实下来的还是产品与服务。它们更加贴近用户,采取大数据、人工智能等技术延伸用户价值链,将用户需求分析得更透,最终还是落实到产品与服务上。它们的产品与服务,可能是虚拟产品,可能是流量,也可能是更符合用户期望的新产品。回归到最终,它们还得将这些产品与服务转变成利润,还是得跟同行的企业进行你死我活的竞争。从这个角度,在商业制度不完善的时候,它们也会玩一些钻空子的游戏;在商业竞争过于激烈时,它们也会玩一些拉裁判下水的游戏;在市场可以获得垄断时,它们也不会回避垄断利润的获得。

不过,我们也应该清醒地认识到,商业的大逻辑确实没有变,但具体的商业逻辑已经变了。任何企业都必须确立数字化转型的意识,譬如,以用户价值驱动为导向,促进用户参与融合到生产、设计等活动中来,重新定义组织模式,构建数字化决策与管控系统等。

3. 太阳底下没有新鲜事，人性还是不变

创业企业仍然有活力，但规模大到一定程度，不论是数字经济的新型企业，还是传统行业的老企业，都必然出现诸如机构臃肿、人浮于事等现象，必然出现一系列由于人性的贪婪与恐惧等不变特性引起的诸多管理问题。

9. 中高层管理者要重视战略思维

阅读思考

1. 为什么中高层管理者要重视战略思维？
2. 中高层管理者应该建立怎样的战略思维？

管理随笔

1

对企业来说，管理者主要是中高层，任何时候不能没有战略思维。没有战略思维，做管理也只会局限于鸡毛蒜皮的小事，认知层次也只会停留在公司的家长里短，对人性的认识也总是僵化单一。一些大企业中的中高层，尤其是与企业外部接触少的，常常位置很高、企龄很长，但视野很窄，原因之一就是在内部待得太久了。

企业要打通生存之路、发展之路，必须持续提升战略思维水平。这件事不仅非常重要，而且非常必要。

（1）战略思维帮助企业想得更清。记得在 2000 年左右，史玉柱正从第一次创业失败中走出来，曾在央视《对话》节目有过一次对话。当时主持人问他："您在最困难的时候，那些与您有广泛接触的商业大佬有没有借给过您钱？"史玉柱说："我们这些人不是钱的问题，只要思路通了，自然有钱了。"思路通了，就能赢了。用战略思维打通生存发展之路，就是要厘清思路；厘清思路需要中高层去做，这就需要战略思维。

对战略思维的定义就过于抽象了，大致来说，就是始终从全局性、长远性、根本性角度思考问题的方式。全局性意味着看得全，以小看到大；长远性，从眼前看到未来；根本性，从变化中找到规律。战略思维强调看到机会也要看到威胁，看到劣势也要看到优势。

（2）战略思维帮助企业看得更透。在网络上，经常有一种说法，叫作干掉方便面的，不是方便企业，而是外卖；干掉航空的，不是航空公司，而是高铁。干掉你现在所在行业老大的，永远只会是一些新物种。现在经常看到的现象，新物种已经磨刀霍霍地冲到了家门口，来自市场一线的基层人员已经心急火燎，而一些中高层却四平八稳地坐着，对你提交的报告中提到的新品种坐而论道。而具备战略思维，让我们能对新物种更为敏感，对复杂的竞争态势看得也更透。

（3）战略思维帮助企业走得更稳。风险与战略是一枚硬币的两个面。华为是中国优秀的企业，任正非非常有名的讲话叫《华为的冬天》。在华为蒸蒸日上时，却充满忧患意识，这也是战略思维的重要表现。看到收益也看到风险，路才能走得稳，走的才能是一条可持续的路。具备战略思维，让我们能对风险与收益有更为理性的态度，能帮我们走得更稳。

2

战略思维对中小企业也很必要，因为小企业也得谋划未来，也得认清现在。具体来说有以下几点。

（1）战略思维能让中小企业"力出一孔"。中小企业缺乏管理基础和组织基础，很多都是"一招鲜吃遍天"，还没有1+1大于2的效应。有了战略思维，就有可能做到"力出一孔"。一个中小科技企业创始人告诉我，"力出一孔"太重要了。很多事情想不通，或者自己好不容易想通了，但想法传达不到员工那里，领导想领导的，员工想员工的，最后看天吃饭，好年景不赚钱，坏年景赔得更多。中小企业的中高层往往是核心团队或骨干团队，创始人想通的事，至少需要核心团队或骨干团队的人理解。

（2）战略思维能让中小企业从"生意"转向"企业"。企业本来就是做生意的，这更接近企业的本质。但中小企业的问题在于要么太保守，总摆脱不掉个体户思维；要么太过激进，赚钱没赚钱，都先摆出大企业的架子。譬如，有些中关村卖电脑出身的企业，老板与员工总是小商贩的作风，就算老板有了大办公室，但整个公司的运作还是围绕老板转，没有组织、没有流程，最关键的是他们还以为所有的公司都是这样的。提升战略思维，有利于这些中小企业的进化。

（3）战略思维能让中小企业"得道多助"。你没有战略思维，出去与别人沟通，一些本来意义重大的事，生生会被你说成琐碎的小事。你谈自己的发展，不能系统化讲述、概念化讲述，别人根本听不出来你是短期玩一票，还是长期踏实地做事，谁敢与你做长远的生意，谁敢跟着你干，谁敢跟着你玩？

管理重思

中高层提升战略思维，应注意以下三点。

（1）防止不算账。越是缺乏战略思维，越喜欢不着边际。因此需要务实。务实就是会算账。战略思维中的算账不是会计上的核算，而是算大账，如机会来了会给公司营业收入带来什么样的变化，市场占有率会增长还是会下降。无论你外部有多少机会，机会不转变成营业收入，营业收入不转变成现金收入，不能最终形成可供自由支配的自由现金流，都无济于事。如果上升不到这样的高度，至少要学着从算账的角度谈论战略。这才是真正的战略思维。

（2）防止跨层谬误。有一位老板谈企业发展战略，他非常高大上地从地方动态谈到国际风云，从改革四十年谈到中外比较，进而说到他企业的发展战略。他就是一个十多杆枪的小企业。真不知该说什么。他犯了一个跨层谬误的逻辑错误。那些环境因素太大，他太小。将大环境因素与小个体相对应就是一种逻辑错误。这种错误在企业中非常常见。所投的一个标丢失了，大家讨论来讨论去却把责任推给了竞争环境不公平；一个市场丢失了，责任甚至会推到上下五千年的中国文化。这都是跨层谬误的表现。

（3）防止零和思维。零和思维就是要么是1，要么是0，换到企业里，就是要么干，要么关门。战略思维不是零和思维，而是概率思维，在不确定性中找到确定性，或者说尽可能找概率高的。譬如，面对困境，外部压力特别大，内部弹药也不足，真的到了战略需要调整的节骨眼上，也不是简单的一句"是"或"否"。即使调整也要是有序的、从容的、有谋略的，尽可能最大限度地保留企业的核心竞争力。对情况进行分类、判断概率的决策过程训练，对中高层来说非常重要。

10. 中文的丰富与管理的艺术隐藏管理逻辑漏洞

阅读思考

1. 如何防止用语言掩盖管理问题？
2. 如何防止出现管理技术思维？

管理随笔

1

我一直在试图寻找人们语言背后的真实逻辑，却常常感到无奈。在这个改革、与时俱进、和谐社会、财富、创新、核心竞争力、可持续发展等词语在人们耳边常常响起的时候，管理这一充满艺术性的学科总是能够给每个人带来无限的谈资，无论是线上或者是线下。然而，中文本身词语的丰富性和管理的艺术性结合在一起时，你会发现一些难以被捕捉的逻辑漏洞却被巧妙地隐藏了。

前几天，去一个垄断行业考察。这个行业的管理无疑是落后的，然而我却听到了许多非常优秀的管理思想。可以讲，现在凡是市面上能够听到的管理思想，这里都有。而且，扎实的中文功底还让他们能将一些管理思想用最通俗的标语式语言讲出。问到为什么这么好的理念不能落实时，他们还可以搬出执行力之类的理论进行全面阐述。

看着一群高谈阔论的人，我不由得想到这样一个问题：为什么落后的地方总是容易出经验？由于管理有着艺术性，任何中文功底深厚的管理人员总是可以对此进行一场哲理思辨，可以言必称阳明心学，动辄德鲁克，让听者在情感上获得共鸣，而全然不顾这些管理理念如何落实。

中文实在是太美丽了，美丽到任何人都可以将其在管理中艺术性地应用。常常听到有些领导优美而又饱含道理的讲话。譬如讲到什么是"管理"，有人这样讲，管理管理，就是既要管，也要理。管，上有竹头，下有官，就是说笑为先，严为后，笑中有严，严中有笑；理，左为王，右为里，王指要集中，里指要用规矩，规矩就是量化的。还有讲到和谐，说人人有饭吃是和，人人能说话是谐。类似的例子还有很多，做出这样的解释的人无不沾沾自喜，但很少有人往下深究。

在管理被当作"道"而论的时候，总有许多人开始努力实践这种"道"。可是，中文的丰富与管理的艺术结合在一起并应用到实践中时却非常可笑，而很多时候人们却不以此为可笑。

曾经去过一个很不错的民营企业。该企业生产车间里的产品合格率有段时间有点问题。其实原因可能很简单，是流程上的机器或操作上的问题。可是开会讨论了几次之后，尽管分管技术质量的人员极力争辩，管理人员却依然认定是员工缺乏主动性和积极性，对企业文化"精益求精"的认同不够造成的。于是没有寻找流程或操作的原因，而是找了外部人士将工人拉到会议室进行了理念的培训。培训完了，产品合格率就提升了吗？技术质量人员感到可笑，但有些人却不这样认为，坚信如果产品合格率没有提升，就是理念不到位，还要把这些工人拉到会议室里继续加强培训。

一个市场化程度很高的公司，职能部门闲着没事，办事不积极，其实根源在于部门设置不合理，或者说，这个部门根本就该砍掉。然而，领导不知从什么地方听到了建议，花了几万块钱，用几天时间请专家来讲执行力……这样的例子太多了。对于该身体力行解决的问题却用坐而论道的方式来解决，不知遵守的是什么样的逻辑。

我给一家企业做顾问的几年时间里，本来见效最快的是投资并购这一块，可是我却不得不花大量时间搞组织人事的事情。这个企业中的人特能讲，只要我在，每个人都会滔滔不绝，而且见解高明。有一天我终于忍不住了，问道："一个比一个专业，那么有谁在这三年中看过任何一本专业教科书？"实际上，做人力资源管理而没有认真看过一本人力资源管理书的大有人在。毫不夸张地说，许多人从来不摸专业书刊。这个问话之后，大家都惊叹了一下，接着就开始讨论"管理的理论性与实践性"了，甚至从成年教育特点开始谈到职业教育改革……我不由得想，在技术领域，没有相当的专业技能就没有发言权，而到了管理领域里，为什么却可以轻松地将道家、法家、儒家甚至西方哲学用进来，大谈"有所为有所不为"之类的哲理，可以不去思考到底如何"为"之类的技术问题？

又到年底了，新一轮年终总结又来了，又给了人们一个展现管理水平的机会。还是少用点"继续打造部门核心竞争力""推动和谐社会文化在公司的建立"之类的话，多用点"做了什么，要做什么"这一朴素的逻辑吧。说到这里，想起一个朋友的话："如果干脆那样写，就没东西可写了，怎么办？"

2

企业里常常有一个可怕的现象，就是管理者不会用管理语言描述管理问题，不会用管理思维思考管理问题。一些本来非常简单的问题，在经过管理者云里雾里的描述之后，却变得十分复杂，让下属无从着手，甚至引发内部矛盾。因为不会运用管理语言，许多管理者的管理效率变得低下。

管理语言首先应该在对管理问题准确界定的基础上展开，也就是管理语言首先要谈论管理的问题，运用管理的思维。一些企业管理者谈公司发展战略时，动辄喜欢用诸如"我们有了一定成绩，还有一定的差距""希望能够继续保持优良作风，努力克服不足""争取更上一层楼""戒骄戒躁"之类的艺术性语言。那么什么叫"一定"？什么叫"更上一层楼"？怎样界定？界定到什么层面上？讲话者不知，听话者也未知。结果只能是讲者完成了讲的任务，听者完成了听的任务，回头一切照旧。太多的企业里，领导讲了三个小时，中层传达时只用了十分钟，到了基层只剩下"领导又开会了"的概念而已。如果领导的指令最后无法落实到业务运作层面，那么一切只能是领导在玩一种自我陶醉的语言游戏而已。我们常常感慨，企业里有太多的会议，真正有效的没有几个；企业里有太多的决策，真正落实的没有几个。于是，似乎执行力又成了流行的话题，其实执行力欠缺首先应从管理者身上找原因。试想，如果我们清楚地说明，企业过去的战略目标实现程度如何，存在的问题是在业务领域还是在管理领域，是在人力资源领域还是在运营流程方面，整个企业用一种非常准确的语言体系对话，结果又会是什么样？

当我们习惯于用哲学语言、艺术语言、文学语言而非管理语言描述问题时，就无法准确界定管理问题。一些中层及基层管理者常常抱怨员工素质低，甚至"拖都拖不走"。一些老板与员工谈业务问题，谈着谈着就成了员工能力问题；谈人力资源问题，谈着谈着就成了员工积极性问题。与此同时，员工听着听着就听成了老板想克扣自己的意思，听成了老板想炒自己的意思。普通的管理问题不经意间上升到了劳资矛盾。于是，民营老板感叹现在招一个人真难，员工感叹跟一个好老板真难。当我们无法用管理语言描述管理问题时，又怎么能解决管理问题呢？常常只能乱上添乱而已。

用管理语言描述管理问题，需要基于事实展开。某企业有这样的一个场景。几位企业高层讨论提拔干部。一位高层在评价候选人时，讲"A这几年成长非常迅速，而且小伙子潜力巨大，前途不可限量"，另一位高层反驳"我看A不行，这几年虽然有些成长，但是缺点也还是有的，而且缺乏可塑性"。两位高层围绕A是否可提拔展开辩论，结果不欢而散。那么，什么叫成长非常迅速？什么又叫可塑性？如果我们以岗位职责和所需能力素质为准绳，用事实去论证和支持，这种讨论将会从感性走向理性，就不会如此虚不可言了。

基于感觉而非事实的语言，将会使某些所谓的管理者钻空子。一些管理者根本不愿管理，也不懂管理，更不会管理。"该讲的话，我讲了；该说的话，我说了；该骂的人，我骂了，一切就与我无关了。"该讲的话，谈的是感觉，用的哲学语言，似乎是辩证的，传达的上级精神；该说的话，说的是形而上的，说与没说一个样，强调的是别人的责任；该骂的人骂了，骂完之后，下属摸不着头脑，该错还是照样错。骂是为了推掉责任，我骂都骂了，还有什么责任？

这种十足的本该属于行政部门的官僚主义在企业里却常常出现，连大企业都在克服的大企业病，却常常出现在中小企业中。实质上，许多企业管理者并不是管理者，倒像是"官"理者，令人叹息。为什么不能清清楚楚表达基于事实的清晰观点呢？还是想保乌纱帽。当管理语言无法基于事实时，其对企业的价值也将大打折扣。

用管理语言描述管理问题，需要尽可能以量化的方式进行，对于一些定性的问题也尽可能定量处理。"差不多""大概"之类的语言不应该在企业里出现。你问这项工作什么时候能完成，我回答差不多了；你问给客户发货了吗，我回答应该发了吧；你再问负责部门的工作完成得如何，我回答大概没问题吧。企业就在这样的"应该吧""大概吧"中，一点点陷入混乱之中，责任也在混乱中悄悄推给别人。企业不需要模糊的语言，需要的是清晰的回答。三天，三年，完成了百分之九十……当我们习惯于用定量语言描述问题时，企业运转将进入有序的状态。

用量化方式处理管理问题，的确有些难度。因为管理是科学，同时又是艺术。对于我们目前大多数企业来说，科学成分太少，而艺术成分太多。尤其是一些中小企业，有轻视量化的倾向。当你无法准确描述你想要的东西时，你根本不可能准确地得到它。量化应该成为管理者的思维习惯。

用管理语言描述管理问题，摒弃那些哲学的、政治的、艺术的语言，让管理问题简单地被界定，让管理者的精神在企业里得到准确传达。当整个企业习惯运用管理语言，进而形成企业内部使用的语言时，管理会变得非常简单，管理者也会变得轻松。

3

记忆比较深刻的一件事是，2023年年初，某电商创始人大骂某些高管只会做PPT来糊弄公司，说"一些兄弟，辜负了老板的信任"，"拿美好的词汇，给我洗脑，持续洗脑"，"吹成了天花板，实际执行得一塌糊涂"，"用PPT和假大空词汇忽悠人，都是骗子"。

真有意思!

2000年以前,人们谈论大企业病的时候,更多是指大型国有企业,那时民营企业代表的是年轻、朝气,没想到才过去这么几十年,民营企业也有大企业病了。这让我再一次想到了企业的命运。

这个事件引起企业界极大的反响。有些人顿悟,职场上只看结果;有些人顿悟,打工还是打工,多能干的打工者还是打工者;有些人顿悟,管理的本质是实践;有些人顿悟,知行合一最为关键。

这些顿悟是从不同角度对这一事件进行解读,各有各个道理。站在管理专业的角度分析此事,必须将"人"的因素考虑进来,人包括骂人的某电商创始人,也包括被骂的高管。暂且不说骂人的创始人也曾经在公开视频中说过,他这个人缺点就是爱骂人,努力改了两年,发现改不了,索性不改了,让弟兄们不要介意。这里专说被骂的高管,因为这些人可能就是你、我、他。

这里不谈认知高度、战略导向、执行力不足等太大的事。当然肯定有认知高度的问题,我们与领导的认知没有处在一个层面;也肯定有战略导向的问题,我们未能深刻理解公司的战略意图;也肯定有执行力不足的问题,我们肯定不能直面市场、快速行动。

这里跳出此事谈一个可怕的思维方式,叫"管理技术思维"。一些人,尤其是管理科班出身的人,熟练掌握各种管理工具,量化的、非量化的;具备非常强的概念思维能力,能够将非常复杂的问题简单化、逻辑化,也能够非常精准地找到问题,并给出非常精准的答案。谈起管理时头头是道,从事管理工作时也会表现得似乎有章有法,但其存在一个致命的问题,就是不能将所思所想所为"常识化""具体化""时空化",落实到公司所做的事情上。用战略咨询大师王波的话说:"这就是一种对公司价值无效的思维方式!"

举一个我曾经遇到的例子。有一个企业要进行资源整合,准备在全国各地整合若干个设计院,整合后谋求上市。要整合的这些设计院,有些是集团内的,有些可能需要从集团外并购。这时负责此事的一个高管拿出了思路,他从业态竞争格局、估值的逻辑甚至人性的特点,非常激动地全面阐述,大家听完后也都激动,但事实上,没有人完全听明白他的思路。随后,我们一起去拟并购的设计院调研,他又按他的思路讲,那些人听完后就开始琢磨他的真实意思,也就开始"直白"地提问。基层的人遇到的都是具体的事。有人问,你将来准备按A思路整合,但是如果有些老同志不愿意离开本地怎么办?他说不是这个思路,接着又云里雾里地说了一通。又有人问,你准备按B思路整合,我这又有一个具体情况。他又回答不是B思路。一般来说,除了A思路就是B思路,现在既不是A思路,也不是B思路,那到底是什么思路?他笑而不言,大谈一段向创新要绩效,人人要解放思想之类的话,接着还要大家提高认知能力,打破认知局限。我直观的感受是,他已经习惯研究抽象概念的逻辑,已经不会或者不愿意将这些抽象概念落实到具体的人、具体的事、具体的物、具体的行为上了。这种人叫纸上谈兵也不对,叫职场骗子也不对,而确实是在职场上能用劣币驱逐良币的一帮人。在职场上,你不会说几个时髦的名词,可能连进入大公司的机会都没有,要不懂名词套名词的逻辑,更不可能当上高官。在职场上确实有这种管理技术思维的人,会说漂亮的名词又不知名词真实所指的人,能够得到领导青睐、平步青云。

想起一个笑话。说是某农科院的小麦专家,对小麦的研究非常在行,有若干个成果,这些成果帮助很多农民过上了幸福生活。专家有次去农村考察,看到一地绿油油的农作物,激动地说:"这些小麦的长势不错啊!"朴实的农民不像职场人士那样油滑,直截了当地说:"领导,这是韭菜!不是小麦。"

后来曾有人反驳这个笑话,说专家的特长是研究,不用懂具体的行业实际,是否分得清小麦与韭菜并不重要。

可是企业不一样啊,企业做的事情就是生意,你得在商言商啊。请你来做管理干吗啊?就是让你来协调人和事的,把人管理好,把事做好。人是做事的人,事是人做的事。

协调人和事干吗?

是为了生意做得更好啊。这不就是管理吗?

管理重思

在这篇重思中,我们将讨论技术思维与管理思维的差异,并着重引入"管理技术思维"的概念,对其危害性进行分析。

1. 技术思维与管理思维的差异,关键在于少了"人"的视角

技术思维是从技术视角看待世界的思维方式。一个从事IT技术的人员,习惯与代码、机器打交道,当他开始从事管理工作,无论是项目经理岗位还是部门经理岗位,他会常常感到别扭:会觉得一项非常简单的工作,下属员工会迟迟做不出来,需要一遍遍地去催促;也会觉得一件本来非常难的事,领导会突然要求提前完成,甚至提前的理由非常奇怪,只是为了给客户庆祝某个节日作献礼,全然不顾技术需要精细打磨的特点;更会觉得营销部门只会给客户空头许诺,人力部门就知道要考核奖惩,品牌部门就知道要写夸大的推广软文。这种不适应就是从技术视角向管理视角转换中常见的问题。

技术思维与管理思维的差异,关键在于少了"人"的视角。

首先,确认目标时少了"人"的视角。技术人员更多从"事"的角度,尤其是"物"的角度,考虑活动的目标。譬如,一个从事精细化工产品研发的人员,经过若干次实验,找到了某个新产品的工艺路线,特别激动地给公司领导提建议,要求撤掉现有的生产线,换成新的生产线开始生产新产品,他甚至算了以新换旧的成本费用账。可是,报告打了若干次,公司就是迟迟不动,他非常灰心,甚至心生离职之意。公司没动有没动的原因。公司管理层必须要考虑"人"的因素,生产变革所需资本投入是一个因素,而组织变革是更大的因素,公司至少需要考虑生产线改变之后,现有的人员如何处置,是否需要对部门、岗位、流程进行重新调整,调整后是否有合适的人能负起责任,最重要的是这种变革是否能得到大多数管理层及员工的支持,采取何种方式将不支持的风险降到最低。在管理者的眼中,事要做成,人心还不能散,而且人心不能散更为重要。进一步讲,人心不散只是底线,人心更齐才是管理追求的目标。

其次,技术思维中针对的更多是"物",而管理思维针对的除了"物",还包含"人"。技术思维在考虑人的时候,往往更愿意将人抽象成一个个数学代码,譬如张三、李四、王五,然后在此基础上进行计算;而管理思维更

愿意把张三、李四、王五看成一个个具体的人，在具体场景考虑这些具体人的特点。技术思维更倾向探讨物的"理"，只要物的理弄清楚了，基本上就解决了问题的大半；而管理思维还需要考虑人的"理"，不得不考虑某个人、某类人、某群人的人性及行为规律，搞不清楚人，理论上再好的事，也与管理无关。物的理，往往是直线的，研究"物"的人就容易认"死"理，更愿意相信"一是一，二是二"；人的理，往往是非线性的，做"人"工作的人，更愿意相信变化，相信"水至清则无鱼"。技术思维最终交付的工作成果往往是可见的"物"，如一个新产品、一个新工艺、一个新设备等；而管理思维最终交付的工作成果往往是看不见的"机制"，表现为一本本规范、流程、制度、标准等，甚至还包括更广泛的内容，如优化了管理流程，规范了组织管理，提升了企业文化、凝聚了人心，等等。

最后，技术思维中所采取的技术方式更为具体，管理思维中所采取的管理方式更为抽象。技术思维中谈到技术方式，如App开发的方式、建筑设计的方式等，都非常具体，有章有法。而管理思维谈到管理方式或手段，往往都是计划、组织、领导、控制，如果再往具体细节中谈，有些人会大谈人性，有些人会大谈制度，似乎章法混乱，就算谈到一些具体的手段，如计划，往往也是目标量化、任务分解、责任到人等方法。总之，管理总是离不开"人"。

技术思维的人转到管理岗位后，只有加入"人"的视角，才能逐步胜任管理岗位的要求，也才能慢慢体会到管理的价值。他会发现，加入"人"的视角后，最大的好处是事情能够"更多、更快、更好、更省"以及"更团结、更快乐"地完成。换句话说，管理的价值就恰好体现为"成果更多、效率更高、效果更好、费用更低"以及"人心更齐、人气更旺"。

2. 管理技术思维本质是技术思维，但价值更低

技术思维本身有多种分类，如不同行业的技术人员会有自己的思维方式，工程技术有工程技术思维的方式，审计技术有审计技术的思维方式，软件开发有软件开发的思维方式，甚至这些技术思维方式内容也会有鄙视链，如某些搞科学研究的人会认为自己更接近科学，而把一些工程技术研发的工作看

作实务。但总体来说，大家都是技术思维，与其他思维如管理思维、艺术思维等存在着明显的区别。

管理技术思维的主要表现就是拆解与组合管理工具，这对公司发展无效甚至有害。学了很多管理工具，掌握了很多管理术语，也学会了一些管理工具之间的逻辑，掌握了一些数据分析技能，就是不能将之转为人人能听懂的常识，不去身体力行感受市场一线对此方案的可能反应，不能结合具体时间空间及时变化，不能转化为公司经营、管理或治理方面能用的内容。譬如，有些人用漂亮的PPT汇报之后，却不知PPT里的新观点、新思想要落实成什么具体工作，甚至连落实成何种文件都不清楚。后来匆忙出台个文件，文件与PPT的思想几乎搭不上界，只是网上或别的地方抄来的，里面的内容早已老掉牙而不知，也与企业实际完全不相符，就认为自己的任务完成了，接着又去大谈特谈新观点、新思想了。如果是承担管理责任的管理人员，不清楚自己出台的文件要针对的具体人和事，这些人和事有什么反应，仅仅把出台文件这个手段当成目的，那就是严重的不称职。

管理技术思维本质上还是技术思维，而且价值还不如纯技术思维大。纯技术思维的人来做管理，有时思维僵化点、爱钻死理、不会与同事搞好关系，但至少他们还懂行，因为懂行至少还能干出点实事，对企业有点价值。而管理技术思维的人，名义上在做管理工作，但实际上在员工的眼里，就是在用中文词汇与管理艺术相结合构造新表达形式，在玩自娱自乐的游戏。

行文至此，本篇将要告一段落，本书也行将结束。如果真要用三两句话对本篇乃至本书作一个总结，那就是：管理就是协调人和事，真谛就是"人和事是一枚硬币的两面"。谈人离不开事，谈事离不开人，谈人和事最终都是为了公司的生存与发展。只谈人的长短，不论事的赔赚，会导致事没人做，收入无来源，公司乱哄哄地内耗。只就事论事，漠视人性，会笼不住人心，看准的事不少，做成的事不多，再好的生意都赚不到太多的钱。要看透事难，要看清人性更难，要将人与事匹配完美更是难上再难，但这恰好就是"管理"存在的理由。